立德树人
培育高素质技术技能型人才

——2015 首届全国高职院校立德树人交流研讨会文集

主　编：周建松
副主编：方　华　张鹏超　吴德银

浙江工商大学出版社
ZHEJIANG GONGSHANG UNIVERSITY PRESS

图书在版编目(CIP)数据

立德树人：培育高素质技术技能型人才 / 周建松主编. — 杭州：浙江工商大学出版社，2017.7
ISBN 978-7-5178-1912-7

Ⅰ．①立… Ⅱ．①周… Ⅲ．①高等职业教育－德育工作－中国－文集 Ⅳ．①G711－53

中国版本图书馆 CIP 数据核字(2016)第 269707 号

立德树人　培育高素质技术技能型人才

——2015 首届全国高职院校立德树人交流研讨会文集

主编 周建松　副主编 方　华　张鹏超　吴德银

责任编辑	刘　韵
封面设计	许寅华
责任校对	周晓竹　郑梅珍
责任印制	包建辉
出版发行	浙江工商大学出版社
	(杭州市教工路 198 号　邮政编码 310012)
	(E-mail:zjgsupress@163.com)
	(网址:http://www.zjgsupress.com)
	电话:0571-88904980,88831806(传真)
排　　版	杭州朝曦图文设计有限公司
印　　刷	虎彩印艺股份有限公司
开　　本	787mm×1092mm　1/16
印　　张	14.25
字　　数	338 千
版 印 次	2017 年 7 月第 1 版　2017 年 7 月第 1 次印刷
书　　号	ISBN 978-7-5178-1912-7
定　　价	39.00 元

代　序

立德树人　贵在自觉　重在行动

——在全国高等职业院校首届立德树人交流研讨会上的开幕词

高职德育研究中心主任、浙江金融职业学院党委书记　周建松

（2015 年 11 月 7 日）

尊敬的王司长、鲍厅长、各位来宾、各位老师：

大家好！在全国上下认真学习贯彻党的十八大和十八届三中、四中、五中全会精神以及习近平总书记系列讲话精神，认真总结"十二五"，精心谋划"十三五"的大背景下，今天，中国职业技术教育学会德育工作委员会组织全国国家示范性高职院校的学工部长和老师们，共聚一堂，举办全国高职院校首届立德树人交流研讨会。我代表会议组织和承办单位，代表浙江金融职业学院党委和全校师生及广大校友，代表中国职教学会德育工作委员会高职德育中心向会议的召开表示热烈的祝贺，向来自全国各地的高职教育同行和专家学者表示热烈的欢迎，并预祝会议取得圆满成功，祝同志们会有所获，祝各学校立德有成。

这次会议的主题是"立德树人"，这是党中央赋予高等教育界长期而首要的使命，是以习近平为总书记的党中央对高校特别而反复强调的重要责任，也是全国各级各类学校共同探索和实践的重大课题，更是我们全国国家示范性高职院校发挥示范和引领作用的关键所在，具有重大的现实意义和深远的历史意义。

立德树人之所以重要，首先是由高等教育的任务决定的。习近平总书记和党中央反复指出，高等学校担负着为中国特色社会主义培养合格建设者和可靠接班人的重大任务，必须牢牢把握意识形态主导权，加强和改进思想政治工作，抓住人才培养根本，坚持立德树人。而人才培养工作必须坚持德才兼备、以德为先，所谓有德有才是正品、有德无才是次品、无德有才是毒品、无德无才是废品、德才兼备是佳品，就是这个道理。我们要培养好中国特色社会主义的合格建设者和可靠接班人，必须重德重才、德才兼备、德育为先、立德树人。

立德树人之所以重要，也是当前我们面临的矛盾和挑战所决定的。在改革开放的环境中，当前我们的学校在建设和育人工作中，面临着改革开放带来的诸多挑战。一方面，国内改革建设中的诸多矛盾需要我们去把握、解释、分析和厘清，另一方面，也是更为重要的，敌对势力、反对势力和落后势力与我们争夺青年学生的斗争从来也没有停止过，而且还有不断加剧的趋势，其手段方式更加多样和隐蔽复杂，各种错误思潮在校园内暗流涌动，信教大学生人数较快增长，网络上各种有害思想对学校师生造成许多不良影响，对此，我们必须高度重视，正确把握，认真研判，积极应对，做好工作。

立德树人之所以重要，还是我们高校运行中自身矛盾所决定的。在一些学校和一些领

域,确实不同程度地存在着教书和育人工作的疏忽和失职,部分教师责任性不强,个别教师缺乏应有原则,部分学校、部分课程教学内容过于"西化",学校对思想政治课建设不重视,专业课教师缺乏育人意识等。学校党团组织战斗力和政治性不够强等情况也在一定程度上存在,学校全员、全面、全程育人体系不完善情况还比较突出,特别在部分高职院校,过于重视学生技能等短平快项目,往往忽视了德育和素质教育,这一切都必须引起我们的重视,必须研究更加有效的方法,必须采取更加有效的措施,必须真正把立德树人工作摆在更加重要和突出的位置。

因此,我们必须切实加强和重视立德树人工作,把这项功在当代、利在未来的工作抓紧抓好,努力抓出成效,为培养和造就更多更好的中国特色社会主义合格建设者和可靠接班人承担我们应有的责任,做出我们应有的贡献。

各位来宾、各位同仁,这次会议的主要参会者是各校的学生工作部长,这并不是说立德树人这项工作不需要党政主要负责同志来关注和参与,对于院校党政领导这一重要的群体,教育部思政司、社科司、职成司和各地教育工委已都有培训和号召。我们需要在不断提高认识的同时进一步强化行动。广大学工部长身居学生工作第一线,对立德树人有更多的感悟和体会,大家聚在一起,一定会有更多的工作体会和经验可以分享,一定会有更多的智慧和光芒可以闪现,也一定会形成更多更好更加丰硕的会议成果。

教育部职成司和浙江省教育厅对这次会议非常重视,王继平司长将做主旨报告,鲍学军副书记也将发表重要讲话,来自各国各地的高职同行将进行交流研讨,我们期待各位的真知灼见,更期待各位带来宝贵经验,我们也期待思想、智慧和文化的交流和碰撞。我们的共同使命只有一个——办好学、教好书、育好人。

预祝会议圆满成功,祝各位身体健康、万事如意。

在此,我谨代表学校诚挚邀请各位于11月8日(明天上午)到我校进行立德树人和文化建设现场指导,并参加浙江金融职业学院创新发展大会暨建校四十周年庆典。

谢谢大家!

目　录

第一编　领导讲话与主旨报告

教育部职业教育与成人教育司巡视员、
中国职业技术教育学会常务副会长王继平主旨报告

（根据录音整理，未经本人审核）

首先要感谢鲍厅长，并对到来的领导和嘉宾表示热烈的欢迎。本次会议是我争取来，坚持来的。其实最近特别忙，我把日程排了一下，大家都知道，一是到了年底，二是五中全会的召开，三是中央巡视组已经进驻教育部。各方面工作都在有序推进，同时还增加了一个工作的内容，对我们的出勤有严格的规定，原则上这段时间能不出去就不出去，巡视组的要求是"随叫随到"。在一定程度上，巡视组肩负党中央的权威和信用，这是对它非常重要的一个表述。但是这个会我觉得应该来参加，基于两个原因：第一，2015年10月26日—29日，党的十八届五中全会结束，五中全会中通过了关于国民经济与社会发展的建议和规划，在11月3日正式公布，在职业教育特别是高职教育这一块，我觉得有责任趁这个机会将相关精神向大家及时做通报。第二，咱们这个会议的名称是"首届全国高职院校立德树人交流研讨会"，是首次召开的会议，也是中国职业技术教育学会德育工作委员会换届之后在高等教育方面专门召开的一个会议，而且这个主题也相当契合十八届五中全会的精神，所以我觉得应该来。好了，我想今天和大家做个交流，因为是头一次就高职这样的主题来开一个会，我也就不用稿子了，与其给大家做一个组织上的讲话，还不如跟大家做一次交流发言。我今天想谈三个题目。

第一，教育事业正在进入提高质量的新阶段。

第二，立德树人始终是职业院校的根本任务。

第三，要努力探索高职院校的思想政治工作和德育新形势。

那么我先讲第一个：教育事业正在进入提高质量的新阶段。

十八届五中全会关于教育讲了些什么？五中全会讲的内容核心精神是什么？大家跟着我一块学习，我也是没有准备稿子。29号结束的十八届五中全会核心内容是讨论通过了中共中央关于"十三五"国民经济社会发展规划建议。这个建议我印象中一共两万多字，我觉得这个篇幅非常重，因此建议大家要注意看，跟过去不完全一样，这个建议最突出的点是什么？它提出了新理念。过去我们的规划建议基本上是每五年一个计划，后面制定的计划与前面提出的计划主要还是表现形式上的不同。而这次的计划不同的是什么呢？它本身是个建议,是对规划相关方面问题提出建议,对核心问题提出建议,而不是表现形式上的不同。最重要的是提出了新理念,就是五大发展新理念,即创新、协调、绿色、开放、共享五大发展新理念,它有指导性,其他相关方面的提出也是从这五大理念中展开的。它不像我们前面规划当中,比如说三位一体,四位一体的时候,还是要注意这个问题。从过去谈经济、政治、文化、社会领域问题,到十八大提出生态文明领域问题,到这次提出从五大理念中展开,从创新发展、协调发展、绿色发展、开放发展和共享发展五个方面来进行。这是一个很大的变化,这个建议当中关于教育的方面实际上是以五大发展新理念来贯穿始终的,所以在相关方面是相互交叉的,这中间贯穿着五个理念,谈每个发展的理念时,实际上都涉及了相关方面,包括教育理念。当然集中的表述还是在横向发展方面,五中全会的建议中提出,它的标题依据是什么,当然是全面贯彻党的教育方针,落实立德树人根本任务,加强社会主义核心价值观教育,培养德智体美全面发展的社会主义建设者和接班人。第一,深化教育改革,把增强学生社会责任感、创新精神、实践能力作为重点任务贯彻到国民教育全过程。第二,推动义务教育均衡发展,全面提高教育教学质量。普及高中阶段教育,逐步分类推进中等职业教育免除学杂费,率先从建档立卡的家庭经济困难学生实施普通高中免除学杂费。发展学前教育,鼓励普惠性幼儿园发展。完善资助方式,实现家庭经济困难学生资助全覆盖。第三,促进教育公平,加快城乡义务教育公办学校标准化建设,加强教师队伍特别是乡村教师队伍建设,推进城乡教师交流。办好特殊教育。第四,提高高校教学水平和创新能力,使若干高校和一批学科达到或接近世界一流水平。建设现代职业教育体系,推进产教融合、校企合作。优化学科专业布局和人才培养机制,鼓励具备条件的普通本科高校向应用型转变。这是一种变化,表述是有变化的。这是要具备条件的,一个是普通本科,一个是高校,向应用型转变。同过去的表述,角度上有部分变化。

紧接着下一段,落实并深化考试招生制度改革和教育教学改革。建立个人学习账号和学分累计制度,畅通继续教育、终身学习通道。推进教育信息化,发展远程教育,扩大优质教育资源覆盖面。完善教育督导,加强社会监督。支持和规范民办教育发展,鼓励社会力量和民间资本提供多样化教育服务,这是集中表述的一段。那么,在这一段讲述中透露的核心精神是什么? 我觉得是四句话:第一是立德树人;第二是教育公平,或者说是促进公平;第三是优化结构;第四是深化改革。当然,这里面的核心就是第一句话,提高质量,这个是领头语。也就是中央提出在"十三五"规划制定当中的在教育方面最核心要把握的就是提高质量,要围绕提高质量来规划教育根本。这个事情我觉得在中央已经定下来了,实际上这个过程在前面一段时间已经做了讨论。那么到这里的话我做出一个结论,整体上看,不完全展开,中国的教育在过去的一段时间,取得了巨大的成就,应该在规模和过程方面,实现了目标。我们的义务教育阶段全入学;高中阶段的教育毛入学率已经达到了 86.7%;高等教育已经大众化,毛入学率达到了 36%。学前教育尽管在以前不够重视,但是进入新世纪以后,学前教育有了一个很快速的发展。可以这样说,有学上的问题基本解决。现在提出来的问题是什么呢? 是上好学和上学好的问题。不管是上好学还是上学好,核心是什么? 现在不说要上学,是因为从基本的政策保障方面讲,不会因为贫困上不了学,有了制度的保证,基本上是有学校上的。现在出现的困难是什么呢? 不管是基础教育还是高等教育,是有选择性的上学困难,而不是上学有困难,所以要求上发生了改变。从这个意义上来讲,整个在"十三五"期间教育规划过程中的核心,就是提高教育质量,怎么样提高教育质量。教育的质量怎么来理解,我觉得这个要考虑到新的质量观的问题。有几个要素,我觉得在讨论的过程中要有一个共识。第一,我们说提高质量,首先是培养人,立德树人的方向,立德树人的方向是质量当中最重要的一个前提。换个表述来讲,"德"字是一个前提。中国的"德"字非常有趣,我们来看看"德",我们的"德"是由几个部分组成,首先有个双人旁,然后有眼睛、眉毛和心。那是什么意思呢?就是要看方向,要用心,要走对路。当然,后面的演变过程中还加了一横,强调一心一意,先人在创造文字的时候,就用了这几个东西来表示,一个是心,一个是眼睛,一个是道路。所以谈到质量问题,有共识的是首先体现在人才培养方面。其次是质量问题,质量应该体现在适应度上和社会的适应度上,就是你培养的人是否满足社会经济发展,出来之后能否受欢迎,换句话说,他能不能找到应有的位置,发挥作用,这是很重要的,即适应度、满足度。再次是质量能不能满足需求,我说的是教育质量,比如说你这个教育办的,能不能满足人民群众接受教育的需求多样化,就是你的相关设施,提供的条件,提供的形式能不能满足。如果要满足,你培养的人能不能适应,能不能满足衣会经济发展,国家在这些点讨论很多。人们对过去的那种旧的质量关,就是自己定标准,自己钻圈的那种,普遍提出了异议。过去都是在自己的范围内造指标,有什么意义呢?在树立新的质量关方面还需进一步关注。当然我觉得职业院校,不管是中职还是高职,都还是做得比较好的,但是也要注意,这个影响太大,千万不要钻进了即将抛弃和正在抛弃的质量观里。立德树人,促进公平,优化结构,深化改革等新理念,这几个重要关键词,核心内容是什么?提高质量。它标志着在"十三五"时期,我们的教育整体走上了质量发展。而在质量观,我们所说的质量,是在新的质量观上来发展的,不是老的那一套,在职业教育方面我们有过相关论述,有以下几个方面的内容。一个方面是逐步分类推进中等职业教育免除学杂费,也就是说在中职教育方面,我们会在免学费的基础上继续往前跨一步,不仅是免学费,还能免除等杂费,这次的表述是免除,而不是基本免除,当然前面强调了分类,逐步分类,这考虑到了职业教育的特点,不像中小学都是文化课,而是有专业课的。我觉得这方面是发展职业教育的重要举措,注意它是从哪儿引出来的呢?它的前提是普及高中阶段教育。"十三五"我们要做一件事情,就是普及职业教育,这里没有说全面普及,也没有说基本普及,实际上这个目标在2010年的规划纲要当中,提出的目标是基本普及。在后来深化改革中提出是加快普及,后面紧跟着两个举措,一个是在中等职业教育方面免学杂费,逐步分类推进中职院校。在高中这一块,提出对建档立卡的家庭经济困难学生实施普通高中免除学杂费,这涉及我们会前对教育几个方面问题的讨论。这涉及一个,"十三五"期间有人提到是不是我们把义务教育往后移,把九年义务教育延迟,变成十二年义务教育,有人主张移到高中阶段,有人提到往前移,当然有人问能不能实行十二年免费教育,这个都是在起草决定时考虑的重大问题,十二年免费教育,有人主张这样,大家讨论的都是非常重要的阶段。其中非常重要的点,集中的一点是认为,普通高中和中等职业教育一样在全国免费。中央最后的决定是,中职全免费,高中不全免费,其目的是什么?是在这里面下一步的高中发展中要继续引导发展,从政策取向、鼓励方向来讲是这样,大家探讨一下。有几个词在过去的讨论中是非常热的,但从实际和国情出发,是有问题的。比如说九年义务教育,如果要延长至高中阶段,十二年义务教育虽然听起来很好,但是会产生很多问题,延长会大大降低中国在人力资源上的优势。大家要弄清楚义务教育,义务教育是有强制性的,如果我们把义务教育延长至高中阶段,也就是说每个人都必须读到高中毕业以后也就是18岁以后就业。我们目前的就业年龄是多少?按照新修订的劳动法是16岁,大家不要小看这两年,这一下就会把我们的人力成本提高很多,而我们的劳动人口从2012年就开始下降,以每年300万的速度下降。我们要全面建成小康社会,要先把第一个目标实现,再为第二个目标做准备。免费和义务教育不是一个概念,有条件我们可以免费,但是不能义务教育,所以在讨论的过程中教育部提出来免费可以,义务教育不可行。因为义务教育有强制性,大家也不要说哪个国家发展义务教育比较长,包括日本,包括韩国,包括那些欧洲国家,都是九年义务教育,如果有偏差,就会失去竞争力。当初也提出来一些问题,如果高中阶段全免费的话,那么中职的招生优势就会比较小,更加没人上。当然,最后还反映了要向贫困的地区、贫困的人群倾斜,有倾斜才能实现公平。实际上我们所有的公平都是有一些倾斜,无倾斜就无公平。好了,这个不是我们此次会议的重点,说到这就顺便提了一下。

第二句话,建设现代职业教育体系,推进产教融合、校企合作。我不展开说了,这仍然是我们的目标。在这个过程当中,有一个很重要的问题就是如何进行校企合作,这个问题是关键。

第三是优化学科专业布局和人才培养机制,鼓励具有条件的普通本科高校向应用型转变,这个是大家特别关心的,但今天不讲了。

第四是推行终身职业技能培训制度。这个里面提到了三件事是在就业领域,这是一个领头语。然后讲到了要实施一个计划,新生代的农民工,提出来要开展职业行动,就是贫困家庭子女、未升学高中毕业生、农民工、失业人员、退役军人等免费接受职业培训行动。能不能推行一个模式,即校企合作的技术工作培养模式,具体化讲就是企业新型技术培养。当然后面提到了提高技术工人的待遇,完善职称评定制度,推广专业技术职称、技能等级等同大城市落户挂钩的制度。在大城市落户,就是今后在专业技术职称、技能等级方面会和大城市落户联系起来。有些地方已经做了,专业技术职务的某个等级,或者是某种技术等级证书,就和大城市落户可以挂钩。

最后的结语是,教育事业正在进入一个提高质量的新阶段。实际上我是借这个题目讲了十八届五中全会的精神,这是我们当前最需要关注的一件事情。

那么我讲第二个问题,立德树人始终是职业院校的根本任务。实际生活中,立德树人何止是职业院校的根本任务,而是整个教育的根本任务。前面说到了质量问题,那么质量当中最重要的一个质量是什么,是方向的维度,是德的维度。实际上中国的职业教育,不管任何意识形态,大家都是认可这一点的,品德是第一位的。大家不要说资本主义国家什么,越是发达国家越重视这一点。品德放在第一位,不是我国独有的,不是只有我们国家强调,哪儿都是一样的,都是把德放在第一位的,把方向放在第一位的,把品质品德放在第一位的。提高质量,质量的第一位就是立德树人。大家从今天开始,从现在开始应当重视起来。所以就这个题目,这次我愿意来,也觉得应该来,希望跟大家交流,这就是原因。当然现在还有一件事情今天不详细讲,就是我们前不久出台了高等职业院校创新发展行动计划,在武汉专门开了会,具体的解读将会在这个月的17号于陕西开一个推进会。我今天不解读行动计划,我今天讲这个问题,发展行动计划也是讲这个问题,所有的工作立德树人都是第一位,也就是我今天讲的题目中的一点或者可以作为题目来讲就是:把立德树人放在第一位,着力提高高等职业教育质量。这就是核心。

所以我讲的第二点，立德树人始终是教育的根本任务。在这我想介绍两个内容，就是我们在做学校这块工作的时候要重点把握两个点。首先，从学校来讲，要主动地系统深入学习习近平总书记关于教育工作的系列讲话精神；其次，要在这个基础之上深刻认识新形势下我们学校的思想政治制度、高职院校思想政治工作和学生德育工作的新内容。讲第一个，习近平总书记关于教育方面有哪些内容，讲了什么？我给大家提供一个了解的路子——党的十八大以来习近平总书记发表了一系列重要讲话，现在也出了一些书，包括《治国理政》，还有其他专题等，其中专门或者说涉及教育工作的重要内容有五十多篇。今天由于时间关系不可能全面展开，这方面研究也很多，大家注意网站上专门有一些关于总书记在教育方面的讲话、文章、书信，有及时更新，当然也在进行梳理。有一项工作一直在做，就梳理后帮助我们学习习近平总书记关于教育工作重要论述，从目前来看涉及这样几个内容。其中一个线路，在习近平总书记关于教育工作做过的具体的重要讲话涉及一些精神，主要有这样九个方面：

第一，坚持科教兴国，把教育摆在优先发展的战略位置，这方面涉及战略发展当中摆位的问题。

第二，强调立德树人，培育践行社会主义核心价值观。习近平总书记去年五四专门去北京大学做了重要讲话；然后六一儿童节，去的时间是 5 月 29 号，去的是民族小学，给小学生讲；后来到北师大，给老师们讲关于社会主义核心价值观。在学校这个领域讲的最为集中最为细的问题，这是第二个方面。

第三，把握正确方向，全面深化教育领域的综合改革。

第四，促进教育公平，让每个孩子都有人生出彩的机会。

第五，提高教育质量，培养更多高素质的人才。

第六，必须高度重视加快发展职业教育，把加快发展职业教育摆在更加突出的位置。

第七，加强队伍建设，支持优秀人才长期从教、终身从教。

第八，推动综合施策，做好高校毕业生就业创业工作。总书记在讲话中涉及学生就业创业的事情，讲的内容和过去很不一样。

最后一个是扩大对外开放，加强同世界各国的交流。

这是我梳理的九个方面，大家可以顺着这个线路来进行学习。因为时间关系这个也不能展开，我就讲到这。这是我目前学习的成果，大家可以参考。

第二个就是，新形势下深刻地把握高职院校思想政治工作或者学生德育工作的新内容。总书记非常强调立德树人，非常强调学生的德育，当然中央也非常重视。那么，在这个新的时间，我用了一个词叫"新形势下"，所指的时间段就是十八大之后。那么新形势下到底有哪些新的内容？我觉得有这么五个方面：

第一，社会主义核心价值观教育。有人说了社会主义核心价值体系原来就是有的，核心价值观是十八大以后的，之间有联系但不是一回事，要弄清楚，所以还要深入地开展思想政治教育和德育工作中的核心价值观教育。

第二，中国特色社会主义和中国梦的教育。特别是中国梦的教育，实际上这是互相联系的，中国特色社会主义不是十八大提出的，而中国梦是十八大以后提出的。我觉得在我们的学校里面，我们的学校的思想政治工作和学校的德育工作当中，这方面好多东西我们要深入地去学习,要把握它。有些东西还在进一步的深化当中,有些东西已经提供了读本,我们怎么把它落实到工作中去。

第三,我觉得是法制知识的教育。大家都知道十八届四中全会做出的一个重要决定就是关于全面依法治国的任务,这非常重要,在这个时候又非常明确地提出来了要加强法制知识的教育。在法制教育中有法律意识的教育,就是宪法意识的教育。我们基本的点是依法治国,首先一个前提就是对宪法要拥护、拥戴,要敬畏。我觉得这就是十八大的第三个方面。

第四,在这个过程当中要注意中华优秀传统文化的教育。说到这个地方,我要强调一下大家要仔细地去研读,不要随便地跟风。这个地方特别强调的是中华优秀传统文化的教育,不是精华和糟粕一块用,要注意剔除糟粕,吸取精华。中华传统文化中要注意是有很多糟粕的,不要一谈传统东西都叫好,现在就有这种趋势,还有一点复古的味道,所以在这个过程中一定要把握住我们的优秀传统文化。大家要认真地学习一下习近平总书记在一次国际儒学会议上的讲话,一个是具体的讲话,一个是在人民大会堂的讲话。不能够把传统文化简单地视作儒学,也不能够把儒学全搬过来,要吸取精华,去除糟粕。另外一个是诸子百家,诸子百家在学习过程当中要注意挖掘学习墨家的学说。这个的话从毛泽东、邓小平、江泽民、胡锦涛等领导中包括现在的习近平总书记都讲到了墨子的思想。大家要认真地去研究,特别搞职业教育的。在这个校园文化建设中,我们营造一种什么样的文化氛围,这与我们搞好教育有很大的关系。不要简单地跟风,就是那边搞什么我们这边是不是也要跟着搞。要分析,一定要强调是优秀传统文化,不是旧的就好,不是关于传统就好。要记住这个前面专门加了一个东西,叫优秀传统文化。我今天不展开说,这是我们要注意的新内容,要强调的新方向。

第五,我觉得在新内容里面要特别关注职业精神的教育。我们现在的切入点是什么,也有的学校叫创新创业教育,实际上不管从哪个点上去切入,有一个非常重要的内容就是职业精神,最核心的内容就是职业精神。我觉得这个问题的话从我们总提法里面的社会责任感、创新精神和实践能力,这是我们总书记提出来的三个内容,一个是立德树人,一个就是后面提出来的突出的四个点。立德树人、社会责任感、具体到学生身上的创新精神和实践能力。那么我觉得对我们高职院校而言,职业精神的教育要深入,这也是一门大的学问。我们很忽略,因此我们很薄弱,这是整个社会的缺失。所以我们要从学校开始做,认真地去研究它。因为职业精神方面的不足是体现在各个方面的,这是一个普遍的流行病,在我们国家是一个普遍缺陷。不要简单地去说谁谁谁,实际上很普遍,不职业、不专业是社会一个很普遍的现象,所以我们价值观里有一条叫敬业。所以职业精神的教育是非常重要的内容,在新形势下,换具体一点说,十八大之后有这五个方面的内容,注意要体现在新形势下我们学校的思想政治工作和学生德育工作中。

第三个问题,探索高职院校思想政治工作和学生德育工作的新形势。因为都不能展开了,我想的是在这边提几个想法供大家参考。因为我在高等学校工作过,但是我没在高职工作过,高职还是不完全一样的,当然有共性的地方还是知道的,差异性的、个性的问题,我现在还是没有把握,所以今后的话我会更多的到高职院校里面去做一些调查。所以这个地方也不敢妄谈,供大家参考。我有一个基本的看法:我认为在这个大的格局当中,在总的判断中,高等职业教育它一方面是属于高等教育的一部分,另一方面它是职业教育的一部分,或者再具体一点说,它是高等教育中的一种类型,它是职业教育的一个高函授,这个要弄清楚。

因为高等职业教育是这么一个类型,所以显出了它的必要性、特色,如果不是这样一种特色,就不需要这些学校。而且这些年的探索发展非常成功,以至于有条件的本科高校、普通高校要向应用型转变。转型发展的核心内容是什么？就是向职业技术院校学习,学习他们这种产教融合、工学结合、校企合作,学习他们在培养人才中强调技术技能、强调实用,学习他们以促进就业为导向,他们的学生就业总体情况好,说到根本上是这个问题。如果说高职办不下去,没人要,就业率根本不如本科学校,谁还会再办下去。大家注意这个问题非常重要,我们现在的优势在什么地方,国家觉得有必要好好办。如果我们这个优势丧失掉了以后有什么必要办这类学校,而且这类学校还有那么多。而那些学校之所以要转型、要转变,为什么？是因为那条路走不通了。不要走那条路,那条路已经走不通了,要走新路。这个方面我也不展开说,今天我们谈的就是立德树人。

目前在学校里面,从高校的角度说,思想政治工作不光是学生的,也是老师的。还有一个概念叫学生德育,大家都没有用这个概念。这个概念恐怕要用。大家注意,一谈到区别的时候好像中小学才谈德育,到高校了我们还谈德育？我用了德育这个概念我是不是就不是高校了,我就是中小学了？不是这个概念。大概是在九几年,专门有一部《普通高等学校学生德育工作大纲》。可能好多人都没看,所以现在有个问题,就是容易跑偏。所以我现在两个一起提,就是思想政治工作和学生德育。大家可以看教育部印发的《普通高等学校德育大纲》,然后在工作中,要探索新形势。我很赞成鲍厅长在前面讲到的观念,就是要适应新变化,变化了的形势、变化了的社会、变化了的形态,如果不变化,你就无效。我们长期以来的大问题不就是针对性不强、有效性不强嘛,大家不愿意看、不愿意学嘛。然后我们用简单的敌对势力,简单的说法,我觉得还是消极的,不是自信的表现。我们确实有问题,我们本身的思修课,我们呈现形式方面有问题,我们方式上确实需要创新,否则效果就不好。不要简单地归纳到一方面去,那是放弃我们的责任,放弃我们的探索。刚刚龙总给我看了一个东西,人大刚刚出来的叫"笑看思修课""你好,我的思修课",借这种形式来上课,我们要做出改变,这都是创新。

我觉得可以从这么五个方面做一些探索:

第一,在实施学生德育工作的过程中要注意化知于行,所有的东西不是简单地叫他知道,我们追求的目标主要还是要落在行动上,知行合一。总书记在去年的批示中提出"四合",两个坚持和"四合"的重要理念,坚持产教融合、校企合作,工学结合、知行合一,注意"四合",这是总书记提出的重要思想。在德育当中也是一样,要化知于行。所谓化知于行,首先从目标上来讲,我们不是简单地传授知识,而是要落实到行动上。教育从另外一个维度上来讲我们有一些东西是可以变成可观、可听、可看、可摸、可行动的东西来进行传授,不要简单地就是概念。

第二,要寓教于乐。我说的这个乐不是娱乐的意思,是喜闻乐见的形式。我们的教育,实际上我在教你的过程中你也在教我。现在的学生已经完全是新时代的学生,我知道你们有很多很烦心的事情,很接受不了的事情,我觉得这一代仍然是一代更比一代强。原来我们经常发出一种感慨就是一代不如一代,后来我发现我们怎么每一代人都有这样的感慨,都觉得一代不如一代,是不是这样？不是的。这本来就是一个接力的过程,要正面地认识,认识他们的特点,然后再影响他们。他们在这个过程中也有些思考比我们更深刻。具体我不举

7

例子，我就说到这。

第三，网络育人。网络现在已经是无孔不入，已经是一种生活形态、生活形式。如果从过去来讲我们还在说抵制网络，现在来讲已经是"互联网时代"了。过去是当洪水猛兽来看待，现在提出网络强国战略，这个是五中全会的热词。从这个角度来说，我们中央领导真是了不起。以前我们把它看作洪水猛兽，现在我们主动提出要互联网化，因为已经摆脱不了这个现实，而且可能就是以后的一种形态。有人说大家都成了"低头一族"，这个好办，以后可能有一种技术，这完全是一种技术，以后可能就成了"仰头一族"，这东西设计出来以后可能就成了仰头了。这是技术问题，我觉得以后要是大家又不低头又不仰头，这也是一个技术问题，跟正常人一样了。这不是问题的实质，问题的实质是我们不能回避，要正面地用好这一点。

第四，我想在这个工作中要强调榜样的力量。总书记在民族小学、民族大学附小的关于核心价值观的讲话中讲了四句话：第一，记住要求；第二，心有榜样；第三，从小做起；第四，接受帮助。四句话很实在。后来我想到一个问题，心有榜样何止是小孩要心有榜样，是所有中国人都有一个榜样的情结。实际上我们每个人都是有榜样的，而且榜样一直伴随我们生，伴随我们死。早期的时候我们说是偶像，年轻的时候是崇拜，慢慢地到老了以后你有参照，某某某我比较佩服。不同年龄有不同年龄的榜样，甚至到死的时候怎么死法都有榜样。为什么？中国和国外的文化当中有一个很大的不同。西方有天主教、基督教，因为他一开始有个东西，所有的表现形态、所有的过程都在上帝前表现，所以上帝是他的主宰。中国没这个，我们也不提倡这个东西。人是一种生物，他需要有榜样，所以我觉得榜样的引领很重要。所以说一千道一万，你不如举一个例子说某某某你要像他这样。好的我们怎么鼓励，不好的我们怎么惩戒，他就马上会学习，所以说这个力量我们要利用。

第五，自我教育。人最高的境界是自我管理，达到一定境界以后自我能够完善。我说这个不是简单地说个体，而是说在这个学校里面开展相关工作的过程中要注意学生主体的作用，要注意发挥共青团、社团各种学生自助组织的这样的一种作用，不简单的是个体的自我反省。要注意发挥学生自我管理、自我教育的作用，否则这个孩子就永远长不大，永远都觉得是父母的孩子，在家里有父母，在学校里靠班主任、靠老师，走到社会以后感觉怎么这么大的改变。我们管得了他一时，管不了他一世，所以说人要自己学会成长才是真正的成长。

好了，我今天要讲的三个内容就讲到这。最后提三点希望，就是对我们德工委、高职研究中心留三句话。因为这是头一次活动，我觉得换届之后的学会、德工委，特别是高职研究中心加入到这个队伍中来，有里程碑意义。高等职业院校里面的思想政治工作、德育工作大有学问，非常重要。我提的三句话是：组织起来，大家要组织起来；研究起来，这是一块学问，是一片天地，所以要研究起来；第三个是要活动起来，工作要开展起来。这块的力量，组织的程度怎么样，研究的程度怎么样，工作开展怎么样，在一定程度上就会代表职业教育的形象，在这个领域里面的形象。在职业教育中学问还很大，还有很多处女地，只要我们去探索就会有。我最后就把这三句话留给大家，希望大家组织起来，研究起来，活动起来。谢谢大家！

浙江省委教育工委副书记、教育厅副厅长鲍学军讲话

（根据录音整理，未经本人审核）

尊敬的王司长，龙主任，全国各级高职院校的同仁们，大家上午好。首先请允许我代表浙江省委教育工委、教育厅，对我们这次会议的召开特别是确定立德树人这个主题，我们齐聚一堂，共同研讨重大的高等教育现实问题表示热烈的祝贺，对来自全国各地的来宾们表示热烈的欢迎！

立德树人是我们十八大确定的一个主题，是党中央交给高等院校的主要任务，我们全国各地正在认真地贯彻落实十八届三中、四中、五中全会精神，学习习近平总书记系列重要讲话，我们这几年来，浙江省和全国各地一样高度重视高等院校的思想政治工作和立德树人工作，因为这是一项事关长远，事关国家安全稳定的重要工作。

刚才建松同志谈到，尽管我们做了很多工作，但是高校的思想政治教育工作，我们高校教书育人工作的落实，在各方面受到了挑战，特别是西化、分化的影响还是非常多的，特别是网络思想政治工作面临新情况、新问题非常多，我们青年一代的思想和我们上一辈有了很大变化，怎么样把握这些趋势，认真做好学生思想政治工作，面临的困难和问题非常多。

这几年来，我们浙江省高度重视学校思想政治工作。今年上半年 4 月 27 日，我们就在这里，在省委主要领导夏宝龙同志的推动下，我们召开了省委的高校思想教育工作会议；今年下半年，夏宝龙书记又推动召开了全省中小学的立德会议，与高校的立德树人工作一起抓。我们在具体措施方面，特别是加强高校思想政治工作，加强高校意识形态领域的研判、分析，对我们课堂教学、我们的教材进行认真的分析，对重点人加强管理。高校里面，我们有些老师提出同城犯罪，提出公有制是一切罪恶的根源，在网上攻击马列主义、毛泽东思想，否定我们的道路、我们的理论。有那么一些人非常猖獗，怎么样加强这些人的管理，特别是在法律、新闻、社科领域。我们推动思想政治理论课的改革，现在思政课学生抬头率不高，学生经常玩手机。我们要求各个高校的领导要推门听课，了解思政课的教学情况。我们要构建理论教学、实践教学和职业伦理道德三位一体的新的思政课的理论体系；要推进大班教学、小班讨论，要减少大班的比例，特别是要推动实践育人。我们职业院校在实践育人方面，在某种程度上，高职院校比本科院校更有它的价值。我们建立了百校和百镇的思政理论课教育实践基地。一百所高校和一百个乡镇进行结对，同时推动"双百双进"，百万大学生进到一百个县市结对，共同推动我们高校的发展。所以，从这个方面来讲，我们做了一些工作，也取得了一定的成效。

在这次会上，我们浙江的高校和全国各地的高校一起，交流和讨论，深入推进。共同研究，我们共同探讨，特别是面对新时期新任务的挑战，怎么样结合高职院校的特点，加强大学生思想政治工作。我们还有很多发展空间，还有很多工作要做，面临的问题也很多。我想借这个机会，简单地介绍浙江情况，特别是在十八届五中全会的要求下，我们要不断创新，不断推进我们高校的思政理论课，我们的立德树人工作在新的平台上发展。

　　我相信,这次研讨会,一定会对我们浙江省高职院校的立德树人工作起到很大的推动作用。再次感谢各位领导,各位嘉宾的光临,也欢迎大家在浙江省期间,特别是最近这段时间,气候很好,能够多走走看看。我们浙江杭州明年将举办 G20 峰会,现在正在准备过程中。希望大家对浙江、对杭州留下很好的印象,谢谢大家!

中国职业技术教育学会德育工作委员会主任龙杰讲话

（根据录音整理，未经本人审核）

我今天主要想讲三个方面的内容。第一表示祝贺，5月21日德工委在广州举行了第二次换届，上午王司长也讲了这次换届是一次里程碑式的改变，成立了德育教育高职专业委员会，7月份开了德工委第一次的办公例会。在这次例会上，周建松书记提出高职院校想借这个平台搞一次研讨交流会。我们这个活动是第一次搞的，而且搞得非常好，一天下来，两个报告，九个交流，还有一份非常完整的高职院校的德育大纲。这个会这么丰富又筹备得这么好，所以看出来，就是上午王司长讲的组织起来。我们首届全国高职院校立德树人交流研讨会组织起来以后存在重要性、必要性，所以我对这次会议的召开表示祝贺，也感谢浙江金融学院以及高职德育工作委员会的各位领导、专家为这个大会付出的努力。

第二点，想给各位汇报一下我们德工委的基本工作和服务平台，我从三个方面讲：

第一个按照王司长的意思，组织起来。我们这个组织已经有了，如何在这样一个平台上搭好台、唱好戏、跳好舞，把高职德育工作进一步推进，在新形势下研究出新内容、新活动，这是一个非常好的开端。这个平台希望大家可以共建共享，这是一个意思。

第二个就是研究起来。这里面有两层意思，实际上就是高职院校的德育工作要如何定位？在研究当中我们研究什么？我也是5月份换届之后刚刚接手这个工作，之前也没有接触过高职，但是高教社有这样几个平台跟我们高职的思想政治教育工作是有关系的。一是我们社有一个社众出版事业部，有一个刊物叫《思想理论教育导刊》，是教育部思政司办的刊物，是面向全国高校辅导员、学生工作、思想政治理论工作的刊物，能够为大家提供一个学术研究的平台和服务；二是"中国大学生在线"，是教育部思政司举办的，最早设在复旦大学，后来转到高教社，主要也是面向全国高校思想政治教育工作；三是高职学校思政课的教材，两课教材是中宣部发文指名高教社出，这么多年高教社在教材的建设中和高校也有很多沟通、接触与交流。这三个平台过去是紧密的为学校的思想政治工作和学生的德育课服务的。现在又增加了高职出版事业部和德工委工作的秘书处也放在高教社。我想从高教社这个平台上，为高职的德育和学生思想政治工作做服务，有了一个有利的条件。除了这样一个资源整合的平台，怎么能够为研究服务。实际上现在从德工委的角度，每年，我们会定期与职教协会的教学工作委员会联合发布科研课题。好的科研课题是可以推荐到教育部的，可以申报教育部的重大研究课题作为备选。同时德工委也会独立发布一次科研课题，这样的科研课题是有经费的，比如有的在论证通过以后会有1万元的科研经费。这些课题在结项之后都会进行评审，优秀的论文以及课题结项的成果，一种是职教协会下面还有一个教材工作委员会，教材工作委员会囊括了全国出版职业教育教材的60多家出版社，每年会把这些论文结集出版，同时也会推荐到《思想理论教育导刊》和《中国职业技术教育》杂志上。《中国职业技术教育》杂志是由中华人民共和国教育部主管，教育部职业技术教育中心研究所、中国职业技术教育学会和高等教育出版社共同主办的一份综合性中文期刊，经过这些年的努力，已经成为旬刊，一月有三期，容纳量很大，为教师们的科研提供服务。另外，根据事业发展要求，每年中国职教协会的年会专门为教学工作委员会和德育工作委员会设立了联合分论坛。这个论坛会安排主题报告。这些主题报告的主要来源是优秀的论文和优秀的科研课题成果的负责人来做主题报告。这个会议召开的目的是希望我们高校的科研成果有一个好的表现,与国际接轨。上午王司长也讲了,我们一方面要在国内进行同行交流。如果要走出去的话,就要纵向和横向地交流,能够在国际上露脸,与国际的同行 PK 一下。在科研上要怎么加强,其实是给大家提了更高的要求。为了配合这一系列的科研工作,要研究起来。从高教社而言,我们要整合资源。我们在高教社设立了两个项目:一个是中国职业教育论著,中国职业教育学术研究的项目库,好的学术专著都可以纳入进来;另外一个是国际职业教育研究译丛,就是把国际上对于职业教育研究好的著作集结起来,大家可以推荐。我的想法是大家共建共享,一起推进职业教育的学术研究。上午王司长讲我们高职的德育工作到底什么特点,与本科思想政治工作差异在哪里。他用了一句话:在高等教育里面,高职是一个类型教育;在职业教育里面,高职是最高级别的教育。如果对这个定位认可的话,那我们在这个定位和基础上,思想政治工作和学生德育怎么定位,如何做出高职的特色? 这是值得研究的问题。这是从科研和学术理论研究的方面。

第三是在课程和教学研究方面,我们怎么样能够把这个平台搭得更好,我们怎么为大家做好服务。一个是规定动作,一个是自选动作。思想政治理论课,在做学生德育工作中,就是一个道,是一个方向。在我们换届会议的时候王司长提出的我们思想政治理论教育的第一要务是要把住方向,坚持正确的方向,就是我们怎么上好思想政治理论课。立德树人,第一个是道,第二个是自选动作。我们大会的九个交流报告我都看了一下,我觉得职业教育最大的特色是什么,是我们有不同的行业。我们讲校企合作,讲工学融合,这就是我们的特色。本科,尤其是综合性大学,他们跟什么去融合呢? 他们的学生未来就业的方向没有确定性。我们就不一样,比如浙江金融职业学院的学生就业,如果没有意外,他可能就是在金融口就业;石油学院基本分配到石油、石化的行业,基本符合自己的专业。正所谓三百六十行,行行有特色,每个学院有每个学院的特色。我觉得我们这九个报告,真是八仙过海,百花齐放。这么好的一个平台,这么好的经验,我们怎么把它建设成课程,并通过课程实现立德树人这样的一个教学目标,我觉得这是值得研究的。理论和实践相结合来推动我们整个的学术研究。我们的宗旨就是组织建会、科研强会、学术立会、活动兴会。高职和中职比,在层次上是更高层次的教育,在经验上也是老大哥,是一个示范性教育。所以在科研上我也希望高职能够牵起头来,把高职德育工作做得更好。为了配合上面的要求,我们初步考虑向司里汇报,近期组织一到两次培训和研讨。十八届五中全会开完以后,上午王司长已经做了一个十八届五中全会的主题报告与辅导。那么,"十三五"规划当中,互联网+和德育也可以做主题研讨。另外,我想做一次培训,如何做好职业教育的科研立项、科学研究、学术规范及写作规范这样的培训。等计划批下来,今年年底和明年一季度来安排这样的活动。

第三个我想分享一下对这个会的认识。我个人的理解,德育的最终目标是立德树人。实际上,在职业教育的课程设置当中,在国家层面,在导向层面,我们思想政治理论课是非常必要的。在学生德育层面,思想政治课是意识形态的教育,是学生立身之道的教育,学生德育是立身处世、职业道德的教育。上午重庆的处长介绍经验讲到"三为"即"为人、为事、为业"。学生德育的具体工作就是这样"三为"的教育。用老话讲就是一个孩子无论将来干什么,待人接物、应对进退的教育是必须的。学校招聘老师,我们每年都会招聘编辑,交流中有一个共识,其实招的是人品。企业培训的可能是技能,人品是培训不出来的。只有在学校和家里进行教育。只有让孩子懂得立身之道,坚守立身之道,又让孩子拥有立身之技,才能坚守中国梦,活出人生美。我们的职业教育课程才能教出彩,也能让孩子们学出彩,我们的学校办出彩,为我们中华民族的复兴做出支持。感谢大家来了参加这个会,也感谢中国职业技术教育学会德育工作委员会和浙江金融职业学院为这个会做出的努力,也欢迎大家对我们工作提出各种各样的意见和建议。我们受高教部委托未来会搭建一个以大学本科质量工程为依托的平台,高教社会为大家开职教频道,建资源备课库。我希望德育的课程群大家可以共建共享,从原来的给我们投书稿、投论文变成投案例、投资源。资源有了,我们的课程才能成为有水之源、有本之木。谢谢大家!

第二编　立德树人实践

以立德树人为根本,构建立体化育人体系,助推学生"千日成长"

浙江金融职业学院　学工部长、学生处长　张鹏超

作为一所高等职业院校,浙江金融职业学院以"立德树人"为根本,树立人人成才观念和多样化人才观念,面向全体学生,鼓励个性发展,在学生思想政治工作联席会、学生工作委员会、学生思想政治工作研究会"三位一体"学生思想政治工作体系建设的顶层设计下,创新载体,实施学生"千日成长工程",构建了立体化的育人体系,培养了一大批"懂做人、精专业、能做事"的优秀金院学子,他们"行业操守好、岗位适应快、动手能力强"深受用人单位欢迎。

一、顶层设计,以立德树人为根本

（一）学生思想政治工作联席会:立德树人把方向

为了保证和促进学生思想政治工作的深入开展,不断创新完善工作机制,我院成立了由党委书记任组长的学生思想政治工作联席会,注重学生思想政治工作的顶层设计,把握育人方向,突出政策保障,进一步加强了学生思想政治工作。

1.做好顶层设计,形成立德树人机制

我院以立德树人为根本,注重学生思想政治工作的顶层设计,创新工作载体,出台政策措施,形成工作机制。如出台了《关于进一步推进全员育人、全过程育人、全方位育人的若干意见》《关于进一步完善班主任、辅导员工作机制的实施意见》《关于班级工作班主任责任制的实施意见》《学生"千日成长工程"实施方案》等文件,加强了制度建设;开辟专门的社团活动场所及学生干部办公场所,确保了学生第二课堂文化活动的有序开展;在校内科研立项上,为学生思想政治教育的管理者和教师增设了学生思政课题。

2.抓好意识形态,掌握立德树人主导

我院通过学生思想政治工作联席会整合多方资源,通过抓队伍、抓课堂、抓网络、抓阵地等措施,通过定期调研、理论引导、文化熏陶、实践感知、思想动态研判等途径,抓实意识形态工作,牢牢掌握了立德树人的主导权。

（二）学生工作委员会:夯实基础抓落实

学生工作委员会由主管学生工作的校领导牵头,有效整合教学、管理、服务等资源,定期

召开会议,促进了学生工作的科学民主管理。

1.加强队伍建设,提高思想政治工作质量

工作中,我院通过众多基于工作的比赛、培训、研讨活动,提升了学生工作队伍的能力和素质:辅导员职业技能大赛和总支书记"说系情"、辅导员"说学情"、班主任"说班情"活动,进一步提升了辅导员、班主任的职业技能和职业素质;学生成长笔记暨"千日成长工程"记实大赛和班主任、辅导员育人文章、工作案例征集评比活动,促进了班主任、辅导员工作交流;学工战线趣味运动会,增强了我院学生工作队伍的凝聚力,提升了学生工作战线教师的体能素质;班级工作班主任责任制和辅导员素质提升计划,进一步加强了学生工作队伍建设。

2.加强工作协调,形成思想政治工作合力

我院通过每月一次的学生工作委员会(遇重大事件临时召集),集中商讨学生工作重大问题,研究解决学生工作的难题。主要有统筹协调相关职能部门为学生工作提供支持和帮助,研究学生工作的改革与创新,研究学生权益维护与发展相关事宜,研究教书育人、管理育人、服务育人工作,研究学生自我教育、自我管理、自我服务能力建设等工作,形成了学生思想政治工作的合力。

(三)学生思想政治工作研究会:科学研究提层次

学生思想政治工作研究会的会员包括直接从事学生工作的一线学生工作教师以及从事学生思想政治教育研究和管理服务工作的教师。研究会坚持每学年召开会员大会,集思广益,研究学生思想政治教育工作中遇到的重点和难点问题,探索学生思想政治教育工作新途径。

1.学情研究,有的放矢开展思想政治工作

一直以来,学院要求教师做到因材施教,因需施教,促进老师和管理干部走进学生、了解学生,在师生零距离的关系中为学生成长成才提供服务。学生思想政治工作研究会注重基于学情的工作研究,通过课题立项、年会论文征集、学术沙龙、班主任论坛等工作,引导会员有的放矢开展学生的思政工作。2013年,学院在全校范围内开展了基于学生需求的育人工作研讨和实践,组织开展基于学情研究的学生工作会议,专题研讨了我院学生的特点、需求以及基于学生需求的教育引导工作,推动了学情研究。此外,学院每年都会对在校生开展不少于四次的思想动态及学情调研,并形成调研报告,加强了学生思想政治工作的针对性。

2.理论研究,明确方向提升思想政治工作

学生思想政治工作研究会会员每年都会围绕学习型党组织建设、学习型学生工作队伍建设、党员教育管理、校园文化建设、学生教育管理、文明寝室建设等方面开展广泛深入的理论研究。近年来,学院学生党建与思想政治工作的一些创新思路来源于课题研究启发,一些创新工作举措来自理论研究成果。据不完全统计,仅2014年、2015年,学生思想政治工作研究会会员就公开发表了20多篇论文,立项厅级及以上课题5项,立项院级及相关学会专项课题20项,获得金融教指委教学成果奖一等奖1项,全国高校学生工作优秀学术成果一、二等奖各1项,结题2项省哲社规划思政专项研究课题,结题2项厅级课题,出版专著4本、论文集2本,完成专著草稿1本。

二、创新载体,助推学生千日成长

在"三位一体"高职学生思想政治工作体系建设的顶层设计下,我院创新育人理念,创新工作载体,实施学生"千日成长工程",开展立德树人工作。

(一)"千日成长工程"的设计理念

坚持以生为本,更新育人理念。学生的健康成长、成功就业、优质成才,是学院工作的出发点和落脚点。2000年,学院提出并构建了以"关爱学生进步、关注学生困难、关心学生就业"为主要内容的"三关"服务体系;2008年,学院将5月23日确定为"爱生节",谐音为"吾爱生";2010年,学院提出并将"有利于学生健康成长,有利于学生素质提升,有利于学生就业创业,有利于学生可持续发展"作为检验育人工作得失成败的衡量标准,促进了人才培养质量的提高;2011年,学院将11月23日确定为深化"爱生节"活动日,寓意为爱生为本,爱生为办学的第一理念。每年"爱生节"我院均举办订单班招聘会,每年深化"爱生节"活动日,我院均举办毕业生供需见面洽谈会,并且在5月23日、11月23日开展由全体领导、教师参加的与学生"零距离交流"活动。活动分年级进行,每年视情况确定各年级的主题。

(二)"千日成长工程"的工作平台

学院根据不同学生年级特点,分层分类搭建工作平台,积极实施学生"千日成长工程"。一年级学生,以"明理学院"为平台,以培养"金院学子"为阶段目标,突出学生学业生涯规划,面向全院学生开展明德理、明事理、明学理、明情理、明法理教育,增强学生的感恩意识和责任意识;二年级学生,以所在系的专业教育为平台,以培养"系部学友"为阶段目标,体现育人的职业性和开放性,突出学生的职业能力和学生职业生涯设计,提高学生的职业技能;三年级学生,以"银领学院"为平台,以培养"行业学徒"为阶段目标,注重学生实践能力、创业意识的培养,提高学生的就业能力和创业能力。全体女生,结合"淑女学院"这一平台,以培育内在修养、气质形象、才情才干为重点,通过"内修""外塑""才技"模块,使全院女生在掌握必需的专业知识与技能的同时,能够正确认识和把握自身角色,成长为现代职业女性。

(三)"千日成长工程"的课外育人载体

根据已有的育人平台和人才培养质量提升的要求,结合学院特点,我们设计了"123456"课外育人载体。

1——一条主线:以学生职业素质提升为主线,以"品德优化、专业深化、能力强化、仪表美化"为模块,开展系列活动,着力提升学生的职业素质。

2——两个抓手:将学生党建和思想政治教育活动作为学生教育引导和素质提升的载体和抓手。学生党建:宣传党的基础知识和基本理论,构建党员发展质量保障体系,优化学生党员发展机制和流程,突出政治表现,严格发展程序和纪律,坚持标准,提高学生党员发展的质量。同时,以"创先争优"活动、党员"示范工程"、党员"十大成才先锋"评选为抓手,进一步加强学生党员的后继教育,不断提升学生党员的素质和能力,以优良的党风凝聚青年学生、带动学风。学生思想政治教育:提高学生思想政治素质,坚定学生的理想信念是"千日成长工程"的首要任务。我们将理想信念教育浸润到各类校园文化活动之中。一是以主题演讲、征文等形式深入开展"中国梦"主题教育活动;二是举办党史知识竞赛,组织开展"重温入党誓词,引领千日成长"、寻找"最美金院人""最美金院事"等活动,在广大学生中积极开展社会主义核心价值观教育;三是做好学生思想动态调研工作,增强工作的针对性和时效性;四是组织优秀团学骨干、校外奖学金获奖学生开展红色之旅,让学生接受红色教育和熏陶。

3——三维文化:坚持并创新"诚信文化、金融文化、校友文化"为内容的三维文化育人体系建设,坚持以文化人、以德润心。

4——四类竞赛:举办文艺体育类竞赛、专业学科类竞赛、职业技能类竞赛、创新创业类竞赛,通过竞赛进一步提升学生的竞争能力和创新能力。

5——五百个榜样:重点培养和培育百名理论骨干、百名学习标兵、百名学生骨干、百名技能尖子、百名文体之星,树立了学生身边可亲可学的榜样。

6——六个千万活动:通过开展覆盖全体学生的具有金院特点的"六个千万活动",有效地提升了学生说、写、做的能力,锻炼了学生的理性思维及政治敏感度,提升了学生的综合素质。

"千名学生写万封书信":以"我的大学生活""母校我要对你说"等为题目,每学期设计一个主题,以撰写书信的形式,进一步增强学生对环境的适应力、书面表达能力和思考力。

"千名学生评万象风云":以课前三分钟演讲、"道德范畴解读"、"新闻速递与时事点评"、班级主题讨论会、团支部演讲活动等为内容,锻炼学生的语言表达能力、信息筛选能力、组织架构能力、团队协作能力、提炼总结概括能力、胆量和信心等。

"千名学生读万卷书":通过组织读书节、读书漂流评、读书征文,动员各处室系部、明理学院、银领学院分年级、分专业推荐书目等活动,引导学生多读书,读好书。如国际商务系组建读书小组,开展读一篇英国名著、看一部英文优秀影片、写一篇英文书评活动,将读书与专业结合,让同学们既读好书,又提升专业知识。

"千名学生行万里路":社会实践工作是加强和改进大学生思想政治教育、促进大学生成才的重要途径。通过引导大学生深入社会、了解社会、服务社会,提高大学生实践能力、适应能力和创业能力,促进大学生健康成长。

"千名学生传万句箴言":箴言短小精悍,寓意丰富,蕴含无穷人生智慧,你传给我一句,我传给你一句,通过手机传箴言,既增进彼此联系,又交换智慧。

"千名学生访万名校友":"访校友,学干事,学做人",结合学生寒暑假的社会实践、顶岗实习、校友返校日等机会,组织学生开展访校友活动。通过走访校友,为校友带去母校建设发展的消息,征求校友对母校发展的意见,记录校友对母校的情怀与建议。同时通过校友的接待访谈,力所能及地帮助在校生认识社会、缩小从学校走向社会的距离,做好新老校友的传帮带工作,进一步加强了新老校友之间的沟通和交流,增进了新老校友的联系。

(四)"千日成长工程"的育人环境建设

在学生"千日成长工程"推进过程中,我院多方联动,精心布局,加强了有利于学生成长成才的环境建设。一是维护校园安全稳定。按照重教育、重防范,抓重点、抓难点,出实招、见实效的思路,认真开展大学生思想动态研判、校园安全稳定隐患定期排查化解、重点人群帮扶等工作,完善突发事件应急处置预案,加强了预警机制和应急处置机制建设,做好了校园安全稳定工作;二是学院构建了发展服务型学生心理健康工作体系,注重诊疗型咨询与预防型教育相结合,适应型教育与成才型辅导相结合,心理咨询与德育的整体素质提升相结合,进一步加强了学生的心理健康教育;三是构建并形成了发展服务型的学生资助体系,以经济资助为保障,以教育活动为载体,以帮助经济困难学生成长为目标,进一步发展了学生资助工作;四是做好大学生生活指导和文明寝室建设工作,构建了"一套制度、两片社区、三个主题、四季风情、五线交织、六大平台"立体化公寓学生工作体系,得到了主管部门及省内兄弟院校的一致好评,2015 年 10 月,浙江省高职院校公寓学生工作体系建设现场推进会在我院顺利召开。诸多举措,进一步优化了育人环境,保障了各项育人工作的顺利有序开展。

(五)"千日成长工程"的保障支撑

1.成长专项经费,促进"千日成长"

为保障学生健康成长,有效推进学生"千日成长工程"。自 2013 年以来,在各项常规经费随学生人数增加而增长的同时,学院每年投入 100 万元专项经费用于学生工作。在计划财务处的支持下,学生工作部会同各系开展了学生工作品牌项目建设,有力辅证了学生"千日成长工程",积极促进了学生"千日成长"。

2.素质养成学分,推进素质养成

为更好地推进学生素质提升工作,调动更多学生积极参加健康有意义的学生活动,学院规定,学生在校期间必须完成 10 个素质养成学分方可毕业。同时,学院还将学生素质养成学分与学生综合测评相结合,进一步完善了学生评价机制。学生素质养成学分的实施,推进了学生的素质养成,保障了学生"千日成长工程"的有效实施。

三、成效显著,金院学子万人成才

(一)面向全体学生,促进学生成长成才

学院以"立德树人"为根本,构建立体化育人体系以来,我院学生的成长成才效果明显,初步形成了"千日成长,百花绽放,万人成才"的育人局面。直接受益学生逾 2 万人。据统计,2010—2015 年间,我院学生共有 2000 余人在国家、省、市级学科、文体、社会实践及素质拓展类 900 多个项目中获奖,其中 2012 年以来,获得省级一等奖以上的数量每年以 50% 的速度递增。有 150 多个集体获得省市级荣誉称号,有 48 人获得国家奖学金,1200 余人获得各类校外奖学金,近 10000 人获得素质拓展奖学金。2 名学生先后分别当选为浙江省第二届、第四届"十佳大学生",2 名学生获得浙江省国家奖学金特别评审奖,1 名学生成为浙江省第十三次党代表。

通过实施学生"千日成长工程",进一步提升了学生的综合素质和可持续发展力。我院学生就业率连续多年保持在 98% 以上,其中,金融系订单培养数量占毕业生人数的 50% 左右。麦可思公司对学院毕业生的调查报告显示,毕业生对母校的人才培养工作非常满意,如 2013 年毕业生对母校的满意度为 97%,对母校的推荐率为 84%,大大高于同类学校。在浙江省教育评估院 2105 年开展的高校毕业生职业发展状况及人才培养质量调查中,毕业 3 年后毕业生对母校的总体满意度居全省高职院校第一。

(二)与学生同发展,教师团队成果颇丰

在助推学生成长的同时,学生"千日成长工程"的实施,也促进了我院学生工作队伍建设,提升了教师的工作水平。例如,2013 年,我院辅导员王琴及其团队开展的"金手指"项目被评为教育部辅导员精品项目;闫春飞、俞婷、王琴三名辅导员先后在浙江省辅导员职业能力大赛中获奖;3 人获得省优辅导员荣誉称号;郑晓燕、牟君清老师获得学院首届金牌班主任荣誉称号并获得纯金奖牌;等等。学生工作队伍素质的提升也更好地推动了学生的优质发展。

(三)拓展社会影响,彰显示范引领作用

2013 年 12 月,作为唯一一所高职院校代表,我院党委书记周建松在第 22 次全国高校党的建设工作会议上做"以'千日成长工程'为抓手,推进立体化育人体系建设"典型经验交流发言。2012 年,我院申报的《"千日成长"与"素质教育"——我院学生"千日成长"工程纪实》《高雅睿智唯美塑造现代职业淑女——我院淑女学院创设》均被浙江省委教育工委、浙江省教育厅选为 2012 年全省高校教书育人典型案例。学院有 3 个案例入选《全国分类引导青年案例汇编》,2 个案例入选《全国分类引导青年电教片》。2012 年,该工程获得学院第五届教学成果特别荣誉奖,并于 2014 年 9 月获得全国金融职业教育教学指导委员会教学成果评选一等奖。2015 年 5 月,省教育厅领导特别将本成果向省委书记夏宝龙同志做了专项汇报。中国青年报、浙江日报等多家媒体相继报道了我院学生"千日成长工程"所开展的系列活动及所取得的成效,得到了广泛的好评。

办有灵魂的高职教育　育有底气的技能人才

天津职业大学　学生处副处长　汪　猛

天津职业大学在学校党委领导下,坚持以邓小平理论和"三个代表"重要思想为指导,全面贯彻落实科学发展观,深入贯彻党的十八大和十八届二中、三中、四中全会精神,紧紧围绕立德树人的根本任务,立足学生综合素质与可持续发展能力的提升,立足培养"知识精、能力强、素质高、会生活、会学习、会做事"的高素质技术技能人才的目标,着力打造"主辅统一"的体制体系,探索与实践了一个凸显职业教育办学特色的思想政治教育模式与途径。

一、做好顶层设计,描绘发展蓝图

天津职业大学是一所培养高技能人才的天津市属普通高校,始建于1978年。1982年底改建为天津职业大学,是天津市普通高校中最早举办高等职业技术教育的院校,全国首批示范性高等职业院校,"黄炎培优秀学校",天津滨海新区紧缺人才培养基地。

学校下设7个学院、3个直属系和2个教学部,设有53个专业,涵盖工、经、管、文等专业门类;教职工700余人;专任师资480余人。

现有在校生12777人,有64%的生源来自普通高考,其他生源主要是三二分段、自主招生、春季高考、对口升学的学生,近六成学生来自农民和农民工家庭,近八成新生来自初高中教育程度家庭,三成新生是独生子女。

我校始终秉承"育德育能,力实力新"的校训精神,坚持立德树人,把培育和践行社会主义核心价值观融入教育全过程,按照"强调技术、注重技能、关注创新、兼顾人文、全面发展"的人才培养目标,构建了家庭、学校、社会三位一体的教育模式,形成了全面、全程、全员的育人格局,凝练了"一切为了学生,一切依靠学生"的素质教育工作指导思想。

梳理出坚持服务滨海新区产业发展需求,培养高素质技术技能人才的科学发展理念和逻辑起点,从体制机制上进行整体设计与实施,夯实队伍建设保障基础,创新思政理论课和课堂外思政与职业素养教育活动,创建校内外思政教育保证条件,打造大学精神与企业文化融合的高职文化环境,走出一条办有灵魂高职教育、育有底气技能人才的办学与培养新路。

经过几年的探索与实践,我校确立了"以社会主义核心价值观为指导,以思想政治教育为基础,以德育创新为抓手,以学风建设为目标,以素质教育为载体,以爱国主义教育、人文素养教育、法制安全教育、心理健康教育、职业规划教育、宿舍管理教育、诚信教育、网络教育为重点"的思想政治教育基本框架。

二、创新素质教育,熔铸学生底气

根据滨海新区等区域,高端制造业、现代服务业等职业领域对人才的使用要求,我们注重突出职业教育的本质属性与专业特性,以区域为面向,以专业为基础,以行业、岗位、职业为依托,创建并完善了服务指向明确、素质教育全面、能力要求突出的高职素质教育体系。

通过二级学院专业群的划分,结合对应职业群的素质和能力的要求,我们制定实施了涵盖基本素质教育、职业素质教育和通用能力教育的校院两级素质教育方案11套,做到"分年级、分专业、分阶段、分类型"的实施进程和任务要求。在此基础上我们还制定实施了《素质教育项目管理办法》《素质教育项目附分细则》《奖学金评比细则》等42个制度、规定和流程。我校在以上制度的保证下,每年开展素质教育活动470余项,致力打造"品牌战略工程",实现"一个月度一个主题、一个学院一个品牌、一个品牌一个特色",熔铸学生底气,让学生成为他自己。

（一）厚德积蓄底气

一是以主题教育活动为载体。精心设计社会主义核心价值观主题教育活动,开展主题班会、红歌会、征文比赛、诗歌朗诵、"我的学子梦·职大梦·中国梦"、诚信教育、志愿服务、感恩教育、"生命·生存·生活"等主题教育活动,不断增强学生对中国特色社会主义的道路自信、理论自信、制度自信;把社会主义道德建设要求进一步内化为全校师生的生动实践,促进我校精神文明和大学文化建设。

二是以大学生课余理论学习为重点,引导学生自主学习。我校以大学生延安精神研究会、邓小平理论和"三个代表"重要思想研究会等理论研究型社团为依托,开展大学生课余理论学习,组织征文比赛、党史知识竞赛、红色经典电影观赏等形式多样的活动。

三是加强学生工作网站建设,开设网上团校、业余党校等专栏,开辟网络课堂;充分利用微信、微博等新媒体,开展渗透性教育。

（二）博才充盈底气

一是加强社团建设。规范社团管理,通过开展社团活动,提高学生综合素质,丰富校园文化,其中影响力较大的社团活动有"深思博辩杯"辩论赛、"金话筒杯"主持人大赛、"心理剧大赛"、"校园歌手大赛"等。

二是开展人文素质活动。开设"素质教育大讲堂",每年定期组织八讲,邀请国内知名专家、学者担任主讲,内容主要涉及中国传统文化、中国历史、艺术欣赏、现代科技、西方经典、社会热点等各领域。举办"卓越杯人文知识大赛",全校共有5200余名学生报名参加比赛,在笔试中,全程由学生组织、监考,这既反映了学生参与比赛的积极性,展现了我校学生综合素质,又是我校素质教育成果的直接体现。人文知识大赛的开展有利于促使大学生体会蕴含在传统文化中的民族文化精神,把提升人文素养当作自觉追求,有助于推动大学校园文化建设和提高大学生人文素质。

（三）实力成就底气

1. 系列新生入职教育活动为学生成长奠基

一是以新生入学教育作为起点,帮助新生尽快适应大学学习和生活。二是以新生军训作为触点,让学生在紧张、艰苦、严肃、有序的军事训练活动中,进行历练养成、规范形成、意识促成的实践教育。三是以校领导"入职"教育讲座作为亮点,通过讲座向新生介绍天津市、天津市职业教育发展的历史和学校的基本概况,通过相关数据帮助学生了解职业前景,点亮学生作为合格社会职业人这盏灯。校领导已连续6年给新生做入职教育专题讲座,覆盖全校新生,此项活动在新生中也引起强烈的反响,现已成为我校系列新生入职教育活动中的品牌。

2.职业素养教育助力学生成才远航

通过组织开展技能大赛、创业就业大赛、经典系列讲座,组织参加"挑战杯"大赛等,帮助广大学生提高自身专业技能和实践能力;通过邀请校友代表、优秀企业家来校做专业和职业指导讲座,帮助广大学生形成强烈的职业归属感,树立正确的职业理念;充分利用校企合作的良好背景,组织学生参观优秀企业,借助相关企业的品牌优势,在实习实训中培养学生的职业能力。

三、教育管理并重,服务学生成才

(一)扎实推动"天职家园计划"

1.夯实基础服务人

学校建立了管理干部、楼宇管理员、门卫三层一线的工作模式,形成分工明确、逐层反馈的工作机制,平衡了原有公寓管理人员与学生之间的认识落差,贴近和深入学生,既严格管理又亲切关怀,提升学生的自理能力,同时为学生创造"家"的温暖。

2.提升文化浸润人

充分利用公寓这一教育阵地,连续 12 年开展"寝室文化节"活动,发挥学生的主观能动,设计和美化各自的"小家";着力打造和谐的住宿环境,依托公寓内"党团活动室",开展素质教育活动,提升公寓文化氛围,浸润学生心灵。

(二)全面深化"学风建设行动计划"

1.完善管理规范人

通过完善早、晚自习和公寓晚检制度、节假日学生返校统计制度等强化学生养成教育,严抓学习纪律,规范学习行为,端正学生的学习态度,促进优良学风的形成。

2.读书明志熏陶人

连续 6 年组织开展"读书·明志·成长"读书节活动,共计为学生推荐书籍3000 余册,多数学生在读书笔记中提到,学校开展的读书节活动,对于提高自身成长有很大帮助。开展名师名家讲堂、优秀学生事迹报告会、学业生涯规划主题讲座等学风建设系列活动,引导学生转变学习模式,做好学业生涯规划,培养学生的学习能力和创新能力。

3.选树典型鼓舞人

以五四表彰、一二九表彰为契机,每年宣传表彰学生先进典型人数占在校生总人数的3%,并连续 4 年制作《优秀学生事迹集》,向全体新生宿舍免费发放,在校园内形成了"学习先进、争做先进"的浓厚氛围。

(三)积极落实"阳光助力工程"

以爱心超市为平台,创新家庭经济困难学生资助途径,自 2007 年起累计资助学生20000 余人。2010 年,天津市教委、天津市总工会组织全市高校学工及工会部门到校参观学习爱心超市的工作经验,2014 年我校爱心超市新生资助活动信息受到全国资助管理中心登载。

以困难生社团为依托,积极开展学生励志教育、感恩教育,以形式多样的活动全面提升学生能力,帮助困难学生自助助人,健康成长,其中不乏励志成才的典型。

(四)稳步推进"心理护航工程"

近年来,高校学生心理健康问题越发凸显,2012年学校筹资40万元完善心理健康教育基础设施建设,目前心理健康教育功能室占地650平方米。

同时学校还大力加强心理健康师资队伍建设,定期对我校心理健康教育队伍进行培训,以提高其解决问题的能力。经过长期的实践,我校形成了"学校心理健康教育中心专职心理教师—心理发展辅导员—班级心理委员—寝室长",坚固的心理健康教育和防范的"四级安全网络"。

四、强化育人队伍,巩固中坚力量

(一)完善制度,夯实辅导员队伍根基

学校领导高度重视辅导员队伍的建设与发展,制定了较为完善的相关规章制度和政策,明确辅导员的管理体制、岗位职责。全体辅导员均接受双重考核,既有人事处按照人事考核制度直接进行的系列考核管理,又有学工部对辅导员的各项工作进行考核,考核结果作为辅导员职务晋升、评选先进、津贴发放等的重要依据,并作为学生工作市级先进评选的后备人选选拔依据。

(二)加强培养,优化辅导员队伍结构

学校相关文件明确规定按照师生比1:200的比例设置岗位,学校高度重视辅导员梯队建设,一方面通过辅导员招聘工作有计划、按比例、分步骤,逐步调整我校辅导员队伍的年龄结构、性别结构、学历结构、职称结构,另一方面,通过加强辅导员职业能力培训,完善辅导员能力结构。辅导员的培养纳入学校师资培训规划和人才培养计划,享受专任教师培养同等待遇,学校支持辅导员在做好大学生思想政治教育工作的基础上攻读相关专业学位,经过几年的实践与探索,我校构建了招聘考核、岗前培训、专业技能培训、日常培训、挂职锻炼的综合培养体系。

(三)拓展平台,激发辅导员队伍活力

1.增强凝聚力

为进一步增强辅导员队伍的团队意识和协作精神,提升辅导员队伍凝聚力、创造力和战斗力,学校积极探索辅导员队伍建设的新路径。自2014年,学校开展"辅导员沙龙活动",通过开展学习研究类、团体协作类、文艺素养类、身体健康类、社会实践类、文化修养类等形式多样的活动为推动辅导员探讨工作、交流经验、共享成果、提升工作能力创造平台,截至目前,共开展沙龙活动10场。学校还成立了学生工作队伍男子足球队、女子羽毛球队,以丰富学生工作队伍的业余生活,增强学生工作队伍身心素质和团队精神。此外,2012年以来,每年年末举办"学生工作队伍新春联欢会",学生工作联欢会汇集了众多学生工作者的才智和热情,展现了我校学生工作队伍良好的精神风貌,展示了一线辅导员亮丽的真我风采,使学生工作队伍更加团结和凝聚。

2.提高执行力

学校高度重视辅导员职业能力培养,除每年选送辅导员参加天津市、教育部组织的职业能力培训之外,学校定期组织开展校内职业能力培训,2012年以来,共组织校内职业能力培训23场。为进一步推进辅导员队伍职业化、专业化、专家化建设,学校连续3年开展辅导员基本功竞赛,并将竞赛结果作为推荐参加天津市辅导员职业能力大赛的参考。自 2011 年开始,常规性开展学生工作"互观互学交流"活动,推广品牌特色活动和丰硕成果,为提升学生工作整体水平提供借鉴。通过建设执行力平台,促使辅导员成为学生工作的"传送机""刻录机""发动机"。

3.深化研究力

为引导我校辅导员队伍加强工作研究、深化实践成效、提升理论素养,促进辅导员工作规范化、精品化、科学化,学校制订实施了"辅导员创新研究支持计划"。

在该计划的推动下,学校每两年开展一次学生思想政治教育工作研究论文评选活动,并将评选结果作为推荐天津市辅导员优秀论文评选的参考。

为深化我校"活动品牌战略工程",学工部带领一年级辅导员对一年级学生工作进行了精心部署和研讨,形成了一系列的重点特色活动,共计 6 个项目,涉及典型活动的参考方案共计 83 篇,并编撰成《天津职业大学一年级学生工作辅导手册》,该手册成为一年级学生工作的"教科书"和"工具书"。

学校设立学生工作专项课题,并鼓励支持辅导员申报各级各类科研项目,推动辅导员队伍由"实践型"向"实践—研究型"转变,2015 年,我校辅导员队伍在研和已结题项目总计14 项。

经过学校的不断努力,我校辅导员队伍建设初显成效,能够发挥其作为学生人生导师和知心朋友的作用,调研结果显示,学生认为辅导员对其思想言行和成长影响较大,对辅导员工作较为满意。

所有的成绩都已成为过去,在今后的工作中,我校学生素质教育工作将在校党委的正确领导下,继续坚持"一切为了学生,一切依靠学生"的指导思想,秉承"让学生成为他自己"的工作理念,以"立德树人"为工作的出发点和落脚点,积极培育和践行社会主义核心价值观,加强基础管理,推进内涵建设,提升服务能力,促进和谐发展,做好师生满意的学生思想教育。

高职院校立德树人体系构建与教育实践

——以重庆工业职业技术学院为例

重庆工业职业技术学院　学生处长　赵柏森

国无德不兴,人无德不立。社会主义核心价值观是我们共同的思想道德基础,立德树人,关乎国家民族的前途和命运。在积极培育和践行社会主义核心价值观的今天,高职院校需要身先示范、引领潮流。我校十分重视大学生思想政治教育工作,坚持"以生为本,德育为先"、全心全意为学生成长成才服务的理念,在立德树人的教育实践中进行了有益的探索,力求在大学生思想政治教育中体现特色,突出重点,注重实效。

一、以立德树人为目标,构建"四系配套"育人工作体系

我校积极开展大学生思想政治教育途径与方法的研究,在充分调研和总结过去工作经验的基础上,逐渐构建由组织领导体系、工作实施体系、工作内容体系和"四维"评价体系紧密结合的素质教育"四系配套"工作体系,提高工作针对性和效率。

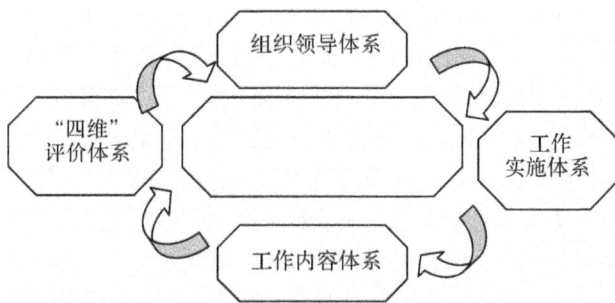

素质教育"四系配套"工作体系框图

——组织领导体系:实行"党政齐抓共管、部门协调配合"机制。党委是学生思想政治教育的领导者,负责学生思想政治教育的全面规划和部署;校长对学生全面发展负责,做到学生思想教育与产、学等工作同时部署、检查和评估;相关职能部门和二级学院协调配合,不断强化教育管理职能,把精力集中在培养学生成长成才的中心上来,主动发挥基层组织的育人功能。

——工作实施体系:采取"校院两级管理,以院为主,师生密切配合,校、院、班、社团上下互动、左右联动"机制,实现学校规划部署、学院贯彻落实、班级具体实施、社团支持补充的"互联互动",充分发挥教师主导、学生主体地位,形成全校上下共同推进学生思想政治教育的工作格局。

——工作内容体系:由课堂理论教学、课外实践培育和理论研究创新三部分组成。课堂理论教学主要包括思想政治理论课、形势政策课、基础文化课、人文、体艺修养课、心理健康教育课、职业发展与就业指导课等,旨在提升学生的文化知识水平和开拓视野;课外实践培育以学生实践锻炼、素质拓展为内容,以形式多样的培训和活动为载体,多层次、全方位培养

学生综合素质;理论研究创新以素质教育理论和实践的研究为重点,为学校开展素质教育、培养高素质的技能型人才提供理论支持。三部分互为依托、互为支撑,构成完整的素质教育内容体系。

——"四维"评价体系:学生与学校、家庭、社会和用人单位"四维"素质教育的评价体系,把对学生的评价,由原来以学校为主,变为家庭、社会、用人单位共同参与,综合评价,形成对学校、学院、班级学生思想教育工作状况和学生的培养与全面发展的反馈督导,实现学生成长成才全过程动态管理,使思想政治教育工作取得实效,充分体现"以生为本""以立德树人为目标"的教育精神。

二、以职业生涯规划为切入点,强化学生综合素质培养

要完成立德树人这项教育的根本任务,必须把理想信念教育放在首位。理想信念是人们对未来的向往和追求,一旦形成,就会成为支配和左右人们活动的精神动力。高职学生正处于理想信念成型期,思想活跃,自尊意识突出,成才愿望强烈,因此理想信念教育必须放在最为重要的位置。崇高的理想信念能够帮助学生找准人生理想与目标,而职业生涯规划则是重要的实践载体,可以引导学生将个人理想与社会理想有机结合。

(一)围绕理想目标建立职业生涯规划机制

我校制定了推进学生职业生涯规划和就业指导全程化的实施方案,建立完善了就业指导队伍建设制度、就业指导评价制度和调研制度,完善并实施学生顶岗实习联系制度;制定了"职业发展与就业指导"课程大纲与教学计划。学生每年都会填写《大学生涯规划与职业发展自助手册》,从进校开始,就在职业生涯规划、就业思想、就业技巧等方面得到全过程、全方位指导,从而提升其就业竞争能力,引导学生树立职业理想、人生理想。

(二)围绕"三为"育人理念构建高职特色的分年级育人模式

我校通过对不同行业70家企业和不同类别高职院校近4000名学生展开广泛调研形成《企业所需人才核心素质调查报告》《高职高专学生职业素质现状调查报告》,在此基础上结合社会和学院需求,制定《分年级育人纲要》,形成以"为人、为事、为业"为主要内容的素质教育分年级培育模式。三者从低到高,由浅入深,形成了完整统一的素质教育培育体系,充分体现了"立德树人,育人为本"的教育理念。

一年级的"为人"教育,就是要引导学生做有品德之人、有品质之人、有品位之人。主要以理想信念、爱国主义教育和道德教育为重点,辅之以专业认知教育、职业生涯规划指导、基本道德规范教育等,帮助学生树立正确的价值取向和良好的职业道德。

二年级的"为事"教育,就是要引导学生学习为事之能、培养为事之术、掌握为事之道。主要以科学文化素质、职业能力、创新能力和职业心理等职业素质培养为重点,帮助学生奠定就业所需素质和能力基础。

三年级的"为业"教育,就是要引导学生立业、乐业、创业。以职业观、就业观、就业创业能力等职业素质培养与提升为主,帮助学生树立正确就业观。

(三)围绕一个中心——实施思想政治教育四大工程

我校通过紧紧围绕核心价值教育,持之以恒地推进和深化实施思想政治教育四大工程,即"青年先锋工程""科学人文素质工程""心理阳光工程"和"爱心助学工程"建设。

结合"青年先锋工程"建设,大力开展爱国主义教育活动、学风建设专项教育实践活动等,通过活动的开展,使学生逐渐明确应树立什么样的价值观,怎样践行核心价值观。通过"重工大讲堂""菁英学子培训班"等品牌活动,坚持用社会主义核心价值体系加强学生的"三观"教育,发挥学生骨干的正能量。

结合"科学人文素质工程"建设,以科技文化节、职业技能大赛、校园文化艺术节为龙头,推进学院文化与企业文化融合的"无界化"校园文化建设,打造具有高职特色的校园文化。

结合"心理阳光工程"建设,成立了心理健康教育工作指导委员会和教育服务中心,组建了学校、学院、班级和社团四级心理健康教育工作网络,形成了调研与建档、咨询与辅导、宣传教育活动、知识讲座与技能培训、课程教学 5 项载体,全方位促进学生"健全人格、优化品德",最终实现人格协调发展。

结合"爱心助学工程"建设,设立了校、院、班三级经济困难学生资助工作机构,完善了奖、助、贷、勤、免为主要内容的家庭经济困难学生资助体系和以励志教育、诚信教育、感恩教育为教育重点的教育机制。实施"大学生成长指导计划",采取结对子等形式帮助自律困难、学习困难等学生完成学业。困难学生年均资助人数达 3000 多人,年均资助额在 1100 万元左右。

三、以"五个一"方针为指导,助力学生完善人生支撑

我校坚持以人为本,遵循教育规律,以促进学生的成长成才为出发点和落脚点,以学生今后真正具有幸福生活的态度和能力为目标,构建了"五个一"育人方针,即帮助每一名学生"树立一个志向,学好一门知识,练好一门技能,涵养一门艺术,热爱一项体育",在做好专业教育的基础上,强化个性教育和素质拓展,提升学生的审美和人文素养、体育精神及社会责任感,培养有知识、有技能、有涵养、受尊重的、德智体美全面发展的有魅力的大学生,为幸福人生打下坚实的基础。

为实现"五个一"育人方针,学校各级部门分工协作,以素质教育内容体系为支撑,通过打造校园文化活动品牌;大力发展学生社团;大力扶持学生创新创业等途径营造立体化的培养环境。学校建立了"精品活动全校统筹,特色活动学院主导,个性活动社团拓展,日常活动班级开展"的多层次校园文化活动格局,坚持"校园文化,专业主导"的思想,进一步按照专业、艺术、公益等主题整合学生活动,打造富有专业特色的校园文化品牌。以弘扬中华文化为宗旨,开展诸如"声动重工""车模及主持人大赛""新生之星""思辩天下"等一大批特色活动,努力形成"内容健康、形式多样、主题鲜明、情趣高雅"的校园文化总体格局,熏陶和感染学生树立文化自信和价值观自信。

学校也非常重视各项专业技能竞赛项目,为学生搭建各类技能竞赛平台,坚持以赛促学,探索形成了技能指导和德育教育并行的技能大赛模式,引领学生践行社会主义核心价值观。近年来学院在各类国家级职业技能竞赛中荣获一等奖 11 项、二等奖 17 项、三等奖 17 项。

我校还积极探索学生创新创业发展,先后拨款 200 多万元成立了学生创新设计中心,包括"工业设计中心""桃源大道工作室""工程实践中心",功能集创新设计、动画制作、工程实践"三位一体",让学生在科技创新活动中培育和践行社会主义核心价值观。目前创新设计

中心已经成为培养学子创新能力的"驱动器"。中心研发出了 600 多个 3D 交互式教学课件,为"机械制图""塑料模具设计""机械设计基础"等多门课程研制原创动画资源 2000 多个,荣获各类型专利 80 余项。其课程原创动画资源分别被湖南大学、成都航空职业技术学院、张家界航空工业职业技术学院等多个大学、学院使用,受到广大师生的好评。校内还成立了大学生创业孵化园,现已有 20 多家入孵企业进驻,孵化园将整合各方优势资源提供创新创业项目孵化的软硬件支持,为大学生创新创业提供支撑和服务,切实落实"作品、产品、商品"相结合、"学校、企业、市场"相结合的创新创业思路,鼓励、支持大学生开展创新创业实践活动。

四、完善师资队伍建设,培育高素质的思想政治教育骨干团队

立德树人是教育的根本任务,而大学要培育有德行的学生,首先要培育师德,要培养具有坚定的政治立场、高尚的思想素质、正确的价值取向和科学的人生态度的优秀教师。作为肩负育人重任的思想政治教育工作者,其思想觉悟、政治立场、价值取向所外化出来的言传身教更潜移默化地影响着学生的认知和判断,因此必须按照政治素质高、业务能力强、服务意识好的标准,努力把骨干队伍选拔好、培训好、管理好、作用发挥好,着力建设高素质的教育骨干队伍,为思想政治教育提供坚实的人才支持。我校制定了专职辅导员队伍建设、考核及评价制度,优秀教育团队及个人评选表彰制度,社团素质教育兼职骨干管理制度,社会或企业兼职素质教育导师管理制度等工作制度,形成专职工作队伍长期稳定成长发展的激励机制,促进素质教育团队建设制度化、科学化和规范化。定期选送团队成员参加国内外培训或进修,选聘校内班级和社团学生素质教育兼职导师,聘请社会或企业名流兼职素质教育导师,形成学校专职辅导员和兼职班主任(班导师)相结合的素质教育骨干团队。

教育的终极目标是促进学生的全面发展。我校在立德树人方面经过多年的教育实践,也取得了一些小小的成绩。学生思想道德素质、科学人文素质和身心素质明显提高,涌现出一大批以奋不顾身救人英雄谢张、勤学苦练技能标兵袁明记、自强不息全国优秀残疾运动员向宾霖为先进典型的优秀学生群体。学生在参加国家、省市级文艺、体育、职业技能竞赛和大学生社会实践等活动中,多项目、多人获得表彰奖励。人才培养质量得到持续性提升,就业质量显著提高。

坚持立德树人 培育新时代"四有"新人

新疆农业职业技术学院 学工处长 马 勇

故事一：

2015 年 5 月 21 日,我院学生阿尔巴提·吾吉阿不都拉在"全国大学生道德实践网络推选展示活动"中荣获"身边的榜样——大学生道德实践优秀成果"奖,成为全国职业院校唯一获得此殊荣获奖者。我院获得"道德模范优秀组织学校"奖。

2014 年 8 月 25 日,我院大学生阿尔巴提·吾吉阿不都拉路过和田市一个大巴扎,遇到一起暴徒持斧追赶群众案件,他果断调转其驾驶的摩托车将嫌疑人撞倒在地,协助执勤民警成功将嫌疑人抓获,被和田地区行署表彰为"和田地区见义勇为先进个人"。中央政治局委员、自治区党委书记张春贤在获知阿尔巴提同学见义勇为事迹后,立即批示:"要大力弘扬阿尔巴提同学这种敢于担当、勇斗暴徒的精神,传播当代大学生爱国爱疆正能量。"

故事二：

2013 年 4 月 23 日 13 时 30 分,新疆喀什巴楚县色力布亚镇 3 名社区工作人员到居民家中走访,在一居民家中发现多名可疑人员和管制刀具,遂用电话向上级报告,之后被藏匿于屋内的暴徒控制。接报后,我们的毕业生,新疆巴楚色力布亚镇派出所民警努热买买提,主动请缨、义无反顾地冲到最危险的反恐维稳第一线与暴徒展开生死搏斗,直至献身火海。这次震惊中外的巴楚"4·23"暴力恐怖案件,造成民警、社区工作人员 15 人死亡。努热买买提用年轻的生命捍卫了新疆的社会稳定,被授予自治区"反恐勇士"称号。

故事……

学院先后涌现出了献血大王、全国职业院校共产党员育人楷模乌买尔·艾买尔、全国农业科技推广标兵杨伯松、抗震救灾英雄杜金龙,以及以塔瓦为代表的 5 名同学见义勇为,陈清松等 3 名同学勇斗歹徒,张怡等 3 名同学拾金不昧的先进人物和先进事迹。现如今,勇斗歹徒、拾金不昧、义务献血、爱心捐助已成为学院的优良传统。

通过发生在我们身边诸多感人的故事,表明新疆农职院形成了良好的政治生态。这是长期以来学院党委紧紧围绕"培养什么人,如何培养人"这个根本问题,始终坚持"育人为本,德育为先"的办学方针,坚持把立德树人作为根本任务,努力践行和培育社会主义核心价值观的成果体现。

近年来,学院党委进一步改进和加强德育工作,根据新疆工作特点和高职生成长成才规律,开展以"六爱"为主题的社会主义核心价值观教育实践活动,将培育有理想、有道德、有文化、有纪律的"四有"新人为目标,不断探索和创新具有高职院校特点的德育实践新模式。

一、创新学生党建"三五"模式,提高学生思想政治素质

面对新疆高校是"三股势力"渗透重点领域这个严峻形势,学院党委始终把培养大学生的思想政治素质放在第一位,提出把抓好学生党建作为加强和改进大学生思想政治教育工作突破口的工作思路,创新实施大学生党建"三五"模式,破解了高职院校大学生党建难题,

使广大学生党员成为校园反分裂、反渗透斗争的一支骨干力量。

（一）创新教育模式，做到"五个统一"

即统一要求，全体参加；统一教材（《党在我心中——高职大学生党的教育读本》），探究学习；统一时间，纳入计划；统一师资，保证质量；统一考核，综合评价。

（二）创新实践途径，做到"五个跟进"

提出"学生学习生活到哪里，党组织就跟进到哪里，党支部战斗堡垒作用和党员先锋模范作用就发挥到哪里"的工作思路，实施学生党建跟进班级、跟进社区、跟进社团、跟进网络、跟进实习实训基地，探索创新了学生党建"五进"思想政治素质教育新模式，着力培育高职学生的核心价值观。

（三）创新评价方式，做到"五个结合"

即课内评价与课外评价相结合；教师评价与学生评价相结合；党内评价与党外评价相结合；学校评价与企业评价相结合；组织评价与个人自评相结合。

2013年，学院创新学生党建"三五"模式为主题，在第二十一次全国高校党建工作会议上作为全国8家大会发言单位之一，代表全国职业院校进行了经验交流。

二、创新德育活动课教育模式，提高学生职业精神

学院党委在多年探索与实践的基础上，按照高职学生成长、成才和成人的规律，把日常思想政治教育的内容以专题的形式贯穿于学生在校生活的全过程，创新了日常教育的新途径——高职德育活动课教育模式。

（一）面向全体学生的必修课

每学期初由教务处统一下达教学计划，每个星期三下午为德育活动课时间。它在"两课"这个"主渠道"和班、团活动、第二课堂之间架起了一座沟通的桥梁，实现了"主渠道"与"主阵地"教育力量的有效对接。

（二）制定了科学设计的教育内容

根据高职院校学生的成长、成才、成人的规律和教育过程中存在的突出问题，采用学院教师主持编写的专门教材《高职和谐德育读本》，有针对性地设置16个专题，从一年级第一课"步入高职，助我成功"到三年级最后一课"志存高远，平凡做起"，把教育内容散开、拉长，贯穿于学生在校生活的全过程，做到"月月有主题，周周有活动，天天有体会，人人都参与"，使日常思想政治教育形成长流水、不断线、随风潜入夜，润物细无声的过程，自始至终体现了职业教育的特点。

（三）建立了专门的教育队伍

由班主任、辅导员承担德育活动课教学任务。班主任、辅导员与学生朝夕相处，他们伴随学生成长、成才、成人全过程，既了解学生的"知"，又能体察学生的"行"，对学生个体的不同需求和存在的问题心中有数，能及时把握学生思想变化的脉搏及行为变化的动因。

（四）运用了探究式学习方法

在德育活动课上围绕"焦点问题"，师生共同研究。在教师的指导下学生带着问题走出课堂、走进生活、走进企业、走进社会，去寻找答案。这种学习方法有利于实现课内与课外结合、校内与校外结合、思想教育与专业学习结合，增强了德育实效性。

（五）采取了知行合一的考核方式

将学生在德育活动课上的发言、撰写的调查报告、学习体会的情况与日常行为表现综合起来量化考核。调动了学生学习的积极性，点燃了学生不断追求进步的希望之火，取得了推动学生持续进步的教育效果。

三、创新实践育人模式，提升学生爱岗敬业品质

学院党委高度重视实践育人工作，始终坚持育人为本，注重学生的实践锻炼，创新了六种实践育人新模式。

（一）顶岗实习实践育人模式

实践教学是职业教育关键所在，是学生专业知识技能和职业道德素质提升的主要途径。学院将专业实习实训实践工作作为社会实践活动的重要内容。教学部门在考核技能的同时，学生工作部门对学生综合素质进行全方位监控考核，将综合素质教育贯穿于实践教学的全过程，提升了实践教学质量。

（二）军训实践育人模式

军训是增强大学生爱国意识，提高国防知识的重要渠道。学院要求学生每学期必须参加军训，每年都开展18个教育训练日，完成84学时的军事训练任务和17学时的军事理论教育任务。军训结束后，军训教官和班主任根据学生的实际表现，进行综合评定。

（三）社会实践周实践育人模式

学院提出"全员育人、全方位育人、全过程育人"的理念，创设了社会实践值周模式，要求学生在校期间每年必须停课一周参加实践值周工作，全班学生被分别分配到职能部门岗位，以员工的身份工作一周。

（四）"三下乡"社会实践育人模式

学院作为全国高校暑期"三下乡"社会实践14支重点团队之一，已连续7年开展社会实践服务，2015年服务团历时20天，先后到达南疆三地州，11个乡镇、28个村，全程6000公里，文艺演出31场，观看人数达15000人次。组建了林果专业技术服务队，为6个乡镇14个村的2800亩果园提供病虫害防治、田间果树管理、优质丰产技术推广等技术服务，举办了4场林果业知识讲座，服务时间累计5070小时。在2015年"新疆学子百村行"自治区大中专学生暑期社会实践活动总结交流会上，团中央书记处书记傅振邦指出：新疆农职院用老百姓喜闻乐见的形式宣传党的方针政策，让欢乐的麦西来甫在新疆大地炫起来，扫除宗教极端思想的阴霾，有担当、有思路、有成效。

（五）是勤工助学实践育人模式

实践教学是职业教育关键所在，是学生专业知识技能和职业道德素质提升的主要途径。学院利用假期，结合专业开展勤工助学活动。教学部门在考核技能的同时，学生工作部门对学生综合素质进行全方位监控考核，将综合素质教育贯穿于实践教学的全过程，提升了实践教学质量。

（六）是创业社会实践育人模式

学院设立学生创业基金，建立大学生创新创业孵化基地，吸引有创新创业兴趣的学生进驻，开展创新创业实践，定期开展创业大赛，面向全院学生开展创业意识培训，将创业培训纳

入"职业生涯规划和就业创业指导"课程;对于有创业爱好和兴趣的同学,开展创业的模拟实践,提高创业技能。学生参加全国、自治区各类大学生创业大赛成绩突出,自主创业也如雨后春笋般呈上升态势。

四、创新思想教育新途径,提升学生综合素质

(一)以《大学生成长手册》为依托,实施毕业生双答辩

学院为了探索和创新大学生日常思想政治教育的新模式,结合学生日常思想政治教育活动时间和规律,编写了《新疆农业职业技术学院大学生成长手册》,以"模块培养、活动导向、责任考核"的培养模式将日常思想政治教育活动与素质有机教育融合,实施了毕业生专业论文与素质论文双答辩。进一步促进学生思想教育科学化、规范化、系统化,客观评价学生在校成长历程。

(二)以名师、辅导员工作室为依托,实施"五个一百"工程。

学院在学生社团建设实践中不断摸索、总结经验,现已组建徐长琴剪纸艺术大师工作室、宏品牌工作室等,在广大师生中具有一定的知名度,成为学生素质文化活动的重要载体。学工队伍通过分类、分项,特长资源组合,成立了古丽工作文艺室、经纬创业工作室等20余个辅导员命名的工作室,将专业特点、个人才艺统筹形成具有共同特点的多个学生社团。目前,学院正在实施"五个一百"工程,即百个社团,在百日时间,开设百门素质教育课程,组织百项活动,达到百花齐放的目标。

(三)以"六爱"为主题教育,开展全员育人机制

近年来,学院党委进一步改进和加强德育工作,根据新疆工作特点和高职生成长成才规律,开展了以"六爱"为主题的社会主义核心价值观教育实践活动。号召广大大学生爱祖国,做实现中国梦的奋斗者;爱新疆,做美好家园的建设者;爱学校,做"我为农职添光彩"的担当者;爱专业,做成就出彩人生的开拓者;爱老师,做尊师勤学的践行者;爱同学,做民族团结的维护者,并将其精神及具体要求传达给每位学生。探索和创新了具有高职院校特点的德育实践新模式。

(四)深化育人实效,开展"资助万里行　圆梦农职院"活动

新疆地域辽阔,县与县、村与村之间相距甚远,学院生源97%来自新疆本地,39%学生来自南疆,贫困线以下学生占90%。学院学工队伍每年暑假组织老师利用暑期开展家庭走访、问卷调查、就业方向等形式调研,通过"三项教育""四个结合",从社会、学校、家庭"三位一体"实际出发,构建具有新疆农职院特色的学生资助体系。

学院先后荣获全国"创先争优"先进基层党组织、全国首批28所国家示范性高等职业院校、全国职业教育先进单位、"黄炎培优秀学校奖"、全国高校就业50强院校、国家教育体制改革试点单位、全国"百所德育科研名校"、全国民主管理先进单位等荣誉称号。毕业生就业率连续10年稳居自治区高校前列,创造了在西部欠发达地区建设高水平国家示范院校的成功范例,为自治区社会稳定和长治久安提供了人才支撑。

学院党委紧紧围绕新疆社会稳定和长治久安总目标,主动对接国家战略,深入贯彻第二次中央新疆工作座谈会精神、全国职业教育工作会议精神和自治区党委八届七次全委扩大会议精神,形成了:

"改变一个学生的未来,就是改变一个家庭的未来;改变一个家庭的未来,就是改变一个地方乃至全疆的未来"的共识。

把"办好职业教育尤其是少数民族职业教育"作为学院维护新疆社会稳定和长治久安的战略担当。

把"托起农牧民孩子的美好明天"作为学院的价值追求。

把"培养爱国爱疆、敢于担当的新时代'四有'新人"作为学院的历史使命!

立德树人　培养高素质技能性高职人才

——北京工业职业技术学院学生主体体验德育模式探索

北京工业职业技术学院　学工处长　沈　杰

　　教高〔2006〕16号文明确指出："高等职业院校要坚持育人为本,德育为先,把立德树人作为根本任务,要高度重视学生的职业道德教育和法制教育,重视培养学生的诚信品质、敬业精神和责任意识、遵纪守法意识,培养出一批高素质的技能性人才。"这是对高职教育培养什么样人才的明确回答。

　　十八大提出"把立德树人作为教育的根本任务",这是我党对新时期教育方向与任务的重大政治宣示近年来,我校深刻领会"立德树人"在今天所体现的时代精神和承载的崭新科学内涵,整合学校资源,创新德育教育模式,形成了我校以"职业基本素养教育为依托,融合社会主义核心价值观教育的体验式德育养成模式",统筹规划,总体协调,多措并举,系统推进,构建全员参与的实践育人格局,在全校形成了处处是育人之地的良好育人氛围,提出了"把学生德育工作与管理服务有机结合,搭建以学生为主体的体验式实践德育平台"的学生德育实践工作新思路。

一、依托"职业基本素养"养成教育,搭建体验式认知平台

　　针对高职学生特点及高职人才培养目标,学院自2007年起将学生职业基本素养教育作为德育载体与实践试点,经过多年的探索实践,于2010年建成全国高校第一门"职业基本素养"国家级精品课程;将学生职业基本素养教育列为学院思政工作重点工程推进实施。在实践探索中形成了"课程引领、专业渗透、两线融通、六步嬗变"的高职学生职业基本素养培养体系;设计了"敬业、诚信、务实、表达、协作、主动、坚持、自控、学习、创新"基本素养的10个核心内容,通过课程主渠道,搭建学生认识平台,用多种课程形式,使学生体验认知。在实施层面,以课程建设为引领,以教学和学生管理两支队伍为依托,做实日常教学与管理服务中的素养养成与渗透,教学中形成了"进入校园感素养、课程教学知素养、走入企业看素养、实习实训练素养、顶岗实习验素养、步入职场亮素养"的养成教育路径;管理服务中形成了"大学生第三课堂建设工程""千名宿舍长培训计划"及"关爱学生,服务为本,促进每个学生成长成才"三个有效的特色素质养成实践项目。开发职业基本素养"口袋书",建立职业基本素养证书制度,将职业基本素养教学从课上延伸到课下,实现课上与课下的融通,将学生参与各项校内外德育活动纳入"职业基本素养证书"评价体系,强化学生日常行为养成,便于学生对日常行为进行及时有效的自我评价与反馈改进。

　　通过近几年的探索,学生精神面、校园文明与文化氛围得到极大提升,素养之花开遍校园;"职业基本素养证书"成为学生求职的亮丽"名片",成为学院职业基本素养教育品牌。

二、形成特色实践育人体系,搭建社会责任体验平台

　　社会实践和志愿服务能够培养学生树立良好的公民意识和积极的社会责任感,我校把

社会实践纳入学校育人工作体系,传承发扬奥运和国庆60周年志愿服务精神,引导组织学生结合我校体验式德育养成模式开展广泛的主题社会实践活动。学校在开展"大学生文明修身工程"、科技文化艺术节、社团文化艺术节、公寓文化节等校园文化活动的同时,要求各二级学院结合专业特点组织学生党支部对接企业或村镇开展大学生"红色1+1"暑期社会实践活动,坚持深入社区、村庄开展大学生志愿服务活动,广泛开展"社会救助""文明劝导""爱心募捐"等各项公益活动,完善志愿者培训体系和管理机制,实现志愿服务的"常态化、专业化"。

精准设计,务求实效,形成了一批品牌志愿服务项目。如结合我校地处北京市城乡结合区域,为打工子弟学校服务的"蓝天支教";用高雅艺术提升与熏陶学生人文艺术素养的"国家大剧院引导礼仪"志愿服务;用庄严礼仪与爱党爱国教育的"毛主席纪念堂文明引导"志愿服务等常态化志愿公益服务品牌,为学生搭建社会活动体验平台,在实践中践行"中国梦"的意识,培养学生将自身成长成才的"学子梦""教育梦"与富国强国的"中国梦"紧密相连的责任与意识,引领学生学会做人、学会做事、学会学习、学会生活,推进学生的社会责任教育。高职学生大多来自普高、职高、中专和技校,学业上未有骄人成绩,特殊的学习、生活和成长环境使他们承受了较多的"负面"体验;内容丰富,形式多样的社会实践活动,让他们有了"成功""成就"和"成长"的体验,能极大激发其内心动力。我校2010届毕业生高顺就是在我校社会实践平台上成长起来的典型代表,2015年在踏上工作岗位五年的时间里,他从一名普通测试工程师成长成为了项目经理,并担任着团委书记的职务。在校期间他参与了北京奥运会和国庆六十周年两次大型志愿服务活动,表现出色,被评为石景山区奥运服务先进个人和国庆优秀志愿者,在志愿服务中培养出的社会责任感和奉献精神一直延续到高顺的工作中,在他任团委书记期间,已经组织了两次爱心捐物活动,募集3000多件书籍、衣物送到青海、贵州等贫困儿童手中,高顺说:"我最怀念的是大学期间有幸运参加奥运和国庆两次志愿服务""我认为年轻人应该对社会负有责任感和爱心."。

三、坚持仪式教育和劳动实践,搭建日常行为体验平台

学校常年坚持每周一的升旗仪式和每年一次的成人仪式,庄严的仪式能熏陶学生的爱国情怀,使其常怀感恩之心、爱国之情。每周一早晨6点40分,国旗班学生着定制服,全体辅导员、班主任和全院学生着校服,准时参加升国旗仪式,并聆听学院领导在国旗下的专题讲话,师生共同接受庄重的爱国主义教育。借鉴我国传统的"弱冠"之礼,每年为全院年满18岁的学生举办成人仪式,面对国旗和宪法,进行集体成人宣誓,承诺做一个爱国守法有公德的好公民;并以"我成年了"为题给自己的父母写一封家书,既有对父母的感激,又有对成人意识和责任的思考与承诺。

在校学生每学期参加一周的公益劳动,是我院坚持了16年的学生劳动教育活动。劳动班级由教务处根据教学计划统筹安排,劳动任务由后勤集团所属学生劳动管理办公室统一管理和分配,主要从事校园道路及学院家属区卫生、部门工作助理和学生管理助理。经统计,每年安排300个班级参加学院的保洁工作,人员达12000多人次,平均每年清运垃圾1800多吨。学生通过劳动实践与教育,普遍养成珍惜劳动成果,自觉保持环境卫生的良好习惯。我院学生在实际工作和日常生活中表现出的吃苦耐劳和环卫意识,受到企业的广泛好评,也得到学生家长的肯定。

四、创新新生引航工程,搭建成长需求体验平台

为满足新生多样化的成长需求和持续出现的适应性、发展性需求,从入学起即以学校德育主线来设计安排教育内容,并自2013年起将入学初的一个月集中教育改变为历时一年的新生教育计划;将过去以辅导讲座和参观为主的教育内容与形式,扩展为包括主题报告、学业规划、社会实践、职业体验、安全法制、消防演练、网络安全、班级建设等相结合的新生入学教育。

结合社会主义核心价值观要求,注重加强新生的理想信念教育,鼓励新生思考人生、规划学业和职业生涯,坚定理想信念。着眼新生成长需求,开展学业辅导和职业生涯规划教育,各学院建立新生导师制,加强专业教师对学生的学业和人生指导。多年来在新生军训期间邀请中国残疾人艺术团联合举办新生晚会,让新生深刻感受到坚强、乐观、自信精神所传递的正能量。

“新生入学教育年”活动实施2年来,得到了学生和家长的一致好评,新生的适应性极大提高,大学生活的规划性与积极性明显增强;调查显示,超过80%的新生认为新生入学教育活动比较符合或完全符合预期,对新生尽快适应大学生活,明确学习和职业目标有极大帮助。

五、抓住国防教育时机,搭建爱国责任体验平台

学校注重发挥首都政治中心的优势,结合日常国防教育不断强化学生爱国、敬业、奉献、创新的理念。学校将军训列为新生大学第一课,将“服从、忠诚、坚韧、奉献”作为军训精神,来谋划军训工作,激发学生的责任感和爱国情。定期邀请老红军、现役军官、国防大学教师为学生做专题讲座,如原北京军区司令李来柱上将来我校做报告,将老一辈革命家的革命历程和人生感悟传授给青年学生,教育引导学生珍惜大学时光,立报国志,圆中国梦。国防教育的实效性和针对性,增强了学生“学国防,爱国防,献身国防”的意识,2013年至今我校共有156名学生光荣入伍,完成了石景山区50%的征兵任务。我校连续4年被评为北京市征兵工作先进单位。

另一方面,随着近几年我校退役复学同学的增加,重归校园的退役军人为我校校园文化建设带来了新的力量,他们从军营带回的艰苦朴素,勤勉刻苦,爱国奉献的精神,时时处处感召着在校学生。国旗护卫队、仪仗队、学生会、红十字会、志愿者协会处处活跃着这些退役学生的身影,他们作为学生骨干分子,成为在校同学们纷纷效仿的对象,用他们的精神和示范作用传承着军人的精神。

六、发展健全人格,促进自我成长,搭建心理健康体验实践平台

心理教育与德育具有相同的历史根源,具有一致的目标,同属于心智和精神的范畴,是促进人精神素质全面提高的手段,它们还具有统一的过程,共同作用于受教育者的人格发展全过程。

开展心理教育有利于提高德育的时效性。我校长期对辅导员班主任等学生工作第一线教师进行心理健康教育方面的培训,使他们进一步丰富了德育观的内涵,在工作中透过精神

分析的视角来理解学生的人格发展,采用认知行为主义的方法来塑造学生的道德行为,运用人本主义的理念来发掘学生的潜在力量。使辅导员班主任对学生的德育教育更具有针对性,通过心理测量、心理咨询等手段发现和甄别大学生中需要重点关注的个体,解决学生们的心理问题和思想问题,让德育工作真正做到学生的"心坎上"。

每年对全体大一新生进行心理普查和访谈,对老生进行排查,为需要重点关注的同学送去关爱和理解;重点培养各班心理委员,进行系统的专业培训,开展老带新活动,以结构化心理团体辅导的形式在新生班级组织主题为"我们的新家""成长的烦恼""同舟共济""我和你"等班会,得到新生的欢迎和悦纳,达到了帮助新生融入班级、适应校园的效果,实现了新生心理适应教育的全员覆盖;搭建心理微信平台,利用时代新媒体传播心理正能量和心理健康知识,推进网络环境和网络文化育人;开展心理健康讲座、心理工作坊、心理沙龙和读书会等活动,促进学生的个人成长,在每个同学的心中种下阳光的种子。

将心理健康教育融入德育教育,能够不断实现人的全面发展的教育目标,不仅解决学生的思想道德问题,还要使学生的心理朝着人格成熟的方向发展,促进潜能素质的充分发挥,深化了德育的内涵,为学生真正接受德育创造良好的心理条件。

七、加强学生社团建设,搭建专业发展体验平台

高等职业教育的培养目标是高素质技能人才,学生专业社团建设应当成为职业院校的一种人才培养方式。社团活动是第一课堂的延伸,更是第一课堂效应的放大和扩展,是"做中学,学中做"的生动实践,还是思想教育与合作创新的重要平台,学生在专业社团里得到的不仅是专业技能的训练与创新思维的实践,还有职业素养的熏陶。2009年以来,我校高度重视和加强专业社团建设,每个专业建有一个学生社团,社团主要活动对应学校、北京市和全国三级技能大赛,并承担大学生科研创新项目;据统计,我校取得了全国自职业院校学生技能大赛以来奖项总数最多的好成绩,这背后就有学生专业社团的重要贡献;学校高度重视学生社团在校园文化建设方面的重要作用,日前,学校又为12个非专业学生社团配备了指导老师,进一步加强协调、服务、监督、管理和引导,促进学生社团引领着校园文化向高水平、高层次迈进,为学校营造良好而浓厚的文化氛围。

八、敢于探索、勇于突破,初见显著

我校自2009年开始探索培养高素质技能人才的主体性德育教育模式的理念思路与具体策略。提出了"以大学生职业发展教育为主线,以基本素养培养和学风建设为核心,加强班级和社团建设;开展技能大赛、创新创业教育,社会实践和志愿服务工作为学生全面成长成才服务"的学生主体性德育教育实践化工作新思路。

几年来,学院立足于高素质技能型人才培养,以学生基本素养培养为依托,研究立德树人的深刻内涵,积极探索创新高职学生德育工作的理念、内容与方式方法,取得了一定成效。

(一)突破了思想政治教育的瓶颈,找到了知行统一的结合点

长期以来,高职院校的思想政治教育与德育大多处于理论教学和社会实践相分离的状态、教育载体多为教育者自我模拟构建的校内模式,对一些社会负面影响常常处在防和堵的层面,甚至采取回避的态度,致使思想政治教育常常陷入"理论至上、组织驱动、纪律约束"的

境况。我院基于学生基本素养培养的思政教育新思路和新举措,切合高职学生的现实需求和发展需要;实践体验的教育方式真正让大学生走进鲜活生动的社会课堂,他们的视野、思想和情感都发生了巨大的变化。

（二）填充了社会体验的缺位空间,找到了素养培养与德育工作的连接点

我校通过实施"学生基本素养培养系统化工程",搭建多种学生德育体验平台。让学生投入到生动的社会发展中去体验、服务、奉献,得到的不仅是锻炼,更是心智的成长。支教生说:"面对由一块黑板、一支粉笔、几张桌子组成的贫瘠的乡村教育现状,那一刻我知道了什么是责任,明白了什么是有意义的事业。"关爱留守儿童志愿者说:"曾经的我那么的不懂得珍惜,曾经的我那么吝啬付出,曾经的我肆意地挥霍家人的关心,曾经的我那么心安理得地承受家人的爱。"

我校的学生主体德育体验模式让我们的德育工作收获了丰硕的成果,学生的择业就业观念也不断转变,2015年我院毕业生志愿到西部艰苦地区、基层单位、农村就业及部队服役的比例与2009年同比提高了39％。近几年毕业生跟踪调查,被调查单位认为我院毕业生综合素质优良占95％,对毕业生工作评价的各项指标优良率90％以上,在高职院校中名列前茅。毕业生的高素质、高就业率和企业的肯定,形成了我院招生就业工作"进口旺,出口畅"的良性循环,2012年我院被评为全国50所"高校毕业生就业工作典型经验学校",在北京乃至全国同行中赢得了较高的声誉。

在新形势下,创新德育载体与形式,并与学生形成一种民主、平等、和谐、合作的伙伴关系,在对话、理解、欣赏、倾听、关怀、信任中,用教师的人格力量、校园的优良文化氛围引导学生健康成长,为每一个年轻的学子,锻造出坚实的人生出彩平台!

创新德育实现形式 落实立德树人根本任务

武汉船舶职业技术学院 学工部长 王贞志

武汉船舶职业技术学院是一所有着 65 年军工办学传统的学校,学院党委始终把"培养什么样的人,怎样培养人"放在首位,以立德树人为根本任务,着力培育和践行社会主义核心价值观,秉承"尊重学生、关爱学生、服务学生、发展学生"的工作理念,通过建立素质教育学分、培育军工特色文化、拓展教育活动形式、推进工作机制创新,不断丰富学生思想政治教育工作的新载体、新途径、新方法,开创学生思想政治教育工作的新局面。

一、建立素质教育学分,构建素质教育体系

(一)素质教育学分列入学生毕业必备条件

设立素质教育学分,将学生在校各方面的表现纳入学分管理,是学院各专业人才培养方案的重要组成部分。学院《学生素质教育学分制实施办法》规定,学生必须修满人才培养方案中规定的基本素质与能力、专业素质与能力、素质教育与能力拓展,以及就业指导与创新创业学分,方可毕业。

(二)素质教育学分涵盖学生在校的各方面表现

学生素质教育学分包括思想品德与行为规范、素质教育活动、创新创业活动、形势与政策、国防教育、心理健康与素质拓展等教育活动内容,以课程形式或项目方式给予学分认定,体现了教育活动课程化的基本思路,既有对学生日常表现的综合评价,也有对学生参加各类教育活动的充分认定,从"发明一项专利"到"听取一次讲座",均给予一定学分,涵盖了学生在校表现的各个方面,增强了教育的计划性、目的性、导向性和有效性。

(三)素质教育学分激励学生自主发展

一是建立学分置换机制。学生在校期间必修的素质教育学分,超出应修学分的部分,可以冲抵公共课或实践课程学分不足部分,体现"扬长教育"、鼓励个性发展的教育思想;二是发挥素质学分在评奖评先中的作用。素质学分就如为每个学生建立了量化的"品行"档案,学生各类评优、评先、入党、求职及评定奖助学金,均与这份档案中记载的成绩关联,成为实施教育管理更具说服力、更有效的重要手段。

二、培育军工特色文化,优化立德树人环境

学院始终以服务国防工业和地方经济建设为己任,继承和发扬光荣的军工办学传统,铸就"爱国奉献、自强不息、求真务实、追求卓越"的军工特色校园文化。2012 年,学院军工特色校园文化建设荣获教育部思想政治工作司授予的高校校园文化建设优秀成果二等奖。

(一)继承军工传统,熔铸船院精神

学院地处汉阳兵工厂旧址,溯源于 1950 年创建的中南兵工学校,有着深厚的军工渊源,积淀了深厚的军工办学传统和丰富的军工文化遗存,积累了宝贵的精神财富和教育资源,形成了具有自身特色的理想、信念与追求,建校纪念碑上镌刻的"为国家工业化和国防现代化

而奋斗"，成为船院人始终不渝的办学理想。学院坚持服务面向国防工业、国防办学特色、培养具有军工精神的人才目标"三个不动摇"，提炼形成"自强不息、敬业奉献、求真务实、改革创新"的学院精神和"厚德、笃行、致用、创新"的校训，使军工传统文化得到弘扬与发展。

（二）着力构建军工文化育人环境

学院认真保护和发掘传统教育资源，先后建起了张之洞塑像，复原了汉阳兵工厂时期部分军工生产设施，在校园湖中建成用于船员培训的仿我国最先进导弹护卫舰"巢湖号"的大型模型，以国防安全为主题对校园路、桥、湖、园、林等进行命名，建成舰船博物馆、校史馆，以及抱冰广场、博海广场等主题教育广场，使之既具有景观功能，又具有军工传统、军工文化、军工精神的教育功能，国防意识潜移默化地渗透到学生的思想观念、价值取向和行为规范。2010 年，学院被授予湖北省国防科普教育基地。

（三）重视学生养成教育，培养学生军工素养

学院长年坚持晨读晨练、早操、晚自习、晚就寝、星级文明寝室创建、体质健康达标等日常管理制度，并针对直招士官生、航海类专业学生实行"准（半）军事化"管理，严格、规范的常规教育与管理，军工文化的熏陶，促进了学生良好行为习惯的养成和综合素质的提升。

（四）引入军工企业文化，丰富校园文化

学院引入企业特别是军工企业文化，从职业理想、职业技能、职业荣誉、职业态度、职业责任、职业作风及职业纪律等方面对学生进行职业道德教育，着力培养学生的职业理想与职业精神，帮助学生实现"职业人"的角色转变；与行业、企业合作，共同制定人才培养方案，建设与企业的生产组织模式相一致的校内实训教学基地，实现教学环境的职场化；在百余家军工企业建立了校外实训基地，为学生提供顶岗实习、工学交替平台，强化学生职业素质培养，为学院不断创新工学结合人才培养模式夯实了基础。

三、拓展教育活动形式，增强立德树人成效

近年来，学院积极拓展教育活动形式，丰富活动内涵，文明创建与文化育人取得了喜人的成果。学院连续 4 次获得湖北省最佳文明单位称号，先进学生典型层出不穷。2013 年 6月 15 日，中央电视台综合频道《晚间新闻》以"女乘客突发疾病　9 名大学生施救"为题，报道了我院 9 名在校大学生公交车上救助突发疾病乘客的事迹；同年 6 月 23 日，武汉教育电视台以"一个寻人电话　牵出一段救人恩情"为题，报道了我院两名在校大学生路边救助受伤小孩儿的感人事迹；2014 年 7 月 4 日，国家主席习近平在韩国首尔大学发表演讲时，盛赞为韩国患者捐髓的我院毕业生张宝。张宝在校期间就多次无偿献血，是中华骨髓库成员，他在遭遇车祸、手术初愈时仍坚持兑现了为韩国患者捐髓的承诺。参加工作以后，他仍助人为乐，爱心不止，无偿资助了 10 余名贫困学生，展现了当代大学生以真情奉献社会的宝贵品质。近日，张宝同学荣膺第五届全国道德模范殊荣；2015 年 6 月，首届"湖北职教之星"正式公布，30 人名单中我院毕业生独占三席，除张宝外，另两名分别是在校期间获得 7 项专利的"发明达人"李占鹏，毕业 5 年就荣获全国五一劳动奖章的"敬业模范"许勇。

（一）实施学生文明修身工程

以学习和践行社会主义核心价值观为主要内容，加强中华优秀传统文化教育，出台了《大学生文明修身工程实施意见》，实施以"兴读书之声，倡文明之风，悟大学之道"为主题的

大学生文明修身工程,在学生中广泛开展言行文明、宿舍文明、课堂文明、网络文明、就餐文明、诚信文明"六个文明"创建活动,鼓励学生品读国学经典,引导学生讲文明、有礼貌、扬正气、塑形象,提升学生的道德修养和人文素养。

(二)用志愿服务精神助学生成长

我院青年志愿服务工作秉承"奉献、友爱、互助、进步"的志愿者精神,逐步形成机制长效、队伍健全、内容丰富、阵地扎实四位一体的工作模式,荣获第六届"湖北省青年志愿者优秀组织奖"。学院与武汉市普爱医院、长航敬老院、琴台公园、湖北省聋哑康复中心、辛亥革命纪念馆等建立了 10 个志愿服务基地;以学院为中心,面向周边企业、社区,深入开展"四进社区""七彩课堂"等志愿服务活动;着力打造"张宝"志愿服务队品牌项目,在武汉市创建全国文明城市、湖北省技能高考、全国"船舶主机和轴系安装"技能大赛等大型活动中发挥了积极作用。近两年来学生参与志愿服务 37000 余人,累计服务时间为 88000 余小时。学生在志愿服务活动中接受教育、增长才干、成长进步,展现了积极向上的精神风貌和强烈的社会责任感。

(三)深入开展社会实践活动

与井冈山革命传统教育实践基地、中山舰陈列馆、武昌造船厂、琴台剧院等企事业单位共建社会实践基地,长期开展义务服务活动,为学生创造积累社会经验、在实践中获得思想提高的机会。坚持深入开展"同人民紧密结合,为祖国奉献青春""践行荣辱观,服务新农村"等为主题的大学生科技文化卫生"三下乡"暑期社会实践活动,帮助和引导广大学生在实践中受教育、长才干、做贡献。学院连续 17 年被评为湖北省暑期"三下乡"社会实践活动优秀组织单位。

(四)推进思想政治教育进网络

利用互联网高效、互动的特点,积极推进思想政治教育进网络,主动占领网络阵地,扩大教育的覆盖面,做到理论学习网上有指导,热点问题网上有引导,先进典型网上有报道,反映问题网上有渠道,全面服务学生。学院"新闻网""院长信箱""学工在线""共青在线",以及"船院青年"微信公众号、"心灵导航"等网站,成为学生普遍关注的信息平台,拓展了大学生思想政治教育的渠道和空间。

(五)积极开展"中国梦"主题教育活动

结合专业特色,将学生理想教育、养成教育、专业教育与学院发展相结合,开展教育教学质量提升工程大讨论、师生座谈会、"实现中国梦,青春在行动"演讲比赛等活动,引导学生结合专业学习,认知"中国梦"的深刻内涵,明确学习动机,规划人生方向,师生一道共筑深蓝色的造船梦、军工强国梦。2013 年 8 月,我院学生李敏在全国职业院校"我的中国梦"演讲比赛中晋级 12 强,在天津举办的全国职业技能大赛"我的中国梦"演讲会上做了题为《为了深蓝色的梦》的开场演讲;2013 年 9 月,教育部官方网以《武汉船舶职业技术学院师生共筑深蓝色梦想》为题,报道了我院开展"中国梦"主题教育活动的情况;2013 年 10 月,由教育部职成司、中宣部时事报告杂志社举办的"中国梦——人人皆可成才"职业院校系列宣讲湖北地区宣讲活动在我院举行,推动了我院"中国梦"主题教育活动的深入开展。

四、推进工作机制创新,激发学工队伍活力

学院以大学生思想政治教育为核心,高度重视学生工作队伍建设,近年来先后出台了

《关于加强教职工队伍建设的若干意见》《专兼职辅导员、兼职班主任工作任务及工作量计算管理办法》等文件,积极推进学生工作机制创新,激发学工队伍活力,为学生教育管理工作提供强有力的组织保障。

(一)实施高素质教育团队建设工程

及时引进、补充专职辅导员,保持一支较稳定的辅导员队伍;调整辅导员引进条件,从不限制专业到限于教育学、心理学、社会学相关专业,提升辅导员队伍职业化、专业化水平;每年举办一期专题培训班或学生工作论坛,每两年组织一次辅导员职业能力竞赛、一次社会实践和学习考察活动;探索建立导师制,鼓励专任教师担任学生学业导师、科技创新导师、创业导师、社团活动导师,承担学生教育管理任务;建立了一支专、兼结合的心理健康教育队伍,建成符合湖北省高校心理健康教育达标中心建设标准的心理健康教育中心,学院两次获得湖北省大学生心理健康教育成果奖。

(二)实施辅导员、班主任工作量管理办法

该办法对专兼职辅导员(含班主任)岗位设置及配备、主要工作任务、工作量计算办法、工作量计酬标准以及对连任人员每三年给予增量系数等做出了明确规定,实现了辅导员、班主任工作的任务细化、考核量化、待遇优化。该办法的实施,使辅导员待遇较过去有明显提高,超过同期同级教学人员的收入水平,辅导员的积极性提高,稳定性增强。

(三)积极推进学生网格化管理试点

根据《省委高校工委　省教育厅关于推进高校学生网格化管理工作的通知》,学院着手构建"功能化、模块化、集成化"的学生网格化服务管理综合信息系统,实施以宿舍为中心的学生网格化管理,建立联动管理、信息管理、排查报送、处置反馈、监督考核"五个工作机制",优化学生教育、服务、管理功能,打造"精细化管理、多元化参与、科学化配置、规范化运行"的学生网格化管理工作格局,以提升学院学生管理与服务的精细化、科学化和信息化水平。目前,已启动试点工作,预计明年下半年全面实施。

总之,立德树人是一项长期而系统的任务,我院将坚定地落实好这一根本任务,把立德树人理念内化于学生教育管理,细化于制度育人、文化育人、全员育人各个方面,不断推进思想政治教育工作创新。

以学生为中心 把立德树人贯穿人才培养全过程

海南经贸职业技术学院 团委书记 田小林

海南经贸职业技术学院位于国家历史文化名城——海口市,是一所以培养财经类职业人才为主的国有公办高职院校,在校生规模为 8000 人。我校是第一批建设的国家骨干校,现为海南省高职高专教育研究会驻会单位、海南省大学生暑期社会实践先进学校、2012 年全国职业院校"魅力校园"、2013 全国职业院校就业竞争力示范校、2014 年度全国毕业生就业典型经验高校。

学校把立德树人作为根本任务,始终坚持以学生为中心,把立德树人贯穿于人才培养全过程,着力培养职业精神与职业技能并重的高素质技术技能型人才,并取得了一定成效。

一、创建"三双一突出"人才培养模式,培养德技双修职业英才

学校立足职业教育本质,创建了"三双一突出"人才培养模式。"三双"指的是"校企育人'双主体'、校内校外'双课堂'、专业导师和职业发展导师'双导师'";"一突出"是指突出培养学生的职业能力。学校人才培养落实"立德树人",一切从培养德技双修职业英才出发,把职业精神、思想素质、技能技术和文化素养的培养贯穿于人才培养的全过程。

(一)创新办学体制机制,确立校企人才培养"双主体"地位

搭建校企合作平台,形成人才共育机制。近年来,学校坚持以项目合作、各取所需的方式,积极搭建校企合作平台。以企业发展需求和用人标准为依据,从 2012 年开始,全力推行订单培养,在校内设立了金海浆纸人才班、光明会计人才班等 40 多个订单培养人才班。在海南省高职院校中首个成立校企合作办学理事会,联合企业组织开展各类专业技能比赛,促进学生专业技能的提高,形成校企人才共育的长效机制,增强办学活力。

(二)营造企业文化氛围,构建内外实训基地"双课堂"平台

通过实施"企业进课堂"和"课堂在企业"的"双课堂"建设举措,实现校内实训基地的企业化和校外实训基地的课堂化,营造企业文化,整体提升学生职业素质。

1.以企业行为规范为准则,培训职业能力

把合作企业的行为规范引入实训教学及日常管理当中,以培养准职业人为目的,制定了行业礼仪规范标准,要求学生着职业装、行职业礼、做准职业人。借用"7S"管理模式,在学生卫生习惯、学风校风、劳动素养、爱护校园、文明礼貌、珍爱生命、节约资源等实施量化管理式教育,提高学生的职业能力。

2.以企业价值观念为标杆,培育职业情怀

为培养学生的职业情怀,学校大力推进校园职业情境文化建设,积极拓展学生职业岗位认知培养的途径。所有实训实习基地建设,在环境布置、设备操作、师生着装、岗位要求、安全防范等方面,按照现代企业标准执行,展现职业情境文化元素,让学生在技能学习中体验职业氛围、接受职业熏陶、增强职业认识、确立职业方向。

3.以企业社会责任为要求,培养职业道德

我校把社会主义核心价值观教育贯穿思想政治教育工作始终,重视职业道德教育和专业技能教育的有机统一,着力培养信念执著、品德优良、富有社会责任感的高素质职业人才。在校园文化建设上,重视植入企业的价值观念、企业精神、经营理念和行为准则,尤其是世界500强企业的优秀文化,让学生学习它们服务社会、造福人类的精神。

我校和海南金海浆纸业有限公司合作建立"金海浆纸订单班",该班把"挑战极限、追求完美"的企业精神作为班训,把金海浆纸业的企业文化移植到班级文化建设,增强了学生对企业的文化认同和企业对学生的文化感召。

(三)深化教育教学改革,发挥人才培养"双导师"作用

在专业教师中选拔优秀教师,为每个班级配备1名校内专业指导老师,帮助学生制订科学、完善的职业知识学习计划,有针对性地学习专业技能,了解行业企业的发展需求。在创业就业方面予以跟踪指导,随时提供服务。

学校在全省高校中率先实行的校外职业发展导师制度,聘请了140多名企业高管和技术骨干担任学生的职业发展导师,为学生的职业生涯规划提供指导和帮助,帮助学生培养职业意识,寻求最佳职业发展方向,全面提升学生的就业、创业竞争力。

(四)立足高职人才定位,注重职业能力培养"一突出"要求

1.以工学结合为载体,培养工作能力

构建以职业技术能力为主线的多元教学模式,根据"教、学、做"一体化教学理念,以培养学生的职业素质与职业技能为中心主线,大力推行问题式教学、项目导向性教学、案例式教学和讨论式教学。

以考试改革为突破口,整体推进课程改革。利用多种评价手段、多种评价形式和多方评价主体来衡量学生学习情况,重在形成性考核、过程性考核、进程性考核,并把平时成绩的比例提高至50%以上。采取多元化、多样化的不及格课程替代方案,如职业技能竞赛获奖替代方案、实习成绩优秀替代方案、考证替代方案、获得奖励替代方案等,变淘汰性机制为选择性机制,给学生更多学习成长的选择与机会。

因教学改革力度大,措施到位,成效突出,《海南经贸职业学院课程考试改革探析》一文被国家教育行政学院收录入《高等职业教育百名书记校长思考录——研究者与实践者的对话》。

2.以产业发展为导向,培养创业能力

大力开展创业教育和创业服务,举办"创业教育月"和青年企业家沙龙活动,开展SYB、KAB创业培训,评选校园创业英雄等,帮助学生树立创业意识和学习创业知识。成立创新创业学院和大学生创业孵化基地,为大学生提供科学的自主创业指导,从创业规划、工商登记、融资渠道、办公用地等方面提供相应服务。在首届"互联网+"创新创业大赛中,我校1支创业团队获全国铜奖、海南省金奖。

3.以竞争优势为重点,培养创新能力

改变传统的"授艺"教学方式,激发学生主动追求知识,使其从被动学习转变为主动学习。坚持学以致用的原则,通过举办或参与各类职业技能大赛、创业大赛等,突出培养学生的动手操作能力、解决问题能力、创新能力和创造性思维。

在各类专业技能大赛中,我校学生连续 3 年在单项和总成绩中拔得头筹,多次代表海南省出征国赛,不断刷新了本省纪录,累计获得各类国家级表彰 123 人,省级表彰 297 人。其中,2014 年 5 月,我校学生参加 2014 年全国职业院校技能大赛获得"会计技能"赛项一等奖,成为海南省首次获得该赛项一等奖的院校,刷新了海南省在该赛项的最新纪录。

二、推行"联动式"育人,加强和改进学生思想政治教育

学校建立了党政齐抓共管,部门学院系统联动的有效机制,形成了教书育人、管理育人、服务育人、环境育人的新格局。坚持以学生为中心,形成两支队伍联动、线上线下联动、心理健康教育四级联动的思政教育模式,积极推进全员育人、全面育人、全方位育人,形成向上向善向好、求真求实求美的优良校风。

(一)两支队伍联动,促进学生教育管理专业化

辅导员队伍建设,坚持专业化建设、职业化发展目标,实施优选高进计划、素质提升计划、激励管理计划、职业发展计划 4 项计划,搭建辅导员上课堂平台、辅导员研修平台、学工论坛平台、辅导员职业水平竞赛平台 4 个发展平台。提高辅导员职业化水平,增强了辅导员专业化能力,为学校大学生思想政治教育工作提供了组织保障,为学校立德树人提供了强劲、可持续的动力。

校内导师队伍建设,坚持每班配导师、导师专业化原则,通过严格的选拔、测评和考核监督管理机制,推动全员育人,有效促进学校立德树人工作的深入开展。充分发挥校内导师的专业指导作用,致力于服务学生的职业综合素质发展,服务学生成长成才。

(二)线上线下联动,促进学生教育管理信息化

学校着力搭建四个网络平台,形成全方位、全覆盖的网络思政教育系统。

一是搭建网络教育平台。建立了"学工在线""经贸青年"等思政教育网站和微博、微信新媒体平台,开设"网上团校""网络心理咨询室""青春同路人"等板块,强化具有鲜明思想政治教育特色的校园网站建设。

二是搭建网络交流平台。建立学工干部,年级、班级、学院学生干部 QQ 群、微信群和微信公众平台,提高师生信息的通达度和信息反馈的及时性,加强师生之间的沟通、交流。

三是搭建网络监督平台。实行学生奖励事项网络公示,让学生认识、学习、认同学校先进榜样。

四是搭建网络投诉平台。充分利用党委信箱、院长信箱、纪检信箱和开设"意见与投诉"网页等多种渠道,让师生投诉有门,让意见畅通无阻。学校既能第一时间掌握学生的实际问题,又能对个别学生实施个性化的德育教育和心理引导。

(三)心理健康教育四级联动,促进学生健康成长

学校注重"抓好两支队伍,重视两类群体,把好两个关口",普及心理健康知识,引导大学生身心健康发展。

一是抓好心理咨询教师队伍和学生干部队伍建设,建立起了"学校—学院—班级—宿舍"四级心理危机预防干预机制,即学校有心理健康咨询中心,学院有心理健康教育骨干,班级和宿舍有心理委员。

二是重视贫困生和违纪生的心理问题。学校针对贫困生和违纪学生,提供及时的帮助,

努力为他们解决实际困难,帮助其消除挫折感。

三是抓好新生入学教育和毕业生毕业教育两个关口。学校每年对大一新生进行心理健康普查,根据分析结果采取不同应对措施。对即将毕业的学生,学校把心理健康教育的重点放在职业规划、择业心理调适、职业心理准备,以及职业生涯发展等方面,引导学生以积极的心态走向社会。

此外,学校每年有"5·25心理健康活动月",举办心理健康知识讲座、心理趣味小游戏、心理影片展播、心理健康教育主题班会等系列活动,学生参与的积极性高,有效防止了学生群体中因心理障碍导致人身伤亡事故的发生。

三、构建"一主二辅三式"实践教学模式,增强思政教育效果

构建"一主二辅三式"思想政治理论课实践教学模式,基本思路是以"主题式"实践教学为主,"综合式"和"嵌入式"实践教学为辅,一主二辅,三式联动,功能互补。

(一)紧扣课程大纲要求,开展"主题式"实践教学

根据"思想道德修养与法律基础"课程目标要求,每学年举办"道德小品大赛",每个班级自编自导自演,思政专业老师全程指导,最终筛选优秀作品进行全校汇报演出。根据"毛泽东思想和中国特色社会主义理论体系概论"课程目标要求,每学年举办"主题演讲比赛"活动,如2014年举办主题为"甲午海战一百年祭",2015年举办主题为"纪念抗战胜利70周年"演讲比赛,均取得了良好的教学效果。

(二)整合课外实践资源,开展"综合式"实践教学

设立劳动课,把"劳动教育实践"活动纳入"思想道德修养与法律基础"课程,由思政课教师与后勤管理干部共同组织并完成评价,学生完成4学时的集体劳动任务经考核合格方可获得成绩。

设立红色娘子军纪念园等12个爱国主义教育基地和海南省戒毒所等一批警示教育基地,组织学生参访并分享观后感。开展青春正能量微电影观影活动,要求学生撰写影评,进一步强化社会主义核心价值观教育。

设立校内"临时法庭",法院选择跟青年学生相关的案件定期到校内"临时法庭"审判,学生到庭旁听,并在庭审结束后与审判法官互动交流,达到了非常好的法制教育效果,深受学生喜欢。

(三)结合专业学习目标,开展"嵌入式"实践教学

专业实践嵌入思想政治教育内容。组织学生利用寒暑假和重大节日庆典深入企业、景区、乡村、社区结合自身专业特色和兴趣特长开展专业实践活动,将专业实践活动与思想政治教育相结合、与服务社会相结合、与勤工助学相结合。每个学生均要撰写调研报告或实践心得体会,提交材料方能获得对应学分。如我校连续8年组织学生服务亚洲博鳌论坛,累计2000多名学生参与该项工作,受到主办方的高度评价。

四、设计"菜单式"第二课堂,发挥校园文化育人功能

建立"菜单式"第二课堂活动内容体系,以目标化为导向,增强校园文化活动的实效性。

（一）学校"配菜"，学生"用餐"，保障学生第二课堂活动的文化"营养"

结合麦可思数据调查公司对高职院校毕业生的调研数据，我校为学生设计了五大类必须参加的课外活动。具体包括读书、演讲、联谊、辩论、书画、征文等职业核心能力培养活动；校内外劳动以及为学校大型活动提供劳力支持的集体劳动；每学期至少参与 20 小时的志愿服务；每周升国旗仪式、国庆纪念等与社会主义核心价值观教育相关的思想政治教育活动；体育竞赛、礼仪操比赛、心理健康、无偿献血、健康教育等身心素质健康教育活动。如我校全面普及职业礼仪操，在学生进校第一学期就进行班级学习、年级比赛，每年开展全校职业礼仪操大赛，提升学生职业形象，规范学生职业礼仪，提倡学生做准职业人。

制定《海南经贸职业技术学院第二课堂活动创新学分实施办法》，将学生参加第二课堂列为我校大学生的"必修课"。设计《学生成长手册》，用于记录学生参加活动情况、做后反思及教师评定。上线第二课堂创新学分正方录入系统，实现第一课堂成绩和第二课堂成绩的同步显现。我校"打造高职学生第二成绩单"被确定为 2014 年度共青团中央创新试点项目。

（二）学生"点菜"，学校"买单"，支持学生开展符合个人"口味"的活动

实施学生社团活动"立项资助"，学生和社团均可自主申报开展校园文化活动，鼓励学生跨学院、跨专业组建团队，自拟主题申报、主办感兴趣的校园文化活动项目。大力扶持专业社团建设，我校现有各专业均建立了 1—2 个社团，学校对各类专业社团开展的专业教育实践活动予以大力经费支持。

作为财经类高职院校，为满足部分学生对艺术的"小众需求"，校团委投入近 100 万元建立了大学生艺术团，设立了舞蹈、管乐、民乐、声乐、曲艺、礼仪模特、主持朗诵等分团，成立 5 年来，满足了近 1500 名学生的艺术教育需求，多个学生文艺作品获省内大学生艺术展演大奖。

我校足球协会组建的大学生足球队，在没有一个专业球员的前提下，已经连续 3 届夺得海南省大学生足球联赛冠军，今年更是勇夺全国季军，创造了海南高校足球队的历史最好成绩。

国家教育行政学院主办的《职业教育改革动态》2014 年第 1 期对学院第二课堂经验做法进行了大篇幅介绍。

正是得益于我校思想政治教育工作的显著成效，2014 年以来，涌现出了海南省十大无偿献血贡献奖获得者程功，带领黎族村民发家致富的最美大学生村官杨浩，全国残疾大学生励志奖提名奖获得者、残疾人创业先进典型朱娇娇，全国大学生年度人物提名奖获得者、全国残疾人田径锦标赛冠军获得者王世冰，全国大学生自强之星提名奖获得者、少年作家陈忠云等一批思想道德先进模范典型，成为感动海经贸、感动海南的杰出校友。

路漫漫其修远兮。我们将始终坚持以培育职业英才、服务海南发展为学校使命，以学生为本，以教学为中心，一切为了学生，一切为了教学，一切服务和服从于学生成长成才和教育教学作风，有力推进立德树人工作和提升人才培养质量，服务海南地方经济社会发展。

文化引领　四轮驱动　构筑学生公寓文化育人的新载体

南京交通职业技术学院　学工部长　王道峰

随着我国高等教育改革不断深化,高校学生公寓在大学生学习、生活和高校教育管理中的作用日益凸显。学生公寓已不单是学生休憩的场所,更是大学生共同学习、生活、情感交流、娱乐、信息传递的平台,是高校校园文化建设的重要组成,也是教育学生健康成长的第二课堂,更是大学生思想道德建设的重要阵地。

我校一向重视和关心学生公寓管理工作,校领导定期研究和指导学生公寓管理工作,经常亲临现场察看、解决问题,持续加大对学生公寓的投入力度,实现了学生工作重心不断向学生公寓的转移。多年来,通过全体学生工作干部的共同努力,逐渐探索出以学生公寓为载体,以生为本,以全程化服务、全员化参与、全方位覆盖的理念为引领,建立以制度文化、管理文化、环境文化和"三自"文化为基础的"四位一体"公寓文化育人平台。目前,在全校学生公寓内已逐步形成了特有的"家"文化,处处体现出人文气息,真正实现了把学生公寓打造成管理育人、服务育人、环境育人和实践育人的目标,也丰富了学校校园文化,促进校园文化发展和学生综合素质的提升。

一、建立健全公寓管理规章制度——制度之轮

高校只有建立健全学生公寓管理规章制度,才能确保学生公寓正常高效地运转。通过多年的实践,学院在制定《南京交通职业技术学院学生公寓管理办法》的基础上,相继出台了《学生校外住宿管理规定》《学生公寓安全用电管理规定》《学生离宿请销假制度》《学生宿舍防火安全规定》《"三级建家"管理办法》等十多项管理制度,这些都编入学校《学生手册》,人手一本,同时制定和建立了物资管理、安全记录、报修记录等3大类6小项管理台账。经过多方面的共同努力与常抓不懈,学生公寓违纪率呈逐年下降趋势,未出现重大安全责任事故,确保了公寓安全稳定。

通过日常宣传、入学教育等途径让学生熟知学校及公寓管理的各项规章,并把学生在宿舍的一言一行与"文明班级""三好学生""优秀学生干部"等各类评奖评优、入党挂钩,切实把学生在公寓的表现与综合素质测评、评奖评优等制度挂钩,提高了学生参与的积极性和主动性,形成了人人关心宿舍、人人重视宿舍建设的良好氛围。2014年在学生公寓创新开展"三级建家"文明宿舍建设工程,即通过检查评比,院(系)推荐,学校考核,对于达到相应标准的宿舍分别授予"合格学生之家"(达标寝室)、"优秀学生之家"(文明寝室)和"模范学生之家"(文明示范寝室),引领广大学生重视宿舍文化建设,构建温馨家园。

二、打造一支高水平、高素质的公寓服务团队——管理之轮

学院学生公寓共有7个组团(A—I),共有学生宿舍1607间,现有在校住宿学生8800余人,学校配备专职管理人员3名,每栋公寓还配备生活辅导员2人、门卫3人、保洁员2人等,共计45人。员工管理上创新实施"6T"管理制度(即做到天天立岗晨会、天天检查走访、

天天巡视指导、天天讲评落实、天天报送反馈、天天考核问责），明确了生活辅导员、门卫、保洁员岗位操作规程，提升了管理服务水平和执行力。

建立健全员工培训机制，不断增强宿舍管理人员的管理素质和业务素质，强化他们的责任意识和服务意识。同时，学院在用工制度上进行了大胆创新，实行了学校与社会物业联动共管机制模式。通过多年培养，公寓管理人员总是想学生之所想，急学生之所急，为之排忧解难，增进了学生和管理人员的感情，公寓管理人员得到了学生和家长的认同。

三、硬环境与软环境建设并重并举——环境之轮

在硬件建设方面，学校每间宿舍均配备独立卫生间，热水器，空调，有线、无线网络。学校高度重视学生公寓的安全保卫工作，除加强监控设施外，还在每座公寓楼设置门禁系统，在保障学生人身财产安全的同时对学生进出公寓能做到实时动态管理。为了教育引导学生安全使用电器，在学生公寓内全面设置了智能限电措施，杜绝学生使用大功率电器现象的发生，同时考虑到学生的实际需要，学院在每栋宿舍楼设立了公共服务台（包括每层楼3台电吹风，每栋楼一台微波炉、打气筒等，在每层楼均放置了即热式开水器等），更好地服务引导学生遵章守纪。近年来，我校还加大了学生公寓周围的环境绿化、学生运动等设施设备的投入，为学生创造了一个舒适的生活环境。

在软件建设方面，建立了以"五进"为主导的思想政治工作进公寓模式。深入推进以学生党员寝室和学生干部寝室挂牌制度为重点的"学生公寓党员（学干）责任区"的建设，强化辅导员进公寓的工作机制，开展生活区安全教育、心理健康教育、校园品牌文化进公寓等活动，丰富了学生的生活，有效地提升学生的思想道德素质和文明礼仪。

首先，发挥各相关职能部门和各院（系）的力量，充分调动学生的积极性，发动学生投入学生公寓文化活动中去，培育学生对公寓的归属感，每年通过开展月度主题文化交流、公寓文化节系列活动，在提升学生公寓文化品位，营造良好育人氛围的同时，陶冶了学生情操，丰富学生的公寓文化生活，学生宿舍参与率达到100％。据统计，每年有800间宿舍受到各类公寓活动的表彰，1000余名同学获得单项奖励。

其次，通过公寓活动室的建设，打造学生日常生活、学习交流平台。我们以楼栋为单位开展的公寓活动能够针对大学生思想活跃、兴趣广泛的特点，开展喜闻乐见的活动，如利用学生兴趣爱好，每年开展系列象棋、扑克、猜灯谜等活动40余次，这些活动的开展能够增进同学之间的沟通，丰富广大住校学生的业余生活。

最后，做好了公寓门厅、楼道的文化装饰，如设立教育宣传板，其中包括学校情况及安全知识、感恩教育、成长成才的教育和学校荣誉等。通过党团组织进公寓，各类组织依照自身特点，使思想教育活动深入学生生活的最基层单元，使思想教育更加细致、具体，重点开展了以学生党员寝室和学生干部寝室挂牌制度，发挥他们的先锋和模范作用，通过优秀的自身素质及良好的行为表现真正成为同学们的榜样表率。

四、充分发挥学生自主管理的作用——"三自"之轮

学院设有校、院（系）两级自管会，均由学生组成，能有效参与到宿舍的民主管理、监督宿舍管理工作，逐渐形成了楼长—层长—宿舍长的三级管理模式和"三个一"（即每晚就寝检查

一次、每周宿舍安全卫生检查一次、每月开展主题文化交流活动一次）的"三自"工作特色，学生综合素质得到了锻炼与提升。宿管中心经常召开自管会骨干会议，由学生提出宿舍管理中存在的问题，针对问题学工处认真研究及时给以解决和反馈。自管会这支学生干部队伍已经发展成为全校规模最大、"三自"作用发挥最显著的学生团队。自管会的学生们还通过开展各类具有一定影响力的活动，拓宽自身的视野，锻炼自身的能力，提升学校的社会知名度，如每年参加金陵晚报组织的"紫金山虎凤蝶公益活动"，组织"地球一小时""践行低碳，畅谈环保""珍惜生命之源，节水从我做起"等主题教育活动。

此外，每天在我们学生公寓中还活跃着一批参加"公益劳动教学周"的同学，他们充实到公寓门卫值班、楼道保洁、生活辅导员日常检查等公寓管理的各个工勤岗位，我们为每名同学都配备了专门的指导师傅，每位同学每天工作时长 8 小时，依据《公益劳动教学周管理考核规定》，考核成绩合格，赋予 1 个学分。同学们在参与劳动技能培养的同时，培育了他们热爱劳动、尊重劳动的精神，更重要的是培养了他们对学生公寓这个"家"的认同和情感。

通过多年的实践探索，我校逐渐建立了以"三全"育人理念为"引擎"，以制度文化、管理文化、环境文化和"三自"文化为基础的"四轮驱动"的公寓文化育人载体与平台。通过这一载体建设，学生公寓逐渐实现了环境优雅清新、学生团结友爱、活动丰富多彩，安全、文明、舒适、整洁的建设目标，同时也培养了学生端庄大方的仪表，良好的行为习惯，健康向上的情趣，求知、求真、求实、拼搏进取的优良品质。

立德树人的关键力量

——基于新时期辅导员工作的思考

福建卫生职业技术学院 学工处长 叶 海

一、辅导员在"立德树人"中的定位及作用

随着经济全球化、文化多元化、高等教育大众化、价值取向多样化、网络信息化的发展，给高校的思想政治教育带来新的挑战。在这个新时期、新形势下，思维活跃的大学生正处在人生观、思想观、价值观形成的关键时刻，目标定位的萌芽时期和心理问题的多发阶段，辅导员作为高校学生日常思想政治教育和管理工作的组织者、实施者和指导者，是做好大学生思想政治教育工作的重要保证，是"立德"教育任务的重要执行者。

党的十八大报告关于立德树人的论述：

〇把立德树人作为教育的根本任务，培养德智体美全面发展的社会主义建设者和接班人。

〇全面实施素质教育，着力提高教育质量，培养学生社会责任感、创新精神、实践能力。

〇广泛开展理想信念教育，大力弘扬民族精神，深入开展爱国主义、集体主义、社会主义教育，积极培育和践行社会主义核心价值观。

〇加强和改进思想政治工作，注重人文关怀和心理疏导，积极培育和塑造自尊自信、理性平和、积极向上的社会心态。

〇推动中国特色社会主义理论体系进教材、进课堂、进头脑。

〇加强社会公德、职业道德、家庭美德、个人品德教育，弘扬中华传统美德，弘扬时代新风。

综上所述，辅导员工作在新时期高等教育体系中的定位：立德树人，全面提升高等教育质量的关键力量。高校辅导员必须履行"立德树人"使命，全面服务学生健康地成长成才，做到"有所为，有所不为"，做到"正其身，令其行"，真正成为学生心中的人生导师和健康成长的知心朋友。

二、辅导员在"立德树人"中的挑战及困境

从 1952 年至今，经过 60 多年发展，高校辅导员从"政治"辅导员逐步转变为"事务型"辅导员，在新的历史时期下，要求这是一支"政治强、业务精、纪律严、作风正"的队伍，具备较高的职业能力。（2014 年教育部出台了《高等学校辅导员职业能力标准（暂行）》）

〇宽广的知识储备（3 类）：

基础知识（马克思主义理论、哲学、政治学、教育学、社会学、心理学、管理学、伦理学、法学等）；专业知识（思想政治教育专业基本理论、基本知识、基本方法，马克思主义中国化相关理论及知识，大学生思想政治教育工作实务相关知识）；法律法规知识（《教育法》《高等教育法》《教师法》《精神卫生法》《普通高等学校辅导员队伍建设规定》《普通高等学校学生管理规

定》《国家教育考试违规处理办法》《学生伤害事故处理办法》等）。

○必备的工作功能（9项）：

思想政治教育、党团和班级建设、学业指导、日常事务管理、心理健康教育与咨询、网络思想政治教育、危机事件应对、职业规划与就业指导、理论和实践研究。

○目前存在的困境（8种）：

· 思想不稳定（组织服从多，心甘情愿少；当作跳板多，安心工作少）。

· 结构不合理（专业、学历、年龄、职称相对教师差异大，团队和梯队"断层"）。

· 专业素质不高（缺乏相关专业背景，缺少社会阅历和管理经验，工作创新少）。

· 工作重心偏移（处于"上面千条线，下面一个针"工作状态，疲于应付学生日常管理事务）。

· 职业认同感差（辅导员是"听起来重要，使用起来很重要，没事的时候不重要"，没有事业成就感和归属感，发展出口瓶颈小）。

· 工作和待遇反差大（一线冲锋，工作时间长、责任大、压力大，环境不理想）。

· 培训情况不乐观（重使用轻培养，学习机会少、时间短、方式单一，零敲碎打）。

· 新媒体影响较大（存在"知识鸿沟"和"数字鸿沟"，新媒体形式层出不穷，负面新闻频繁，师德公信力下降）。

综上分析，高校辅导员要切实做好"立德树人"工作面临着极大挑战，高校要重视加强开展大学生思想政治教育的队伍骨干力量这支建设，提高整体素质，优化工作环境，完善制度建设。

三、辅导员"立德树人"的工作途径及创新

○做到"知彼"：了解学生、理解学生、研究学生。

○要有"行动"：言传身教，走进寝室查访座谈，走入教室开办讲座，走向操场参与活动，走出校园服务社会，在一系列的、潜移默化的"行动"中，感化学生，教育学生。

○懂得"关爱"：关爱学生进步、关注学生困难、关心学生就业，及时化解矛盾，解困助学。

○学会"创新"：实践育人是基础，文化育人是条件，网络育人是突破口，弘扬"正能量"育人旋律，占领网络育人阵地。

综上所言，人才培养质量是高等教育的生命线，只有树立"立德树人"的全面质量观和全局教育观，切实做到全员育人、全过程育人、全方位育人，各方紧密结合，形成合力，才能将"立德育人"的教育根本任务落实到实处，才能实现"立德树人"教育工作的最终目标。

第三编　立德树人研究

高职医学生社区志愿者服务常态化机制探讨

——基于福建卫生职业技术学院的社区共建实践

福建卫生职业技术学院　杨　盈

摘　要：社区志愿者服务作为大学生德育的重要方式对提高医学生专业实践能力也有着重要意义。但现实中仍存在志愿者流动性强，服务呈打游击形式，资金、设备严重不足，志愿者缺乏临床培训等问题。通过加强领导，建设校内外逐层合作的组织机制；细化制度建设，多途径宣传；加强协会建设，创建"两性三化"社区服务项目；创建多维考评机制，对志愿者服务效果进行测评等来构建志愿者服务常态化机制。

关键词：德育；医学专业；学生志愿者服务；问题；常态化机制；构建探讨

作者简介：杨盈（1988—　），女，汉族，湖南泸溪人，福建卫生职业技术学院助教，硕士研究生。研究方向：高校德育。

近年来，随着社会经济水平的不断提高，人民群众身心健康越来越受到社会广泛的关注。社区对医学专业学生的志愿者服务需求增加，服务水平也在不断提升，但同时也出现志愿者服务制度建设不健全，社会支持环境较为单一等问题。通过对高校、社区、志愿者三方的调研，重视医学专业学生社区志愿者服务的意义，分析其普遍存在的问题，才能建立规范化、专业化、科学化的医学专业学生社区志愿者服务机制。

一、高职医学生社区志愿者服务的重大意义

"社区志愿服务是社会组织和个人自愿用自身的时间、技能等资源，在社区为居民和社区慈善事业、公益事业提供帮助或服务的行为。"[1] 医学专业学生的社区志愿者服务主要是为社区居民提供基础医疗服务和宣传健康知识。这有利于提高居民身体健康水平，缓解医疗资源紧张现状，促进社会和谐。同时对于社区人际关系建设和帮助医学专业学生树立正确三观、增强服务意识和提升专业技能都有很大的帮助。

（一）提高社区居民健康水平，促进和谐社会建设

2009 年《中共中央国务院关于深化医药卫生体制改革的意见》指出，深化医药卫生体制改革，加快医药卫生事业发展，适应人民群众日益增长的医药卫生需求，不断提高人民群众

健康素质,是贯彻落实科学发展观、促进经济社会全面协调可持续发展的必然要求,是维护社会公平正义、提高人民生活质量的重要举措,是全面建设小康社会和构建社会主义和谐社会的一项重大任务。医学专业学生志愿者服务队伍作为基础医疗服务的后备军和流动卫生人员,在各大社区开展义诊、营养知识讲座、发放急需药物等多项专业卫生服务。并且还不断创建个性化基础医疗服务,将健康知识和跟踪服务送到每家每户,能有效满足社区居民的基础医疗需求,大大提高社区居民的健康水平。这不仅是对社区卫生院服务项目的延伸,更能有效缓解社会医疗资源紧张的现状。健康知识和志愿者精神在社区中广泛传播,形成你帮我助,健康快乐的社区文化。这对于提高整个社会健康水平,创建和谐社会做出了重大的贡献。

(二)优化校园德育氛围,促进社会实践基地建设

随着社区对志愿者服务需求的不断提高,绝大部分医学专业学生都有参与过社区志愿者服务。在高校的志愿者社区服务调查问卷中发现高达89.18%的学生有参与过社区志愿者服务,并且59.79%的同学服务频率可以达到每月一次。当志愿者服务氛围在全校师生中蔚然成荫时,"奉献、友爱、互助、进步"的志愿者精神将大大提升校园的文化软实力,形成优良的校风校纪。随着社区志愿者服务的不断推进,高校与社区之间保持着良好的沟通与联络,形成了良好的合作共赢模式。部分高校还将个别社区作为大学生的社会实践基地,搭建"社会、学校、家庭三位一体的思想政治教育模式"[2],这将为大学生社会实践提供充足的社会资源。

(三)促进学生全面发展,提高专业实践能力

社区作为一个小的社会圈子,人员需求不同,医学专业学生在开展社区志愿者服务时,需要与被服务对象进行充分的沟通。这对提高理科出身的医学专业学生的沟通能力有很大的帮助。与此同时,医疗卫生作为服务行业,需要医务人员有良好的服务意识和态度,医学专业学生通过社区志愿者服务,体会到了医疗服务品质的重要性,无形中提高他们的服务意识。调研发现,高达61.86%的医学专业学生认为,社区志愿者服务能帮助他们更好地完成角色转换,提高对医学职业服务性的认识和提高自己的沟通交流能力。除此以外,医疗卫生服务作为专业的技术活动,志愿者在服务的过程中能直观地发现自身在专业知识方面存在的缺陷,避免出现服务困窘的情况。这将有效督促学生加强专业知识的学习,真正形成在做中学,在学中做的良好学习循环模式。

二、高职医学生社区志愿者服务存在的问题及分析

"1996年共青团中央、国家教委、民政部联合下发《关于在城镇街道开展大学生社区援助的意见》,并共同组成了全国大学生社区援助活动领导小组。"[3]这标志着大学生社区志愿者服务的开始,20年的历程促使社区志愿者服务取得了长足的发展,但随着社会环境和需求的不断变化,一些问题不断凸显。

(一)法制建设不完善,微型医疗纠纷时有发生

随着志愿者服务的不断发展,一些地区和高校陆续出台了青年志愿者管理办法、青年志愿者服务条例等文件。但这些制度文件大多围绕志愿者招募、经费来源与管理、成员考核等方面展开,缺少权威的、国家层面的法律规范,难以系统地保障志愿者的各项权利。而从微

观出发,医学专业学生的社区志愿者服务主要围绕体检和护理这些基础卫生服务。服务中难以避免会出现诊断失误、护理不当等微型医疗事故,在医患关系日益紧张的社会环境下,出现了居民谩骂、投诉甚至是起诉志愿者的不良现象。在微型纠纷难以得到制度保障的现状下,这将严重挫伤志愿者服务的积极性,无论是对志愿者本人的切身利益还是社区的稳定和谐都将带来很大的负面影响。

(二)宣传方式单一,高校、社区、社会宣传脱节

目前大多数的高校社区志愿者服务信息都是通过社团、青年志愿者协会或者团支部通知到各个志愿者。而这些服务信息也大多由主要负责人挨个去询问社区获取,没有广泛的信息来源。调研中发现高达91.24%的同学都是通过团支部下发和组织志愿者服务,远远高于31.44%的从社会公益组织或者15.98%的通过杂志和网络平台。单一的信息来源,缩小了社区志愿者服务的范围,也造成了个别社区服务的拥堵。而对活动开展的宣传,高校、社区与社会媒体也都单独行动或者不参与宣传,难以通力合作形成规模影响力。出现了社区居民不知晓有服务活动,参与性不高,服务现场冷清等不良现象。社会媒体在社区志愿者服务方面的报道主要集中于大型活动,很少关注或跟踪日常的社区志愿者服务,这将大大降低社区志愿者服务在社会上的影响力。

(三)青年志愿者流动性强,服务呈"打游击"形式

志愿者组织作为公益性组织,它遵循自愿入会,自愿参与的原则,这就造成志愿者队伍整体上的供不应求。然而,在众多的志愿者服务项目中,长期选择参与社区志愿者服务的人又占少部分。医学专业学生由于繁重的学习任务与顶岗式的临床实训,造成了志愿者的频繁变更,这就使人员在不充足的现状上更是雪上加霜。由于志愿者人员的不稳定,在对接社区志愿服务中,只能采取临时联系的方式,无法做到长期定点服务,这就难免形成了"打游击"式的服务形式。这些不稳定性无论给高校还是社区在后续管理上都带来了诸多的困难。

(四)社会支持不足,资金、设备严重缺乏

社区志愿者服务本应该是全社会、政府机关及公益组织都积极参与进来的公益性服务活动。但是,现今由于各种原因,大学生志愿者服务队却成了主要的服务提供者,形成了高校孤军奋战的不良局面。在调研中发现,社区46.6%的社区志愿者服务来自高校大学生,远远高于14.8%的社会爱心人士。而积极参与到这些社区志愿者服务的高校团体主要是青年志愿者协会或者团支部的学生,他们依靠会费或者班费来垫付志愿者服务过程中的路费、饮食及其他开销。并且,医疗卫生服务的开展需要使用到听诊器、血压计、血糖测试仪、血型测试剂、一次性手套、针头、口罩等基础仪器与药品。高昂的服务成本与医疗设备的匮乏严重束缚了医学专业学生的社区志愿者服务。

(五)志愿者服务专业性强,但缺乏临床培训

医疗卫生服务不同于社区保洁、家政服务等,它需要具备一定的医学专业技能和理论知识。由于参与到社区志愿服务的大部分都是大一、大二学生,他们虽然具备一定的理论基础,但是缺乏临床实践经验。青年志愿者协会或者团支部一般都在团委的指导下开展服务,然而团委的老师却很多都不具备医学专业背景,只能在整体活动布置方面进行指导,难以深入到专业指导上。在调查中数据显示58.25%的学生认为在服务过程中最大的困难是缺乏培训,专业技能不扎实。

三、高职医学生社区志愿者服务常态化机制构建探讨

"社会实践是大学生思想政治教育的重要环节,对于促进大学生了解社会、了解国情、增长才干、奉献社会、锻炼毅力、培养品格、增强社会责任感具有不可替代的作用。要建立大学生社会实践保障体系,探索实践育人的长效机制,引导大学生走出校门,到基层去,到工农群众中去。"[4] 社区志愿者服务作为大学生社会实践的重要内容和有效途径,高校应该不断研究完善,建立适合本校社区志愿者服务的常态化机制。福建卫生职业技术学院作为高职医学院校代表,2010年开始参与福建省在榕高校与福州市街道社区共建文明单位项目中。通过5年多的实践,积累了一定的社区共建经验和本校特色,得到了广大师生和共建社区的高度评价。

（一）加强领导,建设校内外逐层合作的组织机制

高校应该将社区建设当作校企合作项目来抓,从上而下引起重视。成立由高校党委、团委、党总支、团总支、专业教师、专业协会、青年志愿者协会及班级团支部组成的领导、教师、学生三级组织机构,各机构选派主要负责人,进行日常指挥与管理,形成"团队化管理＋项目化运作主动工作模式"[5]。

1. 签署社区长期共建协议

学院党委牵头,与个别社区签署长期共建协议。将社区作为共建单位分配到学院各个系部,宏观上制定共建目标,各系部上报共建具体方案与实施细则,并且定期开展社区回访和共建汇报会。成立学院社区共建事务委员会进行统筹管理,在整体上形成党委统一领导,团委具体指导,各系部党总支带领执行的运行机制。各系部党总支根据各自专业特点和开展规模,可以与别的社区签署协议和细则,开发新的共建点的同时也加大对志愿者权益的保障,将以前的游击式服务转变为根据地式的长期服务模式。

2. 细化"三级组织"校内外志愿者服务管理部门

领导、教师、学生三级组织机构中必须要细化出具体职能部门。如对内的项目审核与经费审批、志愿者管理与考核、医学专业知识培训、法律知识宣讲与心理辅导、活动的组织与宣传等。对外需要涉及的是社区、其他高校及社会公益组织的联络交流与学习。在社区要设立高校服务站点,形成选派固定人员在固定地点的服务模式。当然,各级组织在分工明确的基础上还需要注重结构的优化与分类指导,避免出现多头领导,确保社区志愿服务有条不紊地进行。

3. 组织专业教师指导社区志愿者服务

为了提升社区志愿者服务的专业水平,院团委在各系部设立专业协会,安排专业教师定期开展指导和带队服务。学院要定期开展社区科技周系列活动,将教师带队参与志愿者服务活动作为教师的社会工作量纳入年度教师绩效考核中。通过院团委组织整体统筹,系团总支联系布置,教师专业培训与社区志愿者服务带队,形成良好合作模式。

4. 增加志愿者服务的经费投入

为了配合各组织开展社区志愿者服务,学院还应设置社区共建专项基金、学生活动经费、教师科技周专项经费等用于社区日常服务活动、暑期社会实践、社区扶贫、教师科技周开展等项目。各系部要统一采购医疗器械,实行租借制度,为社区志愿者服务提供良好师资力

量、充足的资金及医疗设备资源。

（二）细化制度建设，为社区志愿者服务保驾护航

1.出台本校青年志愿者服务章程与条例

高校应对志愿者的选拔招募、登记注册、权利和义务、培训，以及项目审批、组织机构设置、评价监督、激励等制度进行详细的规定。并且还要出台符合各社区规章制度以及各医疗服务项目的活动开展细则或项目协议书，提高制度的可操作性和适用性。在常规制度的基础上还应该针对特殊机构出台专门的规章制度。例如关于社区志愿者服务网络平台、社区服务站点的管理和运行办法。为了更好地激励志愿者参与到社区志愿服务中来，高校可以通过开设"时间银行""公益创业"等组织，针对这些组织的设置、运行和管理设置专门的规章制度。总之，制度应该贯彻社区志愿服务的各个环节，用制度规范志愿者行为，保障志愿者权益，确保社区志愿服务的顺利有效开展。

2.志愿者服务设置义工时底线，作为政治课考核依据

2004年中共中央、国务院《关于进一步加强和改进大学生思想政治教育的意见》指出要深入开展社会实践，并指出高等学校要把社会实践纳入学校教育教学总体规划和教学大纲，规定学时和学分，提供必要经费。因此，学院应该设置每学期的必须完成义工时，一学期统计一次作为评先评优的依据，以及上报学院思想政治教育教研室作为思想政治理论课实践部分成绩的评分依据。

（三）多途径宣传，形成校内外无缝对接的宣传效应

1.高校内部要加强志愿者服务的宣传力度

将传统的宣传橱窗、广播、会议通知、表彰活动与微博、论坛、易班等新媒体相结合。创建校园"社区服务之家"网络平台，从社区志愿者服务信息的发布开始，通过网络平台进行宣传，志愿者用网络投标的方式进行报名。在活动开展过程中，学校要对社区服务现场进行拍摄并实时直播，学生可以通过观看视频进行点评和指导，加强活动在校内的宣传。

2.高校外部要与社区和社会媒体形成无缝对接

将网络平台开放给社区和社会媒体工作人员，允许他们发布通过审核的社区志愿者服务信息，同时可以对志愿者服务提出投诉或发布表扬信等，加大对社区志愿服务的监督。社会媒体则可以通过网络平台了解活动开展信息，收集活动素材，有选择地对活动进行报道，提高社会对社区志愿服务的认可与支持。于此同时，可以将"先进社区志愿服务者"这一类的表彰活动搬进社区进行宣传和投票，也可以将工作会议搬进社区，邀请社区工作人员以及居民代表参加，共同商议社区志愿服务项目。只有创新宣传方式，创建新型宣传载体，才能更好地形成高校、社区、社会三位一体的规模宣传网络。

（四）成立协会组织，建设"两性三化"社区服务项目

1.通过成立协会组织为日常培训打下基础

高校要成立专业教师协会、专业协会与青年志愿者协会三层服务组织，有效形成教师协会带动专业协会，专业协会带动青年志愿者协会的良性互动模式，为日常培训打下基础。团委还应不定期地邀请专业知名人士为志愿者们开设讲座，以及开展护理、急救、临床、保健等专业技能竞赛，加强志愿者的实践能力。

2.高校应该积极联系其他医学院校进行经验交流

高校应该不定期组织各级协会与其他医学院校志愿者组织进行经验交流会、访谈会及寒暑假培训会。邀请他们中有一定影响力的同学来校开展讲座。争取与别的医学院校联合开展社区志愿者服务,并且不定期开展社区志愿者服务比赛,加强志愿者之间的交流和专业学习。

3.创建与社区卫生院的对接平台

高校要不定期在社区卫生院开展志愿者见习活动,这样有助于志愿者更好地了解社区的卫生服务需求。在社区服务内容的选择上,高校要始终秉着"一对一"服务原则,一个社区一套服务项目,一位居民一段服务时效。针对老年人多的社区,应该在基础健康体检中适当提高血压、血糖的检测和老年护理、急救及保健按摩的配套。在活动开展过程中,要为老年人发放"健康身份证",方便后期回访和不定期上门跟踪服务。通过校内外专业培训以及"一对一"的服务理论,高校要将社区志愿者服务打造成实用性、创新性、专业化、特色化与品牌化社区志愿服务项目。

(五)创建多维考评机制,综合创新提升服务效果

1.对社区志愿服务进行多维度的评价

当前,高校一般以服务时间的长短作为考评的主要依据,然而在实际服务过程中,容易出现讨要或者随意书写服务时间的不良现象,降低了对志愿者服务的监督和公平。应该建立网络义工库,设置服务时长、服务效果、社区反馈、队员评价等多维度的评价标准,由社区工作人员来监督登记。

2.综合创新考评元素,提高服务效益

高校可以将志愿者服务设置为必修课程的学时、学分,也可以将它作为评先评优和推荐入党的参考之一,还可以将它作为推荐就业的依据。为了更好地激励志愿者参与进来,我们应该要将这种物质与精神奖励上升到更高的高度,通过考评延伸出自己的就业、创业及社会影响力。可以通过创建"公益创业"向学校申请项目资金作为志愿者服务基金。志愿者们通过这些激励,在考核自己的同时也促进了自我认同和自我发展,有助于形成志愿者大学生涯和人生生涯的纵横影响网。

[参考文献]

[1] 中央精神文明建设指导委员会.关于深入开展志愿服务活动的意见[EB/OL].(2009-11-07)[2015-07-01].http://archive.wenming.cn/zyfw/2008-10/10/content_14597866.htm.

[2] 田丽娜.大学生社区志愿服务长效机制初探[J].思想教育研究,2009(12):103.

[3] 庄国波.大学生青年志愿者社区服务探讨[J].南京人口管理干部学院学报,2005(1):50.

[4] 中共中央,国务院.关于进一步加强和改进大学生思想政治教育的意见[EB/OL].(2004-10-04)[2005-07-01]http://www.people.com.cn/GB/jiaoyu/1055/2920198.html.

[5] 韩烨.关于建立医院志愿服务长效机制的探索[J].江苏卫生事业管理,2013(4):121.

高职院校素质拓展教育体系构建实践与研究

——以江苏食品药品职业技术学院为例

江苏食品药品职业技术学院 郭兆良 邵 政

李金霞 邓小燕 袁 丽 王丽慧

摘 要：党的十八大提出，全面实施素质教育，着力提高教育质量。高职院校肩负着培养高素质高级技能型专门人才的使命，坚持德育为先、能力为重、全面发展，把提高学生综合素质、促进学生健康成长作为学校一切工作的出发点和落脚点。高职院系需要构建富有自己特色的学生素质拓展教育体系，整合力量，调动资源聚焦于学生素质拓展教育，全面推进素质教育的实施。本文以江苏食品药品职业技术学院为例，总结素质拓展教育体系构建的实践探索，探讨体系构建的路径与方法。

关键词：高等教育；职业教育；素质教育；素质拓展；研究

课题支持：江苏食品药品职业技术学院教育改革重点课题，"学工 OFFICE 信息管理平台研发"阶段性成果之一（JSSPGJ2015002），主持人：郭兆良。

作者简介：郭兆良（1967— ），男，江苏省淮安市人，江苏食品药品职业技术学院学生工作处处长，副研究员。研究方向：教育管理，教育信息化。邵政（1978— ），男，汉族，江苏省淮安市人，江苏食品药品职业技术学院信息系党总支书记，副教授，国家二级心理咨询师，南京大学教育博士研究生。研究方向：大学生思想政治教育，心理健康教育，教育管理。李金霞（1981— ），女，汉族，江苏省淮安市人，江苏食品药品职业技术学院学生工作处副处长，思政讲师。研究方向：教育管理研究。邓小燕（1983— ），女，汉族，江苏省淮安市人，江苏食品药品职业技术学院酒店学院综合科科长，图书资料馆员。研究方向：教育信息化。袁丽（1979— ），女，汉族，江苏省宿迁市人，江苏食品药品职业技术学院学生工作处资助管理中心主任，思政讲师。研究方向：教育经济与管理。王丽慧（1982— ），女，汉族，江苏省连云港市人，江苏食品药品职业技术学院学生工作处学生教育管理科科长，思政讲师，国家二级心理咨询师。研究方向：教育管理，教育心理学。

党的十八大提出，全面实施素质教育，着力提高教育质量。高职院校肩负着培养高素质高级技能型专门人才的使命，要坚持德育为先、能力为重、全面发展，把提高学生综合素质、促进学生健康成长作为学校一切工作的出发点和落脚点。高职院系需要构建富有自己特色的学生素质拓展教育体系，整合力量，调动资源聚焦于学生素质拓展教育，全面推进素质教育的实施。

一、构建素质拓展教育体系的基本要求

（一）明确拓展素质的基本内涵

引导和帮助广大学生完善智能结构，全面成长成才，需要整合深化教学主渠道之外有助于学生提高综合素质的各种活动和工作项目，在思想政治与道德素养、社会实践与志愿服

务、科技学术与创新创业、文体艺术与身心发展、社团活动与社会工作、技能培训6个方面着力，促进学生全面发展。这是大学生素质拓展的基本内涵。学校要基于学生发展水平的实际和本校学生特点，紧扣这个6个方面进行整体规划，构建学生素质拓展教育体系。

（二）整合素质拓展的教育资源

学生素质拓展教育体系是一项系统工程，是全面育人、全员育人、全过程育人工程。学校决策层要把素质拓展教育列入重要议事日程，加强顶层设计，做好总体规划。一是在组织架构上，建立学生素质拓展教育工作的组织领导机构，进行统一领导，协调推进。二是理顺学校内部管理体制。落实二级管理体制要求，理顺各级职责和任务。三是强化保障措施，在人员配备、经费支持、政策制度等方面提供保障，保证素质拓展教育体系有效运行。

（三）做好素质拓展的整体规划

素质拓展教育作为系统工程，以培养学生的综合素质为核心，以培养创新和实践能力为重点，以普遍提高科学素质和人文素质为目的，其实施途径、方式方法、过程环节、跟踪监控等都需要精心规划。必须加强顶层设计，明确统一的行动目标，明确各子系统的功能作用和任务分工，明确环节的沟通协调机制，建立科学的考核评价激励机制，形成统一部署、统一考核、综合推进的有效运行机制。

（四）建设素质拓展的信息平台

学生素质拓展教育体系的有效运行，由于涉及面广、信息量大，必须借助现代化的技术手段，实行信息化管理。建设基于素质教育需要的学生工作信息管理系统，十分重要。有信息管理平台支撑，才能通过记录化、数字化方式，整合和汇集学生素质拓展过程记录，完整描述学生的成长过程，将抽象的素质变成具体的、可考察的指标，用学生行为表现说话，用活动时间说话，用活动效果说话。

（五）建立素质拓展的联动考核

素质拓展教育过程是学生成长过程，与教育工作者绩效存在关联。借助信息化管理平台，学生可以实时查询统计分析数据，实现学生自警、自省、自励，激发学生自我发展意愿。借助信息化管理平台，院系和班主任也可以查看和跟踪自己院系和班级的素质拓展进程，加强过程监控，推动工作开展。有了信息化平台支撑，可以建立以学生综合素质评价为基础的三级（院系、班级、学生）联动考核评价激励机制，从而形成聚焦。

二、学生素质拓展教育体系构建

（一）确立"∏"育人理念

理念决定实践。"∏"型育人理念的核心，一是将学生素质构成归并为专业素质和拓展素质两个方面，二是坚持让"∏"的两条腿一样长。"∏"型育人理念要求在加强专业建设、课程建设，加大课程教学改革，提升学生专业素质的同时，高度重视"立德树人"的学生拓展素质教育，把专业素质和拓展素质教育同时纳入人才培养方案，同时进行整体规划。反映在学生学业评价量化考核中，就是让专业素质分占比50%，拓展素质分占50%。突破仅仅用文化成绩对学生进行一元评价的惯例，突破一条腿长一条腿短的"跛脚"状况。

（二）完善素质拓展教育组织架构

立德树人，需要整合教育资源。学校明确由党委学生工作部牵头组织协调，以学生工作处、团委、院系学工组为核心成员单位,党委组织部、宣传部、保卫部、校企合作办公室、思政部、基础部、图书馆、继续教育中心、后勤服务保障部门等共同参与的学生素质拓展教育协作委员会。明确责任分工,把思想政治工作、学生常规管理和教育、共青团工作、安全教育与稳定工作、思政教学、体育教学、创新创业教育等整合到学生素质拓展教育体系中。

(三)学生素质拓展教育的整体规划

素质拓展教育内容十分丰富,需要进行整合,搭建好平台,使其条理更加清晰。在国家骨干校建设过程中,我们通过不断实践,探索形成了以一个主题教育活动为统领,10 个专题教育为支撑,两大系列活动为两翼,两大讲堂为补充,四类 20 项素质拓展项目为主体,鼓励和支持"一系一品"特色创新的学生素质拓展教育体系。

一个主题教育活动为统领。就是以学习和践行社会主义核心价值观为指导,每年举办一个主题教育活动。2015 年,我们开展了"美丽校园我的家"主题教育活动,组织了校园十大景点、十佳班主任、十佳学习标兵、十佳自强标兵等 10 个"十佳"评选,发掘学校的风景之美、人文之美,用身边典型教育引导学生健康成长。

10 个专题教育为支撑。即把入学专业教育、法纪安全教育、心理健康教育、感恩教育、诚信教育等 10 个教育专题作为必选项,进入每月一次主题班会常规教育,并通过建设网上主题班会课资源库,实现资源共享,带动各项常规教育活动的开展。

两大系统活动为两翼。一是"体育文化节"系列活动,每年举办全校性乒乓球、羽毛球、健身操比赛等 8 项体育竞赛活动,推动体育运动开展,促进学生开展体育锻炼,丰富学生课余生活。二是"科技文化节"系列活动,由团委牵头主办,举办校园十佳歌手、金话筒大赛、经典诵读、社团成果展演等系列教育活动。两大系统活动中的子项目分别以院系冠名承办、学校统一表彰的方式举行。两大系列活动帮助学生走下网络,走出宿舍,走上操场,走进社团,丰富和繁荣了校园文化生活。

两大讲堂为补充。即除专业素质的"学术大讲堂"之外,学校设立了"道德大讲堂"和"艺术大讲堂",邀请专家学者、文学家、艺术家来校举行讲座会、报告会,组织高雅艺术进校园活动,带动学生思想道德教育、中华传统文明教育、人文素质教育的开展。

我们把素质拓展教育整体规划下的所有教育活动,梳理归并为四大类 20 个拓展项目。一是思想素质教育:道德修养、党团活动、公益活动、志愿服务、诚信记录。二是人文素质教育:艺术教育、社会调查、违纪处理、公寓文明、出勤考核。三是身心发展教育:社会工作、体育活动、心理健康、社团活动、身心发展。四是社会实践教育:学术创新、技能训练、实习创业、军事训练、交换研修。学生每参加一项活动,便会产生一条数字记录,包括学期、日期、项目类型、活动名称、积分等信息。数字化记录完整描述了学生成长经历,作为学生电子档案永久保存,也为学生综合素质考核提供基础数据,学生毕业时可以作为记录他们青春成长历程的珍贵纪念。

鼓励"一系一品"特色创新。即发挥二级院系在学生素质拓展教育体系中的主体作用,鼓励和支持院系在整体框架下,结合本院系的专业背景和自己的实际,在完成规定动作的前提下,整合各项素质拓展教育活动,建立自己的规划和实施方案,促进院系凝练和培育自己的特色文化和活动品牌,形成文化育人小环境。

(四)信息化管理手段应用

为支撑学生素质拓展教育体系的有效运行,我们自主开发了基于学生综合素质评价的"学工 OFFICE 信息管理平台"。平台整合和汇集了学习成绩信息和江苏省大学生成长服务平台(PU)上的素质拓展信息。明晰学生素质拓展活动的项目类型,采用不同信息采集方式。适合在 PU 平台开展的素质拓展活动通过活动发起、学生报名、活动组织、学生扫描签到方式,在 PU 平台上产生学生活动记录,公寓卫生、出勤考核、自主发展的项目则通过学工 OFFICE 系统管理操作或学生在线填报,班主任审核确认的方式产生相应积分记录。每一条记录包含活动日期、项目类型、活动名称、主办单位、积分等信息,形成学生成长写实记录。能够自动生成基于常规管理而产生的学生素质拓展信息,能够通过批量导入、学生申报审核的方式将非 PU 素质拓展教育活动信息和学生自主发展记录汇集到系统中。系统集成了综合素质考核评价智能处理功能,学生能够实时查询自己素质拓展记录和统计分析,从而发挥了自我预警,自我激励作用,形成了"我的成长记录我来书写"的良性局面。同时,学生综合素质评价结果也直接映射到院系、班级工作的绩效评价上,形成学校对院系、院系对班级、班级对学生三级考核评价的联动,形成了"共振"效应。

三、学生综合素质评价体系构建

学生综合素质评价体系是检验素质教育目的的达成度的基础。学生综合素质评价体系,描绘着工作目标,决定着工作方向,检验着工作成效,映射着工作过程。建立科学的学生综合素质评价体系,能够更好发挥考核评价激励机制的导向作用和促进作用,调动资源聚焦素质拓展教育,更好地实现教育目的。

(一)考核方法设计

综合素质评价,需要讲究方法论。既需要结果考核,更需要过程考核。专业素质方面,要通过课程学习考核方法改革,把平时学习态度、参与度、出勤、实习实训等过程纳入考核,并通过最终成绩进入综合素质评价。素质拓展方面则需要更加注重过程考核,要用学生参加活动多少说话,用活动效果说话,同时兼顾学生个性特长发展。传统的通过测评、评议方式是结果考核,不能体现学生的发展意愿、付出努力、个性基础,不利于调动学生主观能动性。立足"发展"观点,采用过程考核的方式,可以让高职学生在发展过程中重拾自信,培育学生自我发展意识,把"要学生发展"转变为"学生要发展",反向促进各类素质拓展教育活动的开展。

确定学生毕业标准积分为 150 分,毕业时不足标准积分,则自毕业当年 7 月 1 日起,以社会实践项目每天 1 分方式,积满 150 分方可毕业。每学期的综合考核,根据学期个人总积分排名折算为素质拓展分进入综合考核。形成 150 分底线标准,分学期竞争排名,学生可以随时查询反馈的机制,发挥了预警、激励作用。

(二)综合素质评价方法设计

学生综合素质评价采用结果考核和过程考核相结合的方法进行。学习能力及成效方面采用结果考核方式进行,以学习成绩为依据。除课程学习之外的其他内容,全部归集到素质拓展部分中,采用项目化、记录化、积分化的过程考核,以学生参与各种素质拓展活动记录为依据,通过信息化平台积累数据,期末进入学生综合素质考核。学期末,学工 OFFICE 平台运用计算机辅导智能处理,对专业素质和素质拓展相关进行综合处理,自动生成学生的考核结论,大大简化了综合素质考核工作。平时学生可以实时查询积分、查阅统计分析,有利于激励学生立足本人实际,积极参与素质拓展教育活动。

（三）综合素质指标体系设计

学生综合素质需要一套指标来体现。全面反映学生综合素质,我们采用学业评分、学业排名、学业等第和班主任评语4个一级指标(包含2个二级指标、6个三级指标)来综合反映(见表1)。一级指标中学业评分、学业排名为定量数据;学业等第为定性结论,分为优秀、良好、合格、不合格4个等级;班主任评语由班主任代表学校结合考核数据和平时表现综合做出综合结论,是对学生等第的丰富和补充。表1中第1—11个指标全部可以通过系统智能进行自动处理。班主任评语也可以通过系统对综合考核数据的智能分析,生成评语的主体框架,班主任只需根据平时表现进一步提出希望和要求,即可形成完整评语,为学生更好地发展提供指导意见。

相关指标数据处理的数学模型为:

学业评分采用百分制考核,包括专业素质分和素质拓展分两个部分:

1.专业素质分

总分50分。计算公式为:专业素质分＝(各门课程成绩之和/课程门数)＊50%。补考成绩60分以上的,按60分计入,补考不及格的按原成绩计入,非百分制成绩按一定标准折算为百分制计入公式。

2.素质拓展分

总分50分。根据学生学期素质拓展总积分和积分的班内排名进行计算。计算公式为:素质拓展分＝[60＋(班级总人数－总积分排名＋1)＊(40/班级总人数)]＊50%。式中的60为百分制计算时最低的基准分值,即积分排名第一名为100分,最后一名为60分。

学业排名由学业评分在班级位次确定,反映学业评分在班级内部的相对水平。学业等级由学业评分确定,学业排名在班级前1/3的为"优秀",中间1/3的为"良好",后1/3的为"合格",但必修课有三门及以上不及格或学业评分低于60分的,由系统自动判定为"不合格"等第。

班主任评语是学业水平的重要结论之一,由班主任代表学校根据学业评分、班内排名、学业等第等考核情况,结合学生平时各方面综合表现形成。

表1　学生综合素质评价指标体系

一级指标	二级指标	三级指标	类型	说明
学业评分 （1）	专业素质分（2）	修课门数（3）	定量	反映选修学习意愿
		平均成绩（4）	定量	反映学习成果,同专业有可比性,决定专业素质分
		班内排名（5）	定量	反映学习成果在班级内部相对水平
	素质拓展分（6）	拓展项目数（7）	定量	反映参加素质拓展的意愿
		项目总积分（8）	定量	参加素质拓展的意愿的量化结果
		积分班内排名（9）	定量	积分量化结果可比性转化,确定素质拓展分

一级指标	二级指标	三级指标	类型	说明
学业排名（10）	—	—	定量	由学业评分决定,反映在班级内的相对水平
学业等第（11）	—	—	定性	定性结论,为学业评分班级排名决定
班主任评语（12）	—	—	定性	定性结论,对学业等第的丰富和补充

(四)建立三级联动考核评价体系

推进素质教育,不仅需要调动和激发学生主动参与的积极性,也需要建立相应的教育管理者工作绩效评价机制,建立三级(即学校对院系的考核、院系对班级(班主任)后考核、班主任组织对学生的考核)联动考核评价体系,调动管理者、教育者、学生等各方面的积极性和主动性。学生素质拓展教育过程记录、管理活动记录、学业评价记录均在统一信息平台进行信息化管理后,充分利用这些数据,通过数据挖掘和综合分析,使多级联动考核成为可能。表2列出了与学生综合素质评价高关联度的指标,作为二级院系考核的主要指标,通过信息化管理手段,实现了相关考核的联动。

表2　与学生综合素质评价高关联度指标一览表

序号	评价内容	计算方法
1	院系开展素质拓展项目数	开展的素质拓展活动项目总数×系数。
2	学生平均参加素质拓展项目数	学生正积分项目记录总数÷学生总数
3	学生平均素质拓展积分值	学生积分总和÷学生总数
4	综合考核学业等率不合格等	学生等第不合格人数÷学生总数
5	班级综合素质考核及时完成率	及时完成班级数÷总班级数
6	在线办理的常规工作完成率	完成常规工作任务情况记录,窗口关闭时统计
7	学生违纪率	受到违纪处分的人次÷学生总数
8	学生公寓卫生达标指数	达标宿舍次数÷院(系)宿舍总数×5
9	各项学生满意度测评参与率	实际参与测评人数÷应参加学生总数
10	各项学生满意度	满意学生总数÷参与测评总学生数

三级联动考核评价,首先要做好顶层设计,理顺学校—院系—班主任—学生四个主体关系。学校负责做好顶层设计,制定政策规章,明确组织架构和条件保障,搭建统一的数据平台,并实施对院系工作的考核。院系作为组织实施素质拓展教育的主体,负责制定本单位的班级考核细则及考核工作。班主任要抓好学生教育和常规管理,组织实施学生综合素质考核评价,加强班级学风建设,组织引导学生积极参加各类素质拓展教育活动。

学生综合素质评价体系建设,需要立足本校实际做好顶层设计,需要加强统一数据平台建设,形成信息化手段支撑,需要在实践中不断探索,总结提高。

[参考文献]

[1] 胡昌龙,王哲,周荣.高职学生素质拓展教育体系构建及实施探索——以湖北工业职业技术学院为例[J]. 郧阳师范高等专科学校学报,2015(4).

[2] 叶绘晟.大学生素质拓展教育体系的构建与探索[J]. 当代教育科学,2013(13).

高职院校学生工作网格化管理的探索与思考

武汉船舶职业技术学院　游　翔

摘　要:本文从当前高职院校学生管理工作面临的形势、存在的问题与不足入手,分析了多元化网格化管理在高校学生工作管理中的可行性及必要性,提出了高职院校学生工作多元化网格化管理的具体措施,并对网格化管理工作的规范及奖惩体系提出了若干建议。

关键词:网格化管理;多元化;学生工作;平安校园

作者简介:游翔(1980—　),男,汉族,湖北咸宁人,武汉船舶职业技术学院船舶与海洋工程学院党总支副书记,副教授,工程硕士。研究方向:学生教育、管理与方法的研究。

一、网格化管理

"网格"是计算机领域率先出现的词汇,它将高速互联网、高性能计算机、大型数据库、传感器、远程设备等融为一体,实现计算资源、存储资源、通信资源、软件资源、信息资源、知识资源的全面共享。如今被衍生为网格化管理,广泛应用于城市管理和公共服务。

党的十八届三中全会提出要改进社会治理方式,创新社会治理体制,以网格化管理、社会化服务为方向,健全基层综合服务管理平台。网格化管理是一种数字化的管理模式,它将管辖区域划分为若干个单元网格,然后综合运用计算机网络等信息技术对每一网格单元实施全方位的动态管理,对网络内的人、地、事、物、情、组织等进行信息的监控、采集、管理、应对和完成上下双向沟通的方法。

二、高职院校学生工作实行网格化管理的背景

2014年湖北省高校工委、省教育厅下发全面推进高校学生网格化管理工作的通知,并提出了在2015年底以前实现全省城乡网格化管理全覆盖的总目标。目前高校学生管理人员有限,思想政治工作和安全稳定工作面临较大压力,必须通过推进教育信息化,运用现代信息技术加以解决。实行网格化管理,有利于及时全面掌握高校学生信息,提高学生教育服务管理的时效性、针对性、科学性,是实现高校治理体系和治理能力现代化的有效途径。

学生网格化管理通过量化管理对象和管理行为,将过去传统、复杂、分散、抽象的个人、群体行为转化为现代、简单、系统、可量化的数据,从而准确地了解情况、及时地处理问题,并预测可能发生的事情,防患于未然。目前,这一管理模式已成功运用于城市管理、航空、铁路、医药等各个领域,并取得了显著的成效。网格化管理在这些领域的成功应用,为高职院校平安校园建设与安全管理工作的改革创新提供了宝贵的理论依据和实践基础。

与传统管理思想不同,网格化管理可以综合运用制度、行政和技术等手段,做到早发现、早预警,及时地处理和解决问题。高校管理者应该积极抓住机遇,转变管理思路,引进新的网格化管理理念,不断探索,逐步构建学生工作网格化管理的新模式。

三、目前高职院校学生管理存在的问题与不足

目前高职院校对大学生群体的管理与服务工作还是比较传统的,以管为主、以治为辅、行政干预普遍存在,在对大学生群体进行常规管理时有很强的封闭性、强制性和包揽性。封闭性表现在对学生管理时着重于校园环境而忽视了家庭、社区、社会等外部环境的联系;强制性表现在将大学生理所当然地视为被管理者和各种规范的接收器,学生工作者与学生的关系定位为管理者与被管理者;包揽性指管理者事无巨细、不分轻重,扮演着包揽学生大小事的"保姆"形象,忽视了大学生自我的成长与个人发展。不足之处有:

（一）部门之间缺乏统一的调度、联动机制不健全

目前高校各部门及学院之间分工虽然较为明确,但各部门之间容易出现推诿、扯皮现象,不能及时有效地形成合力,从而延误了解决问题的时机。如在学生管理中,二级学院学生管理侧重于思政教育和学生活动,与教务管理、宿舍管理、心理疏导等工作没有有效衔接,无法实现网格化管理中的组团式服务,也不利于提供个性化服务。

各大高校现有的学生工作主要由学校的学生工作处、团委、各二级学院辅导员、学生组织等部门负责开展。这些部门日常事务繁忙、行政事务较多,个个成为"接受任务—分解任务—布置工作"的机器,他们或忙于迎接新生、评奖评先,或忙于组织各类比赛、参加各类会议、应对各种检查,却缺乏时间和精力为学生开展服务性的工作和对提高大学生各类能力进行思考。这就需要我们整个高校做好从管理到服务的思路转变,需要我们团学部门以外的部门为大学生提供满足学生基本需求的服务,满足不同大学生的不同需求,真正做到以学生为本、全员育人。

（二）信息传递滞后、沟通不畅

国内大部分高校沿用"学校、学院、年级、班级"的传统管理模式,因以班级为最小管理单位,信息基本上为单向传递,不能及时有效地反馈给上一层管理者。目前高校学生人数大多过万,而学生管理人员有限,不能有效地和每一个学生进行深入交流,进而造成管理者因信息缺失或混乱而不能及时做出决策的问题。学院和学校各部门之间存储学生信息的侧重点有所差别,造成任何部门都无法独自提供学生完整的动态信息,形成信息孤岛,无法在需要的时候有针对性地提供学生的有效信息。

（三）安全管理体制不健全、不完善

当前高校学生安全管理的重点表面上侧重于预防和管控,实则事后处理占多数,管理方式依赖突击式和运动式,缺乏长效机制。由于缺乏对学生管理的系统研究,往往是针对暴露出来的问题,开展突击式检查和运动式管理。例如针对消防安全问题开展突击检查和消防安全月等活动,虽然取得了短期成效,但很容易在活动结束后出现反弹现象。当遇到突发事件时,往往很难有效应对。

四、高职院校学生工作多元化网格化管理的具体措施

将网格化管理的理念引入学生管理工作中,既能发挥其处理复杂工作的能力,又能克服传统学生管理模式的不足,使学校在面临校园危机时,能统一调度人员、协调资源,保证信息及时、有效地传递,实施校园危机事件的全过程管理。

网格化管理具有以下几个方面的优势。一是共享性。网格层上每个节点都是一个基层组织,每个节点上都有若干资源。这些资源,各节点在网格内和网格之间都可以共享。对各类资源实施统一管理,协同调配,可以确保资源利用的最大化。二是立体性。网格单元之间在不同层面、不同区域间,信息都可以无障碍传递,避免了管理中的死角和盲点,保证了事件处理各阶段的有机衔接。三是前瞻性。网格化管理利用网格单元对问题进行处理,有利于及早发现和处理问题。四是开放性。网格化管理充分允许公众参与到问题的处理进程中来,这样可以弥补管理者的不足,推动管理的系统化和全员参与化。

通过一个个的网格,管理者能够在第一时间获取来自方方面面的信息和资源,而这些信息和资源对高校学生工作起到积极有效的作用,这是高校学生工作网格化的基础理念。具体措施有:

(一)分级、分层建立网络和网格

一是分级建网。基于我校现有的校园网络和技术力量,采用 VLAN 技术,在全校建立互联、互通、互操作且无缝隙覆盖的四级管理网络:学校为一级网络,学院为二级网络,年级、专业为三级网络,班级为四级网络。

二是分层建格。在四级网络中,以学院为基本单元分三层建立网格,学院党政负责人为一层网格管理者,专业、班级为二层网格。寝室、基层党组织为三层网格。目前我们每个二级学院有一层管理人员 4 人(学院党政负责人),二层管理人员包括专职辅导员、兼职辅导员及兼职班主任,保证网格大小分配合理、高效。根据武船院发〔2015〕11 号文工作量规定,以专职辅导员为例,原则上一个专职辅导员管理 15~20 个学生干部(三层管理人员)。三层管理人员包括学生干部、寝室长或学生党员,每个学生干部管理 15~20 人(2~3 个寝室),以达到管理学生的最佳效果。其组织结构如下:

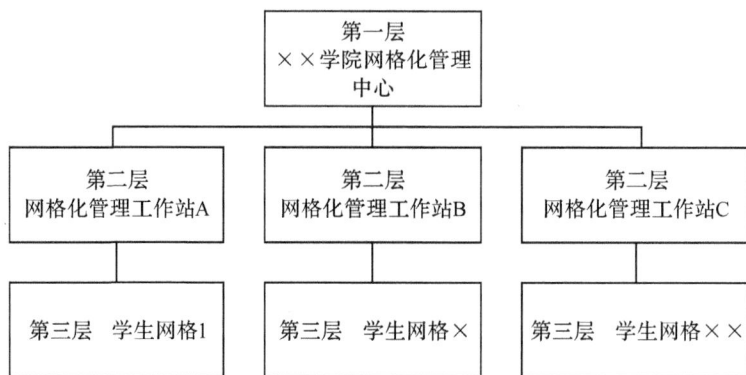

三是分格管理。明确各个网格的管理队伍、责任人员、职责任务等,实现层层监管,确保实现管理区域无缝隙覆盖,不留盲点,及时解决问题,化解突发事件诱因。

(二)明晰各层网格管理责任

一是网格定人。校领导负责分包学院,强化对责任网格的领导、检查,协调解决问题;学院党政负责人为一层网格负责人,学院领导按年级、分专业承担领导责任;辅导员、兼职班主任为二层网格负责人,负责处理所分管网格事务;班干部、寝室长等为三级网格负责人,在辅导员的指导下开展工作,负责处理本网格具体工作。此外,学校涉及学生安全、服务保障的职能部门,在各自的职能范围内由学校统一编入二、三层网格,协助辅导员、班主任开展工作。

二是定岗定责。根据学生管理工作的实际情况,将校园安全、心理健康、教学管理、思政教育、医疗卫生、后勤保障、就业创业等涉及学生安全、稳定的职责分解成若干工作岗位,并根据网格和负责人自身情况,有差异化地确定负责人职责。把原来各职能部门各自为战的节点,统一整合为资源共享、开放立体的单元网格,让每个基层组织都有可能成为新的网格集群中各个单元的组织者、决策者、参与者与受益者,形成合作紧密、管理高效、覆盖全面的学生管理与服务、保障工作新格局。

三是奖惩定量。通过统一的信息管理平台,建立大数据、可统计、可分析、有定量考核标准的动态考核机制,对第三层网格工作进行考核,根据其结果,生成第二层网格考核成绩,依此类推。

(三)建立数据库及综合信息平台系统

全面掌握学生信息,构建学生网格化管理综合数据库。学生信息包括身份证、户籍、学籍、缴费账号、个人身心健康情况、住宿情况、在校奖惩表现、社会兼职情况、家庭情况及联系方式等基础信息和应用信息。充分发挥网格员、班主任、学工、教务、保卫、学生干部的作用,全面、准确、及时采集学生信息。

建立全面、有效的数据库之后,还需要根据高职院校实际情况,按照"功能化、模块化、集成化"的设计要求,构建高校学生网格化服务管理综合信息平台。平台系统搭建成功后,为不同层级的管理人员分配账户及管理权限,实现网格内数据的更新与共享,形成合作紧密、管理高效、覆盖全面的学生管理与服务新格局。

建立多元网格化管理服务 QQ 群,以班级为单位,以辅导员、学生干部为群管理员,建立多个 QQ 群,把所有学生纳为服务对象。学生日常的生活、学习、就业、服务等问题,通过群交流经验、分享成果、反映问题。开设手机微博服务方式,根据现在每个学生都拥有手机的现状,二级学院给每个学生开通手机微博,每位学生一旦需要帮助可以通过手机微博的形式及时得到帮助,减少中间环节。建立学生后勤服务信息化服务平台,解决学生生活饮食起居问题。努力做到学生一有问题就能及时反应并马上得以解决。切实应用校园一卡通服务平台,连接学院图书馆信息查询平台,做到在任何地方上网可以查询到需要借阅的书籍、杂志、报纸等信息,通过校园一卡通,对教室、校门、宿舍等重点部位进行门禁控制,通过持卡人权限控制,加强学校安全管理。完善早操、上课、晚自习和晚上就寝等考勤工作及记录,不断为广大学生提供便捷高效的网络化信息服务。

(四)制定工作制度规范与考核、奖惩体系

高校要实事求是做好学生网格化管理的顶层设计,制定本校学生网格化管理的相关工作制度和操作规程,使每一级网格管理者明确自己的管理职责和管理对象,在遇到问题时该采取哪些规范的操作流程(如图1),在管理时要建立信息台账,做好记录,实现网格数字化管理。各级网格排查收集到的问题与信息,必须本着"快速、务实、高效"的原则给予处理。

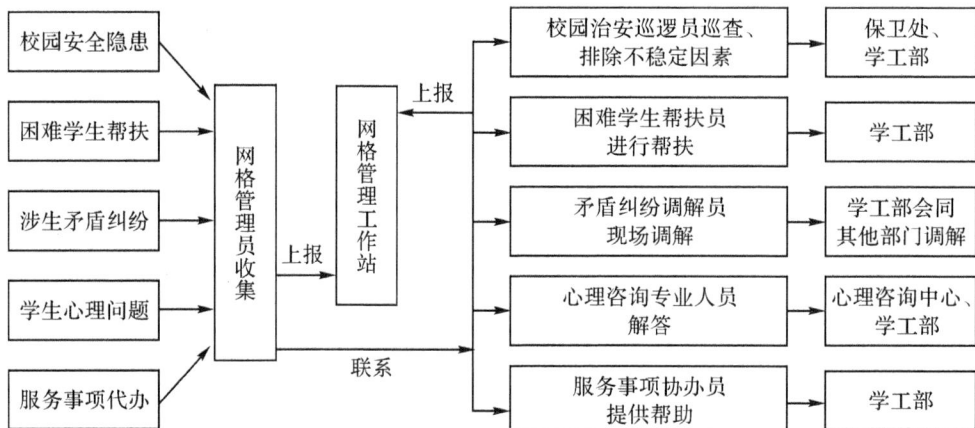

图 1 学生工作多元化网格化管理操作流程图

高职院校要充分应用网格化管理手段,改进和加强学生的日常管理,保障学生安全。通过对相关信息的分析研判、关联比对,发现和化解矛盾纠纷,并及时报告情况,采取有效的管理措施。要在管理学生的同时做好服务工作,使学生"甘心被管"。可将学生的学业、就业指导、身心健康、生活保障、安全、贫困资助、勤工俭学与自主创业等服务项目纳入网格服务管理平台,实现"一个平台管理、一站式服务、一条龙办理"。还可在每年年底由二级学院对各个网格的管理工作进行考评,通过民情议事平台让广大学生畅所欲言,多提意见、多出思路、集思广益,让学生看到网格化工作给他们带来的实实在在的好处。

根据定岗定责的实际情况,各责任主体实行公开制、承诺制和责任追究制,接受学生的监督。以三层信息平台数据为基本参考,借助统一的信息平台建立动态的汇总考评机制,形成有效的网格化管理奖惩体系。对第三层网格工作进行考核,根据第三层网格考核结果,生成第二层网格考核成绩。可以定期对工作进行梳理和排名,用以考核奖励先进单位和通报后进单位。同时,学校也可以采取多种形式,定期、不定期对各项工作的开展进行督察与考核。考核结果与绩效工资、职称评定、干部考核、选拔任用挂钩。

充分发挥网格化管理在信息组织上的优势,组建网格,构建一个全覆盖、无缝隙的"三级信息平台、三层网格条块式融合、四级联动"的学生工作管理体系。力争做到以"网格化定位,责任化分工,精细化管理,亲情化服务,多元化参与,规范化运行,信息化支撑"为基本框架的"三全七化"学生工作管理体系,开创与信息化进程相适应,具有时代特征,高校特色,规范高效的学生管理新局面。

学生工作网格化作为高职院校学生管理的一种新模式,目前已在湖北省8所试点高校进行了先行试点,在各地高校的逐步推广和探索中,还有许多地方需要进一步完善,但是学生工作网格化在科学性、时效性、针对性及整合资源等方面的优势必定会给高校学生管理工作带来新的突破。

基于职业素养提升的高职学生情商教育研究

浙江经贸职业技术学院 潘丽萍 王春青

摘 要：情商是指觉察并管理自我和他人情绪的能力,主要包含自我意识、自我管理、自我激励、移情和处理人际关系几方面内容。职业素养是指职业内在的规范和要求,是在职业过程中表现出来的综合品质,包含职业道德、职业技能、职业行为、职业作风和职业意识等方面。对于高职院校来说,如何提升学生的情商,将影响着学生职业素养的提升,决定着高职院校的人才培养质量,关系着立德树人根本任务的实现。在走访调研与实践的基础上,本论文分析了当前高职院校学生情商教育的基本做法,针对情商教育工作中存在的问题,以"创新、协调、绿色、开放、共享"五大发展理念为指导,从"一个机制、一大平台、三项体系"构建了基于职业素养提升的高职学生情商教育模式。

关键词：职业素养;高职;情商教育;模式

作者简介：潘丽萍(1981—),女,汉族,浙江温岭人,讲师,硕士,浙江经贸职业技术学院学生处副处长。研究方向:高校思想政治教育。王春青(1978—),女,汉族,吉林榆树人,副教授,硕士,浙江经贸职业技术学院学生处处长。研究方向:高校思想政治教育、风险管理等。

基金项目：2013 年度浙江省高职高专院校专业带头人专业领军项目"高职投资理财专业学生职业素养提升对策研究"(lj2013100),主持人:王春青,2015 年度全国供销合作总社课题"基于职业发展的高职院校导师制实施研究"(GX1555),主持人:潘丽萍。

2013 年 5 月 14 日上午,国家主席习近平在天津和高校毕业生、失业人员等座谈时,提出做实际工作情商很重要。情商是指觉察并管理自我和他人情绪的能力,主要包含自我意识、自我管理、自我激励、移情和处理人际关系几方面内容。[1] 它强调人们的成功和满意的生活在很大程度上取决于对情绪的有效控制。

职业素养是一个人职业生涯成败的关键因素。大学生毕业后能否取得成就,与职业素养的高低密切相关,职业素养越高的人,获得成功的机会就越多。

当前社会上存在着不少大学生步入社会后无所适从,甚至出现与社会格格不入的现象。更有甚者,不善于情绪管理,经常因为琐事而习惯性地抱怨社会不公平。凡此种种,莫不是情商教育缺乏所致,这直接影响着学生职业素养的培育和提升。如何提升学生的情商,将影响着学生职业素养的发展,决定着高职院校的人才培养质量,关系着立德树人这一根本任务的实现。因此,对于高职院校来说,开展基于职业素养提升的高职学生情商教育研究,是广大高职院校素质教育改革的一项重要任务。

一、情商教育研究现状

情商理论研究专家丹尼尔·戈尔曼提出:"人生事业成功与否主要取决于情商,而不是智商。情商主宰人的成功具有 80% 的作用,智商对人的成功仅有 20% 的影响力。"[2] 在欧美教育中,情商教育得到高度重视,在教育教学活动中处于非常重要的地位。有些国家把情商教育课程列作必修课,如英国的情感教育,美国道尔顿学校的素质教育,瑞典的社团锻炼,日本的远足野外生活训练,加拿大的团队精神培养,都注重学生情商素养的提高,这给我们带来了良好的借鉴和启示。

在国内,研究者从情商概念及内涵研究、情商教育途径及策略研究、情商教育与相关学科结合研究、情商教育与素质教育关系研究等方面进行了研究。从国内研究来看,大多集中在如何提高情商培养的对策上,对策建议的针对性不强,而且没有从根本上挖掘情商培养的途径,针对高职院校开展的情商教育模式的研究很少。因此,对于高职院校来说,职业素养的提升是实施大学生情商教育的重要导向,从职业素养提升的视角对学生情商教育开展研究具有重要的意义。

二、情商教育与职业素养的关系

职业素养是一个人职业生涯成败的关键因素。情商理论研究专家丹尼尔·戈尔曼提出:"情商主宰人的成功具有80%的作用,智商对人的成功仅有20%的影响力。"从国内外的研究来看,情商教育有助于大学生职业素养提升。分析两者之间关系,有助于我们更好地开展情商教育,从而促进学生职业素养的提升。

(一)情商教育是提升高职院校学生职业素养的良好途径

《国家中长期教育改革和发展规划纲要(2010—2020年)》指出:"应大力发展职业教育,职业教育要面向人人、面向社会,着力培养学生的职业道德、职业技能和就业创业能力。"[3]因此,作为高职院校,我们应该开辟职业素养提升的新途径,探索情商教育有效模式,着力培养学生可持续发展能力,为构建社会主义和谐社会奠定坚实的基础。

(二)情商教育是提升高职院校学生职业素养的有效手段

当前高职院校学生思想道德总体较好,但是不同程度地存在着情商不高的表现,如情绪控制能力较差,习惯以自我为中心,心理素质较弱,人际协作能力较差,社会责任意识不强,这些问题直接影响着高职院校学生职业素养,直接对高等职业教育提出了挑战。[4]

大学阶段是大学生身心发展的重要阶段,也是人格发展、重组、完善从而形成健全人格的关键时期。[5]所以在大学阶段加强情商教育,有助于让大学生通过认识和管理好自己的情绪以及了解他人的情绪来促进身心健康和人格健全。随着社会的发展进步,各用人单位也对大学生的团队合作精神、组织协调能力、人际沟通水平等职业素养方面的要求越来越高。这些要求需要我们在整个大学阶段贯穿情商教育,才能更好地增强学生的职业素养,从而提升学生的就业和适应社会能力。

(三)基于职业素养提升的情商教育是"立德树人"的必然要求

党的十八大报告指出:"坚持教育为社会主义现代化建设服务、为人民服务,把立德树人作为教育的根本任务,培养德智体美全面发展的社会主义建设者和接班人。"因此,对于以培养高质素技术技能性人才为目标的高职院校来说,实施以职业素养提升为目标的情商教育是把"立德树人"作为教育根本任务的必然要求。

三、当前高职学生情商教育基本做法

笔者通过走访调研部分高职院校,并结合笔者所在学校情商教育实践,了解掌握了当前高职学生情商教育的基本做法。他们高度重视,认真规划,开拓创新,重视教学改革和活动实践,注重"四大导向",着力构建了高职情商教育体系。

（一）注重研究导向

成立"大学生情商培养研究中心",中心下设情商理论研究工作室、心理健康教育工作室等。根据不同年级学生特点,学校研究制定了《高职学生情商素养提升方案》,如针对新生开展新生适应、团队凝聚力类教育,针对即将毕业的学生开展职业生涯规划等活动。学校采取分年级、分层次、分类别的原则开展情商培养,增强情商教育的针对性、实效性和可持续性。

（二）注重教学导向

开设"情商发展"选修课,从学生常见的人格发展、人际交往、情感恋爱等方面切入,通过理论知识讲授、经典案例分析、现场情景模拟等,打造"体验式"教学模式。[6]

（三）注重榜样导向

设立情商奖学金,从学风建设、技能竞赛、创业创新、志愿服务、社会实践等方面对情商高的学生进行奖励。开展"情商成长之星"评比,从自我情绪控制、自我激励、人际关系处理等方面进行评比表彰。

（四）注重活动导向

开展情商训练营、心理情景剧、朋辈辅导、情商团日活动、情商微电影、情商主题创新活动、情商志愿服务、情商社会实践等情商成长系列主题活动,学生更懂得换位思考、团结他人和关爱别人,营造了温暖和谐的情商教育氛围,促进了职业素养的提升。

全国高职院校陆续开展情商教育工作,不断完善情商教育思路,改进教育方式方法,在情商教育理念、情商课程设置、情商教育实践载体等方面进行了探索和实践,取得了一定的成效。但是整体而言,适合情商教育的模式相对不成熟,开展情商教育的高职院校也非常少。在开展过程中,还存在以下三个问题,亟须我们解决。一是情商教育机制有待深化。目前主要以学工线老师为主,未能完全发挥教师的作用,未建立有效的联动机制,未形成全员、全方位和全过程育人的氛围。二是情商教育平台不够完善。各高校通过网站、微信、校外报纸等宣传平台报道情商教育活动,在一定程度上营造了情商教育氛围,但是还存在有些教师、学生不了解情商教育的重要性,没有参与到情商教育中来。三是情商教育体系尚未健全。还没有充分发挥课堂阵地的作用,没有将情商教育完全融入专业课程中。在实施过程中,还没将情商教育与职业素养提升目标紧密联系,活动未能完全符合95后学生的需求。同时,情商教育的评价机制有待健全,仅仅根据系部学生获奖、考证情况来检验情商教育实施效果,无法体现情商教育的真正实效。

因此,我们要围绕高职院校培养高质素技术技能性人才的目标,分析当前高职院校情商教育开展情况和存在的问题,有针对性地构建基于职业素养提升的高职学生情商教育模式,为高职院校情商教育的实施提供参考,为高职院校提高人才培养质量提供支持。

四、基于职业素养提升的高职学生情商教育模式构建

基于情商教育国内外研究现状和高职学生情商教育基本做法,结合高职院校学生职业素养提升的需要,以"创新、协调、绿色、开放、共享"五大发展理念为指导,从"一个机制、一大平台、三项体系"构建基于职业素养提升的高职学生情商教育模式。

（一）完善情商教育保障机制，做好顶层设计，创新学生职业素养提升模式

成立情商教育中心，顾问由分管领导担任，中心主任由学生处负责人担任，中心成员由心理健康教育中心、团委、教务处、宣传部、各系负责人等组成，从而保障学校情商教育各项工作的顺利开展。在完善保障机制的基础上，在基于职业素养提升的情商教育顶层设计工作中，我们将全面贯彻创新理念，改革职业素养提升模式，有力推进情商教育的可持续发展。

我们要创新性地规划好情商教育工作流程，创新性地设计好情商教育工作内容，创新性地建设好情商教育师资队伍。工作流程是情商教育顺利开展的前提，工作内容是情商教育促进学生职业素养提升的基础，师资队伍是情商教育发挥实效的根本保证。在师资队伍建设中，要针对教师开展情商教育与自我成长训练，以便于教师以自身积极的人生态度和观念在专业课程教学中对学生产生潜移默化的渗透作用，突出育人的连续性、系统性和针对性，形成全员、全方位、全过程育人的良好氛围。

（二）搭建情商教育宣传平台，拓展传播渠道，共享学生职业素养提升成果

搭建宣传平台，丰富宣传形式，拓展情商教育传播渠道。主要通过网站、微信、微博、报刊、电台等媒体，介绍和宣传情商教育的相关理念，并积极推广创新情商教育的改革举措和成功经验。聘任新闻信息员，及时反馈情商教育相关信息。编印《情商成长在线》，记录情商教育活动。建立情商教育中心专题网站，集情商教育理念、情商课堂、特色载体、论坛交流等内容，使该网站成为情商教育的重要阵地和传播窗口。

（三）建立情商教育教学体系，强化课堂渗透，协调学生职业素养提升阵地

情商教育不是孤立的，应该在基础课、专业课等第一课堂中加强情商教育工作的开展。基于此，我们需构建情商教育教学体系，加强课堂渗透，扩大职业素养提升的阵地。为了充分发挥各阵地针对性的作用，必须做好各阵地之间的情商教育协调工作。重点发挥马克思主义哲学原理、心理健康教育、职业生涯设计等思想道德素质类、基本职业应用能力类、身心健康类必修课课堂主阵地作用。在充分整合现有课程资源的基础上，增加情商教育的内容，采取选修课和讲座等形式，邀请校内外专家、企业家对广大学生进行情商管理培训，积极把学生塑造成为高质素技术技能型人才。相关课程以实体课堂和网络课堂的方式开设。学生通过网络注册后，可根据学习时间安排，自由参加网络课程学习；学生也可根据每学期教学安排，自愿参加实体课堂的学习。实体教学班级的名额将根据课程内容及特点设置人数限制。

（四）构建情商教育实践体系，丰富活动载体，开放学生职业素养提升途径

我们要坚持开放理念，顺应高职发展新特点，构建情商教育实践体系。校园文化活动对学生情商培养具有重要作用，为学生学会生活、学会做人提供平台。鼓励学生按照兴趣爱好、特长或结合所学的专业参加各类学生社团。紧紧围绕学校特色，以文艺体育、志愿服务、社会实践和创新创业活动为载体，开展丰富多彩的第二课堂活动，提升学生的人际沟通能力、团队合作精神等职业素养。将情商教育与心理健康教育活动紧密结合，加强基层心理委员的培训与管理，充分发挥学生会心理部和心理阳光协会社团在大学生情商教育中自我教育的功能，提高大学生自我心理护理和自管自助能力，着力深化职业素养培育。

在发挥校园文化活动在实践体系中作用的基础上，我们要开放不同的学生职业素养提升途径。要加强系统训练，围绕自我认知、和谐人际关系、团队合作、合理情绪与压力管理等

主题,采用举办情商成长营、情商加油站、情商学堂等情商系统训练的方式,提升高职院校学生的情商能力和职业素养,为实现立德树人根本任务而奠定坚实的基础。

(五)构筑情商教育评价体系,实施绿色评价,检验学生职业素养提升效能

评价体系是情商教育实施效果的指南针,是检验职业素养提升效能的有效标准。我们要将绿色理念融入评价体系中,力求"三坚持",做到公平、公开和公正,从而促进情商教育的可持续发展。一是坚持多维度评价。建立学生自我考核与班级、分院(系)和情商教育中心认证考核多维度相结合的评价机制。学年学习结束后,先由分院(系)按照相关规定初审并评定成绩,最后由中心对学生的学年学习情况做出最终审核评定。学生考核成绩等级作为学生评奖评优、入党的重要指标,同等条件下优先推荐。二是坚持形成性评价和诊断性评价并存。在情商教育实施过程中,不断了解活动开展的成效,及时调整活动方案以提高活动效果的形成性评价。同时,我们要开展诊断性评价,了解活动过程中存在的问题,为修订实施方案,提升活动成效提供意见和建议。三是坚持过程性评价和终结性评价并存。既要注重对情商教育活动的具体组织和实施情况做出过程性评价,也要对活动效果开展终结性评价,为情商教育今后的有效开展提供依据和方向。

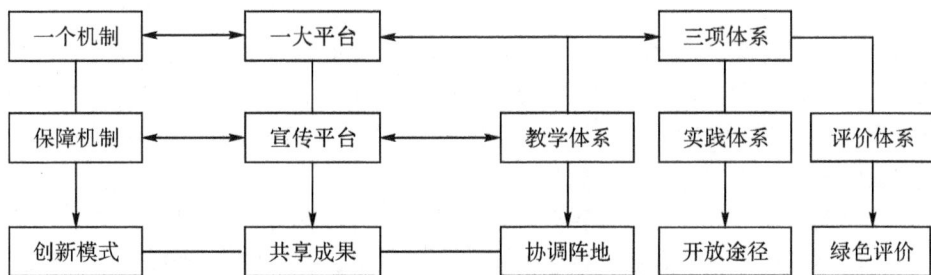

图1　基于职业素养提升的高职学生情商教育模式

五、小结

新形势下,我们秉承"创新、协调、绿色、开放、共享"五大发展理念,统筹校内外资源,创新情商教育方法,优化情商教育内涵,构建"一个机制、一大平台、三项体系"基于职业素养提升的高职学生情商教育模式,提高学生职业素养提升计划的辐射面、质量和效度,形成全员育人、全方位育人、全过程育人的良好氛围,引导高职院校学生主动参与情商教育活动,提高其情商水平和职业素养,培育高质素技术技能型人才,从而全面落实立德树人根本任务。

[参考文献]

[1]丹尼尔·戈尔曼.情感智商[M].上海:上海科学出版社,1997.

[2]何苏.大学生情商教育双边培养体系的初探[J].中国成人教育,2013(6):64.

[3]国家中长期教育改革和发展规划纲要(2010—2020年)[J].评价与管理,2010(3):1—17.

[4]刘光艳.大学生情商培养对策研究[D].大连:大连海事大学,2009.

[5]董宇艳.德育视阈下大学生情商培育研究[D].哈尔滨:哈尔滨工程大学,2011.

[6]吴琳.大连海事大学:情商课缘何火爆[N].光明日报,2013-12-18(01).

立德树人：高职生生活与发展的实践教育

丽水职业技术学院　　雷华国

摘　要：立德树人是教育的根本任务，也是高校培养人才的一项长远工作。要深刻理解"立德立人""全面发展""建设者和接班人"这三个关键词的内涵和要求。本文解读了"立德树人"的内涵与内容，分析了立德树人是高职培养人才目标的需求，提出了生活行为指导与教育是立德树人的生活化载体，以丽水职业技术学院为例，总结了开展晨跑、控烟、不带正餐进公寓等日常生活行为指导与教育实践成效，最后提出了高职生立德生活化教育四项保障措施和三点思考，重点要有长效机制和立足长远的见解。

关键词：高职生；立德树人；生活化；实践教育

作者简介：雷华国（1973—　　），男，畲族，浙江文成人，丽水职业技术学院讲师。研究方向：大学生职业生涯规划和生活指导、大学生生命教育。

党的十八大报告明确指出，要"把立德树人作为教育的根本任务，培养德智体美全面发展的社会主义建设者和接班人"。战略性地回答了"培养什么人，怎样培养人""什么样的后人留给世界"的教育根本问题，首要深刻把握"立德树人""全面发展""建设者和接班人"这三个关键层面的内涵和要求。

加快发展现代职业教育的总体要求和指导思想中明确提出，坚持以立德树人为根本，培养数以亿计的高素质劳动者和技术技能人才。《国务院关于加快发展现代职业教育的决定》提出创新发展高等职业教育，对职业教育的培养层次进一步界定，重新划分了我国的教育体系，改变了"断头教育""次品教育"的职业教育思想，对人才培养目标和质量提出了更高要求。到2020年，专科层次的在校高职生将达1480万人，占在校大学生比例大。同属于青年时期的高职生价值取向将会影响或决定了未来整个社会的价值取向，因此，完成立德树人根本任务非常艰巨。

在"立德树人"的视域下，根据践行社会主义核心价值观具体化、形象化、生活化的要求，大力开展高职学生日常生活行为指导与教育，以规范日常生活行为为指导内容，以养成良好生活习惯为目标，以打造学生持续发展潜力为动力，构建起相对完整的生活指导与教育体系，培养具有优秀基因的高素质和技术技能的劳动者，促进德智体美劳全面发展。

一、"立德树人"的时代内涵和内容之解读

只有准确理解"立德树人"的时代内涵与要求，准确把握"立"什么"德"，"树"什么"人"的实质问题，才能做到切实围绕立德树人这个教育根本任务。解读字意，全面理解其特定含义。

"立德"是古已有之的概念。"立德"最早见于《左传》："大上有立德，其次有立功，其次有立言，虽久不废，此之谓不朽。"（《左传·襄公二十四年》）在"立德""立功""立言"三者中，立德是前提和根本，只有"立德""才能""立功"和"立言"。何为"德"，本意是指顺应自然、社会、

人类客观需要去做事,不违背自然规律去发展社会和自己,后来指人们共同生活和行为准则和规范、品行、品质,指好的道德品质,德性,中国传统核心价值观范畴之一。何为"立"? 其本意是树立、养成。因此,"立德"也就是树立道德品质,养成德性。

"树人"最早出自《管子·权修》:"一年之计,莫如树谷;十年之计,莫如树木;终身之计,莫如树人。"意思是做一生的规划,则莫过于培养人才。何为"树",是教育培养的意思。何为"人"? 就是我们的教育对象,也是把他们培养成人才,既是具有高尚品德的个体,更是达到自由与全面发展的人。"树人"是一个长期与持久的过程,就是指培育对社会发展有用的人才。

立德树人是一个社会系统工程,突出"德"在人的全面发展教育中的突出地位,同时注意人更好地生活与发展。立德树人针对所有教育者和被教育者,是指教育者不断涵养内在品质,并能以身作则、身体力行,不断培育与社会发展相互适应、起积极贡献的人才的过程。

纵观历史上"立德树人"的教育理念与内涵,它的具体内涵不是抽象不变的,而是随着时代的变化发展而变化发展,具体时代的要求必然会反映到内涵与要求中去,从而使要求带有时代的特征。立德树人是具有时代性的伟大事业,任务并非空洞、抽象的教育口号,其内涵必须跟党的目标相统一,必然现实化为日复一日的教化实践。十八大报告就明确提出:大力弘扬民族精神,深入开展爱国主义、集体主义、社会主义教育,丰富人民精神世界,增强人民精神力量,倡导"富强、民主、文明、和谐,自由、平等、公正、法治,爱国、敬业、诚信、友善,积极培育和践行社会主义核心价值观"。社会主义核心价值体系及其相关内容就是当下学校"立德""树人"之内容。

二、高职生生活和发展是立德树人之载体

伟大人民教育家陶行知先生说,教育以生活为前提,不与实际生活相结合的教育就不是真正的教育,他坚决反对没有生活做中心的死教育、死学校、死书本。教育的目的就是生活,教育实质性内涵就是在提升人们的生活方式与生活境界,生活既是教育的出发点,也是教育最终的归宿。立德树人离开生活,就如大树没有土壤。它必须遵循行知关系,必须遵循教育规律,将宏大的、抽象的、理论的,有针对性地具体化、形象化、生活化,建构符合高职生生活和发展的体系,成为他们学习、生活、成才的重要组成部分。

教育和生活是同一过程,教育含于生活之中,教育必须和生活结合才能发生作用。"生活即教育"的核心内容是"过什么生活便是受什么教育"。"过好的生活,便是受好的教育;过坏的生活,便是受坏的教育;过有目的的生活,便是受有目的的教育。"学生行为是否符合当下价值标准是判断德育是否有成效的最好方法,生活行为指导与教育是完成立德树人任务的重要手段和载体。

三、立德树人,生活行为指导与教育之实践

面对丰富多彩又个性差异的大学生活,生活指导与教育不能面面俱到,也没有能力做到。贯彻落实《国家中长期教育改革和发展规划纲要(2010—2020 年)》精神,在社会主义核心价值观的统领下,选择接轨提倡社会公德行为、选择解决面临共同的素质问题,科学地实施学生生活行为标准和指导与教育。

以丽水职业技术学院为例,大力开展高职生生活行为指导与教育试点工作,按照"做一项、成一项、巩固一项"的原则,内容涉及运动生活、绿色生活、劳动生活、网络生活、文明出行等方面,逐渐形成生活行为指导体系,促进学生综合素质的提高,取得明显效果,不断完善了《高校学生行为准则》,为我们提供一定的借鉴经验。

落实科学网络理念。2007年以来,开展了"绿色网络生活"为主题的指导活动。成立网络劝导队,劝导学生合理利用电脑。及时引导学生合理利用网络,开展创业活动,涌现一大批网络创业者。制定相关制度,要求学生在晚自修期间,不得用电脑做与学习无关的工作。没有出现因网络而退学的情况。"高职生网络素养提升工程"被评为浙江省高校校园文化品牌。

落实健康第一的理念。针对学生体能下降的现状,开展健康生活晨跑活动。2008年以来,连续7年开展春、冬季"晨跑——健康生活"主题指导和教育活动。要求学生早上7点左右,在规定的时间内跑完指定的路线。学工部与体育教研室精心规划晨跑线路,科学制定晨跑次数、长度和速度,制定晨跑成绩与学生体育成绩挂钩,作为体育成绩的重要组成部分。学生体质健康测试结果表明,学生长跑成绩明显提高,中长跑体能测试再没有出现学生晕倒的情况,全省排名往前。

落实绿色生活理念。2009年以来,开展了"低碳生活"主题教育活动。要求学生不在教学楼和学生公寓用餐,不带正餐进公寓、不带食物进教室,拒绝使用一次性消费品,不叫外卖、不吃游食;以文明寝室建设为抓手,推进文明寝室建设,垃圾分类等活动。活动取得很好效果,全校寝室生活垃圾减少三分之二,学生饮食习惯明显好转。

落实劳动光荣理念。2010年以来,开展劳动生活主题教育。学生能做的事尽量学生做,把学校的钱留给学生赚。结合专业特长,鼓励成立绿化、洗车、金扳手等各种服务队,替代大量的临时工队伍,做到服务学校、服务老师、服务学生。劳动是今后生活的需要,也是未来生存的需要,更是让其生命更好地发展的需要。

落实《控烟》条例。2011年以来,率先开展了"控烟"活动,禁止学生在公共场合、寝室等地方吸烟,只允许在校园指定的吸烟区吸烟。全院开展控烟工作以来,学生吸烟人数大量减少,卫生明显好转。

2012—2015年,又相继提出"知礼、学礼、行学生之礼","我们一起过中国节",行车走路"一路文明","一起拒绝毒与艾"等主题活动,不断丰富和探索日常生活行为规范内容。

行为主题活动思想之"源"来自社会主义核心价值观,是一种隐形、间接、渗透的德育,通过3年全过程的养成教育,将会影响学生一生的生活与发展。

四、立德树人,生活与发展教育之保障

(一)观念保障

要引导学生树立"生活无小事""人生的扣子从一开始就要扣好""一屋不扫何以扫天下"的观念。学生日常行为养成,不仅是针对中小学的,也是针对高校。学生会觉得学校管得太多太细,不像大学,要引导行为是否规范是素质的差别,而不是大学与中小学的本质区别,这就是近年出现年级越大公共道德越缺失的主要原因。

（二）组织保障

活动要推动，领导是关键。抓学生生活行为指导和教育，存在各种不同意见和申诉，要承受来自学生、教师、教育主管部门的各方压力，及时做好沟通工作。统一思想，统一组织，齐心协力，共同管理。必须形成党委和行政统一领导，分管领导主抓，学生处（学工部）牵头部署，学工线具体执行，职能部门互相配合的管理机制。

（三）载体保障

在首届全国高职院校立德树人交流研讨会上，权威人士指出高校不缺立德树人载体，通过课程、实践活动、校园文化、管理服务等路径实施立德树人，关键是要看完成立德树人任务的效果。随着社会文明程度越来越高，对提高公民素质的要求也越来越高，就要不断地提出生活行为指导主题教育活动。现在高校活动非常丰富，但存在参与活动学生广度不广、深度不深等问题。借用今年流行语，我们要解决活动"供给侧"问题，精心策划行为主题活动。

（四）制度保障

建立长效机制才能确保活动长久开展。不因领导更换或部分学生反对而中断。科学合理的考核机制是生活指导和教育得以持续开展的重要制度保障。每一项主题活动，都需要制定相应的具体要求和考核办法，才能约束或推动学生良好生活习惯养成。如把晨跑列入体育成绩考核，对晨跑次数与成绩如何折算，外出实习、身体原因不能跑步，不及格如何补跑补考等都要制定相应的细则。

五、立德树人，生活与发展教育之思考

"让我们生活得更好""教育能让你活得幸福"，生活与发展已成为社会关注热点。立德树人与生活指导目的是一样的，都是让高职学生遵循规律和规则，养成科学生活行为习惯，为持续发展蓄力，使自己生活得更好、发展得更好，和谐地实现个人、社会、国家的发展和价值。

（一）生活指导与教育的对象要面向全体学生

生活指导与教育是项综合素质提升工程，必须坚持面向全体学生，兼顾个别，公平公正的原则，才能得以实施，才能更有意义。习近平在2014年召开的全国职业教育工作会议上指出，要营造人人皆可成才、人人尽展其才的良好环境，努力培养数以亿计的高素质劳动者和技术技能人才。坚持知行并进，努力让每个人都有人生出彩的机会。这就要求我们的高职立德教育，不仅要面向全体学生，更要具体到每一个人，不仅要贯彻核心价值观教育，更要具体生活指导教育，不仅要提升劳动技术技能教育，更要提升人才综合素质培养教育。

（二）生活指导与教育要具体规范生活行为

立德内容很宽，无所不容，包括社会公德、职业道德、家庭道德、个人品德等。高职生日常生活中任何一个行为细节，都是其品质不自觉的外显。如何避免立德树人空洞说教，只有通过生活行为不断的规范，养成良好生活行为习惯，逐渐变成一种性格，不断提高良好"品质""德"性。

（三）生活指导与教育的效果要立足长远发展

对任何事物的评价，都具有一定的滞后性。学生认识的滞后性和效果评价的滞后性，会增加生活行为指导和教育实施的难度。立德生活化效果不能短视，要立足长远，要立足学生

未来发展。根据职业生涯规律,一个人对自己健康负责,要在 40 周岁左右。高职大学生在 20 岁左右,没有意识到健康的重要,人性的惰性会随时影响体育健身活动。网络流行有一则两个老师教育水平较量,要在学生毕业 15 年后才见结果的故事,值得教育者深思。生活行为教育的效果与故事一样,需要学生一辈子去体验。

[参考文献]

[1] 常贵想.“立德树人”古今说[J].成人教育,2014(8).

[2] 邱伟光.构建以立德树人为根本的学校德育价值观[J].思想理论教育,2007(6).

[3] 蒋永华.人文关怀——高等教育的核心理念[J].江苏大学学报(高教研究版),2002(9).

[4] 黄蓉生.大学生思想政治教育的时代要求[J].高校理论战线,2008(3).

[5] 王新浩.立德树人:大学生思想政治教育的时代理念[J].西南农业大学学报,2013(6).

[6] 中美大学生核心价值观教育的比较与启示[J].重庆教育学院学报,2013(1).

[7] [美]Reardon,Lenz,Sampson,等.职业生涯发展与规划[M].北京:高等教育出版社,2005.

[8] 程社明.你的船　你的海——职业生涯规划[M].北京:新华出版社,2007.

大学生思想政治教育"终身化"初探

——基于杜威"人的未成熟性"教育理论

浙江经贸职业技术学院　周　草

摘　要:新形势下大学生思想政治教育工作应体现终身教育的思想,结合杜威"人的未成熟性"这一观点,从教育学、哲学、生物学几个方面深入挖掘它的内涵和外延。在大学生思想政治教育工作中,深入探讨思想政治教育工作终身性的教育学理论基础,以及在实践过程中要明确理想的目标是"完成人",科学的理念是"发展人",正确的方法是"引领人",完善的对策是"追随人"。

关键词:思想政治教育;人的未成熟性;终身教育

作者简介:周草(1989—　),女,汉族,浙江建德人,浙江经贸职业技术学院教师。研究方向:思想政治教育。

在新形势下,党中央提出要努力探索大学生思想政治教育的新途径、新方法,体现时代性,把握规律性,赋予创造性,增强实效性。笔者认为,新时期下的大学生思想政治教育还应体现终身教育的思想,这首先基于当代大学生思想政治教育现状,其次也体现了当今世界终身教育的思潮。

一、大学生思想政治教育现状

改革开放以来,高校中的大学生思想政治教育取得了许多成绩,但也存在不少问题:教育新理念的贯彻落实相对迟滞、教育合力尚未形成、对现实问题关注不够、效果不尽人意等[1]。正因为缺乏终身教育的观念、发展联动机制,使得高校思想政治教育常常止步于校园内、停留在毕业前。但人的成长发展是连贯的、向前的、终身的,许多高校的思想政治教育却未能跟上人终身成长的步伐,因此这对矛盾日益凸显。

大学生的身心发展有许多特点,如日益呈现的新变化:"独立性""选择性""多变性"和"差异性"[2]。而他们所处的阶段也可以说正是教育学意义上的"未成熟性",在生理发展上基本成熟,但其心理发展水平却是正在迅速走向成熟而又没有真正完成成熟[3]。所以,大学生"未成熟性"不仅能体现个体对终身教育的需求,也是蕴含着教育学意义的,因此关于这一点,笔者认为,可以以杜威"人具有未成熟特性"教育学理论为切入口进行探讨。

二、杜威对"人的未成熟性"的论述及理论基础

人具有"未成熟性",是美国19世纪著名哲学家、教育家约翰·杜威提出的,他在《民主主义与教育》等多本著作中明确地提出这一特性,并且在许多命题中都有详细论述,这是杜威教育观、生长观当中重要的部分。高校大学生的思想政治工作本质上也是教育工作,要遵循教育方法,要依托大学生的身心发展特点,因此人具有"未成熟性"的理论以及在思想政治教育方面给予我们的启示都值得思考。

（一）对"未成熟"的界定

何谓"未成熟"？"未成熟"中的"未"即没有的意思，在解释这个词的时候，杜威强调"未"不仅仅是缺乏的意思，而且辩证地看到了这个"未"字的积极意义。一方面"未"表示暂时没有，另一方面"未"也表明在将来可能有广阔的发展空间和充分的生长。他并没有直接解释"成熟"这个概念，他提及"成人的经验是成熟的[4]"，在"教育是生活的需要"这个命题中，杜威提到"存在群体的新生成员——集体未来的唯一代表——不成熟和掌握群体的知识和习惯的成年成员的成熟之间的对比"[5]。对于"未成熟"这整个概念，杜威更多地将其描述成一种状态。他认为教育的要素是"未成熟、没有发展的人"[6]，指一种积极的势力或者能力和一种可能的积极的具有建设性的状态。

杜威从依赖性和可塑性这两个特征去更深入地理解"未成熟性"。首先，依赖暗示着外界对于自身存在某种补偿的力量，人的成长虽未"完成"，但拥有一定的社会能力，虽彻底的无依无靠但也"赋有头等社交能力"[7]，依赖性是用来引起成人关注的能力，也是用以补偿自身缺陷的能力。其次，可塑性，即未成形的、可变的特性，是人被塑造的可能性。杜威的看法更多的是认为人有从经验中学习的能力，从这一方面上说，人是可改变的、可发展的、可生长的。在这一点上，杜威将人和一些动物做了对比，比如小鸡出生就能够准确地啄食，但这种相对完善的本能却限制了小鸡的发展，人则不同，正是这种不够完善让他有发展的空间和可能性，能通过大量尝试的反应获得经验、学会方法，并应用到更多的情景中，不断地适应环境继续前进。

（二）"人的未成熟性"的理论前提

笔者认为杜威提出的人具有"未成熟性"，是基于杜威关于人性、哲学观点的理论前提展开的。

1. 教育学的意义

教育的主体是人，它始终要从人本身出发，教育理论是基于对人的深刻把握之上的。因此杜威的教育理论很多都不会脱离他关于人性的理论及人性假设而单独存在。他的人性观中比较核心的就是他对人性可变和不可变的论述。他认为人性当中有本能、欲望和先天的需求这些不变的地方，但同时也存在可变的地方。"承认了在人的本性的构造中有些不变的因素这个事实以后，我们容易犯错误的地方是从这个事实所做出的推论。我们假定这些需要的表现方式亦是不变的。我们假定我们习惯了的表现方式如同其产生的需要一样，都是自然的和不可改变的。"[8]在杜威看来虽然"人性中存在着固定不变的先天需要，但是这并不意味着这些需要的表现形式也是不可变的"[9]。人无论在什么状态，其本身都包含着先天不可变的因素，但表现形式是可变的，当人在未成熟这个状态时其表现形式变化的可能性更大，因为未成熟的状态更具有可塑性，"未成熟的人为生长而有的特殊适应能力，构成他的可塑性"[10]。可塑性主要是"从经验中学习的能力，从经验中保持可以用来对付以后情景中的困难的力量"[11]，这涉及杜威人性论的另一个命题，他认为的人是"经验人"，"经验是人的价值体现之一，只有经验的获得才是真正意义上的'成长'"[12]。这种未成熟的状态是能够通过环境的影响、自身经验的增长去改变的，并且未成熟的人在各过程中能够不断地"成长"，不断地走向成熟，不断向成年群体的"标准"靠拢。

2.生物学的意义

从生物学的角度上分析,人在彻底的无依无靠时存在某种补偿的力量,并且认为未成熟的人在生长过程中有特殊的适应能力,这里他赞同了生物学关于人有较长的婴儿期意义的说法,婴幼儿期中的人本身具有的"缺陷"在某种意义上可以理解成杜威认为的"不成熟",人就是从这种生理上和心理上的不成熟慢慢地走向成熟和完备的。当代人类学的研究也从某些方面证明了杜威的"人的未成熟性"的说法,表明了人是一种非特定化、未完成的存在物。

3.哲学的意义

从哲学的意义上来说,人是未完成的。马克思辩证唯物主义同样认为,事物是不断变化发展的;它的发展是一个过程,一切事物,只有经过一定的过程,才能实现自身的发展。这一点与杜威的"未成熟"理论是共通的。杜威的生长观一直强调每一个成人都有进一步生长的可能性,由此可见,他并没有把教育仅仅限制在一个阶段,而是扩展到了终身,在人的每一个阶段都有不断向前发展的可能性。一方面,联系到杜威关于成熟这个概念的界定,他并没有很绝对,而把它和未成熟放在一起作为一组相对的概念,就说明在杜威的眼中,并没有存在很绝对化的"成熟",它总是相对存在的;另一方面,从杜威认为"一个人离开学校之后,教育不应停止"应该"不断生长"[13]的这些观念中,可以引申出终身教育的思想。

三、人的"未成熟性"对大学生思想政治教育的启示

(一)理想的目标是"完成人"

理想信念的树立,文明行为的培养,美好心灵的塑造,本来就是一个漫长、渐进、艰苦的过程,我们所追求的这种终身式、开放式、发展式的思想政治教育,其中很重要的一点就是基于人永远是"未完成"的。当今时代,思想政治教育的内容主要是让学生深入进行树立正确的世界观、人生观和价值观教育,以爱国主义教育为重点,深入进行弘扬和培育民族精神教育,以基本道德规范为基础,深入进行公民道德教育,以大学生全面发展为目标,深入进行素质教育。因此,教育的终极目标始终指向人本身。

(二)科学的理念是"发展人"

1.提出终身学习的自我要求

教师要用发展的眼光看待自我教育,自身就要具备终身学习的意识和能力。高校的思想政治老师、辅导员老师都要走"专业化""职业化""专家化"的道路,用科学的理论武装自己,拥有宽口径的知识储备、思想政治教育的知识、马克思主义中国化的知识,以及大学生思想政治教育方面的知识、法律法规知识等,同时要锻炼自身组织、表达、人际、学习、科研能力等。以勤勉努力为目标、以不断进步为标杆,终身学习、终身发展,以实际行动带动学生的成长,引领学生的进步。

2.秉持终身发展的教育理念

教师也要用发展的观点看待学生的思想政治教育,这是马克思主义唯物论和辩证法在具体工作中的深刻体现,这一点更是与杜威辩证地看待"人的未成熟性",并在实际中不断寻求发展的理念不谋而合。人是在不断发展变化的,教育也处在不断发展变化中,让学生所具备的思想道德素质能不断地适应这种变化。无论时代如何发展、情境如何变化,学生仍能用正确的价值观分清世情、国情、党情,能够拥有良好的公民意识、道德素质,能够形成终身学

习、自主学习的习惯,在当下国际大形势下,是十分必要的。

3.树立终身成长的育人观念

教育基于学生、教育为了学生,了解学生是走在一切教育行为之前的。当代大学生以90后为主,普遍存在这些特点:"思想活跃,表现自我,但协作意识较差""适应能力弱,依赖性强,但表现从众乐观""现实目标缺失,认知能力不足,但自信心较足""理想信念薄弱,政治观不稳定,但不乏理性爱国","求知欲强,敢于尝试,但抗挫能力弱"[14]。这就要求我们教育工作者,要深刻地把握学生的年龄特点、个性特征。既要看到学生身上的这些特点,但同样要意识到,"未成熟性"是"生长点",是发展的潜力,更是成长的动力,既容许缺点也欣赏优点,不以偏概全,学会用辩证、发展的眼光看待每一位学生,看待每一个教育问题,根据实际情况具体问题具体分析、因材施教,找到与学生特点契合的教育方法。思想政治的工作在"立德树人"为理念的基础上,更要贴近学生、贴近生活、贴近实际,才能取得更好的效果。

(三)正确的方法是"引领人"

思想政治教育工作要与时俱进,并能不断改进和完善教育方式。一方面要采用适宜的教育内容,另一方面也要考虑方法、选取时机、巧妙传递。90后经历经济高速发展、社会急剧转型的时代,现如今科技发达,每个人都在虚拟与现实世界中来去自如,家国天下事、实时资讯、热门评论……每天资讯庞杂,诱惑众多,面对大量信息的筛选,难免出现价值观的混乱。在新时代下,思想政治教育如何以既富有思想性又有实效性,同时以学生喜闻乐见的方式呈现,追随学生的思想甚至是引领学生的脚步,成为每一位高校思想政治教育工作者要思考的问题。

比如,在互联网时代,高校新媒体宣传手段应运而生,从红极一时的微博主页到如今的微信公众平台,就是很好的例子,它的打开率到点赞率都是衡量运营效果的有效指标,是深入走进学生虚拟世界的有效手段。"走得进更要引得出",减少校园"低头族",鼓励学生多参与有益的社会调查实践、志愿者服务等等,在亲身感知、实际操作中提升自己对社会的感性认识,将感性认识上升到理性认识。因此无论是新媒体还是传统的传播途径,合理运用都能发挥自身优势,并将思想性与趣味性相结合,将网上与网下相结合,体现思想性、方向性、时代性,兼顾互动性、趣味性、个体性、差异性。

(四)完善的对策是"追随人"

思想政治教育问题本质上也是教育问题,因此它遵循教育规律,教育的对象是人,它归根结底是促进人的发展。因此要树立当前大学生思想政治教育终身发展的理念,完善大学生终身发展的机制,就需要我们追随学生的脚步,以人为本、长期努力。第一,从小处着眼,每一个教师都应树立终身发展的目标,掌握适宜的方法,在研究教育学、心理学的基础上,遵循教育规律,把外在的教育内容内化成学生的本体经验,把塑造自我、完成"成熟"的权利还给学生。第二,从大处入手,形成家庭、学校及社会教育的联动教育机制,使学生能够形成自我教育、终身学习的习惯,最终自觉地完成自我的不断发展。

这一切正如杜威所说,"成长不是一蹴而就,它本身就是一个不断发展完善的过程",思想政治教育工作亦然。

[参考文献]

[1]朱平,孔读云,姚本先.大学生思想政治教育:现状、问题与展望[J].思想政治教育研究.

2007(1):55—57.

[2] 周光迅,卢露.大学生思想政治教育规律的若干哲学思考[J].杭州电子科技大学学报
（社会科学版）,2008(4):6—9.

[3] 王滔.大学生心理素质结构及其发展特点的研究[D].重庆:西南师范大学,2002.

[4][5][6][7][10][11][13] 赵祥麟,王承绪.杜威教育名篇[M].北京:教育科学出版社,
2006:64.

[8][12] 约翰·杜威.人的问题[M].傅统先,邱椿,译.南京:江苏教育出版社,2006.

[9] 王愫,何齐宗.杜威教育理论的人性思想基础[J].江西教育科研,2007(11):12—14.

[14] 林良盛.90后大学生特点及其教育引导对策研究[J].哈尔滨职业技术学院学报,2009
(3):77—79.

厚德强技

——提升高职院校应用型人才培养的实效性

义乌工商职业技术学院　王晓明　张思平

摘　要:高职院校肩负着为国家培养高素质应用型人才重任,立德树人要做事先做人。本文分析了立德树人的核心素养,从德育教育与课堂教学、创业实践、校园文化相融合等方面阐述了厚德强技、提高高职院校应用型人才培养实效性的三条途径,培育既会做职业化的事,也会有情感追求的人,为国家富强、民族复兴创造价值、贡献力量。

关键词:立德树人;厚德强技;课堂教学;创业实践;校园文化

作者简介:王晓明(1971—　),男,汉族,浙江义乌人,副教授,义乌工商职业技术学院经济管理分院党总支副书记(主持工作)。研究方向:思想政治教育。张思平(1980—　),女,汉族,浙江义乌人,讲师,义乌工商职业技术学院经济管理分院学工办主任。研究方向:思想政治教育。

党的十八大报告指出:"把立德树人作为教育的根本任务,培养德智体美全面发展的社会主义建设者和接班人。""立德树人","德"字为先,先做人,后做事,成人先成德。高职院校作为应用型人才培养的教育主体,必须以德为先,厚德强技,提升应用型人才培养的实效性。

一、高职院校"立德树人"的核心素养

(一)思想政治教育

必须把思想政治教育摆到重中之重的地位,下大力气加强和改进它。尤其在全球化条件下,面对激烈国际竞争,青年学生的思想道德素质、科学文化素质、业务工作素质如何,关系到中华民族伟大复兴大业的实现。其中思想政治素质对他们的成长成才起到方向性、主导性和关键性的作用。当前,坚定共产主义理想、坚定中国特色社会主义信念,是我们必须具备的政治信念。

(二)社会主义道德教育

德,为人之本;德,立业之基。高职院校思想政治理论课应该注重对大学生进行中华民族传统美德教育,联系实际,贴近生活,大力推进社会公德、家庭美德、职业道德的教育。注重大学生诚信品质、感恩意识、道德自律意识等道德素质的培养。树立起大学生为中华民族的伟大复兴尽心尽力尽能的责任感和使命感。

(三)民族精神和时代精神教育

民族精神和时代精神是一个国家、一个民族赖以生存和发展的精神支撑,是一个民族生命力、创造力和凝聚力的源泉。当今世界正处于大变革大调整时期,任何一个国家都面临着经济发展和民族文化的严峻考验,作为发展中国家的中国,要想在竞争中立于不败之地,实现中华民族的伟大复兴,加强对大学生的民族精神和时代精神教育尤为重要。我们应以弘扬和传承中华优秀文化传统为立足点,将以爱国主义为核心的民族精神与以改革创新为核

心的时代精神紧密结合起来,引导大学生在中国特色社会主义事业的伟大实践中,在时代和社会的发展进步中汲取营养,培养爱国情怀、改革精神和创新能力,始终保持艰苦奋斗的作风和昂扬向上的精神风貌。

（四）职业道德教育

所谓职业道德教育,是指从业者在特定行业中必须遵守的道德规则或规范,有一套明确的倡导或禁止的行为准则,具有很强的职业特殊性,很难从一个职业直接迁移到另一个职业,但其道德原则是相通的。如不做假账是会计从业人员的职业道德操守,但它体现的诚信道德原则,是各行各业从业者所必须遵守的。

从当前我国的高职教育来看,职业道德教育还是有所欠缺。由此出现了学生对所学专业或行业的职业道德规范知之甚少,也就无法按照职业道德规范要求去遵守和执行,这也可能是当前我国在产品质量、食品安全等方面频亮红灯的原因之一。因此,职业道德教育应当是高职院校"立德树人"教育的核心素养之一。

二、厚德强技是提升应用型人才培养实效性的有效途径

高职院校的专业教育与职业道德教育密不可分,脱离了专业性的课程与实践活动就很难教授职业道德教育。因此,我们要把学生德育教育与学生技能培养结合起来,提升学生职业技能培养的实效性。

（一）德育教育与课堂教学相融合

课堂教学主体是教师,核心是课堂,重点是教材。高职院校要认真落实浙江省高校教学创新行动计划,大胆创新,使课堂教学、专业教育与德育教育相互融合、相互渗透,营造"人人皆教育之人,处处皆教育之地,时时皆教育之时"的育人氛围,从而构建真正意义上的全员育人工作体系。

1. 拓展和充实德育教育的内容

（1）教学内容应体现党的理论创新的最新成果。当前,大学生思想政治教育贯彻落实"立德树人"根本任务的当务之急就是积极推动党的十八大和系列全会精神进教材、进课堂、进学生头脑,对党中央提出的新思想、新观点、新论断进行系统梳理和深入解读,从重大意义、基本框架、理论创新等方面把党的十八大及系列全会精神纳入教学内容。帮助学生深刻地理解和把握中国特色社会主义理论体系,树立理想信念,为实现国家富强、民族复兴、人民幸福的伟大"中国梦"而发奋学习、不懈奋斗。

（2）教学内容应具有现实性、针对性。当前,我国正处在改革发展关键时期,人民关注的腐败、贫富差距、就业及教育公平等社会热点难点问题明显增多,这也都是当代大学生高度关注和困惑的问题。此外,经济全球化、政治多极化的趋势,使综合国力竞争日趋激烈,全球思想文化交流交融交锋日渐增强。因此,在教学过程中,一定要坚持理论联系实际,结合国际国内的热点和难点问题,引导学生正确看待我国发展前进中存在的矛盾和问题,准确理解党和国家的方针政策,冷静分析国际政治经济格局和形势,不断提高他们的政治鉴别力和信息选择力。

（3）积极探索专业层面的职业道德教育。在每门课程、每个教学单元中将职业道德教育内容纳入教学目标中,让学生了然于心,并用教学评价标准予以检验。遵守道德规范和职业

操守,时间一长,自然就会形成职业习惯。与此同时,也要从"如何育人"的角度加强对教师业务知识、职业技能、道德素质、人格心理等方面的学习培养和锻炼,使广大教师具备良好的师技、师德、师品。

2.创新教学方法和模式

(1)充分发挥大学生的主体性,探索灵活多样的教学方法。沉闷的课堂形式不仅是对教学内容的伤害,更是对学生不负责任的表现。因此,广大教师应充分发挥大学生的主体性,高度重视教学方法的创新和灵活应用。课堂教学中灵活运用案例教学法、研究式教学法、情景式教学法、讨论式教学法,创设平等轻松互动关爱的教学氛围,化深奥为浅显,化单一为多向,化沉闷为生动,化说服为体验,化被动为主动。

(2)充分挖掘新资源,倡导多种教学模式相结合。运用学生喜闻乐见、易于接受的方式,多搭建学生便于参与、乐于参与的平台。充分利用微信、微博、QQ、手机短信等新媒体手段开展教学,为大学生课堂教学注入新时代元素。要不断充实丰富网络教育内容,不断满足当代大学生多样化、多层面的精神文化需求,解答他们的思想疑惑,回答他们关心的各种热点、难点问题,切实发挥网络教育功能,增强大学生德育和技能教育的实效性。

(二)德育教育与创业实践的融合

党的十八大以来,"创新"是最热的词之一,"创新驱动""大众创新""万众创业""创客""众创"等,讲的都是创新。党的十八届五中全会提出了五大理念,更是把创新放在了首位。省委十三届八次全会通过的"十三五"规划建议提出:"要加快教育改革,鼓励支持高校创办创业学院,大力支持地方高校加强应用型建设,提升高校引领创新、服务地方的能力"。创业创新人才培养已经成为我省高校人才培养的重要内容。为响应中央、省委号召,我省高职院校的创业实践方兴未艾,呈燎原之势,如火如荼地展开。高职院校要高举创业旗帜,不仅要培养敢想敢闯、有智有谋的创业型人才,为高职学生就业广铺新路,还要在创业实践中探索全新的教育教学方式方法,走出一条遵循教育规律和学生身心发展规律的特色之路。

1.遵循成长规律　构建递进式创业实践体系

创业是一个不断实践、不断积累的过程,对学生的创业引导要遵循人才成长规律。高职院校可构建"志愿者服务—勤工助学—创业行动"三位一体的递进式创业训练实践体系,先锻炼,后实战,科学培养学生的创业力。

(1)志愿者服务起步。通过志愿者服务实践活动,培养学生的社会责任感和实践技能,初步获得融入社会的能力。学校要积极鼓励学生参加形式多样的志愿活动,为学生的志愿服务创造有利条件,提供保障。在浓厚的志愿者服务氛围熏陶下,参与社会公益活动成了学生的自觉行为,不仅培养了学生的奉献精神,同时也强化了学生走进社会、服务社会的意识。

(2)勤工助学热身。通过组织开展多样化的学生勤工助学活动,培养学生的生存技能,基本掌握融入市场的能力。学校鼓励学生投身勤工助学实践,通过建立学生勤工助学服务中心,为在校学生创设或提供礼仪翻译、业务员、促销员、家教、社会兼职等勤工助学岗位。学生参与勤工助学后,一方面基本生活费得到了很大程度上的自理,甚至学费都能自理,另一方面更为重要的是,学生意识到实践的必要性、独立的重要性,坚定了创业立身的信念。

(3)创业行动磨炼。通过志愿者服务、勤工助学等实践活动,学生熟悉了市场,积累了人脉,获得了经验,为开展创业行动积极热身。当打工成为一种习惯,搏击商海、下海创业也就水到渠成。学校可通过开设创业论坛、举办创业竞赛、建立学生创业年度大奖等方式,大力营造创业活动氛围,形成独具特色的创业文化;通过创业平台的搭建,鼓励学生投身创业实践,培养学生的创业技能,使学生在小试牛刀之后大显身手,真正赢得市场、拥有市场。

2.合理选择创业项目　让学生创业成功起步

有特色才能形成优势,有特色才能产生亮点,有特色才能构建影响力。高职院校要立足地方经济特色,研究高职学生特点,打出创业教育的特色牌。

创业项目的合理选择是创业活动顺利开展的前提,是创业成功的基础。电子商务创业模式具有投资少、回收快、创业成本低、营业时间不受限制、交易不受距离限制等特点,有利于学生创业。学校要搭建创业平台,以点带面,不断深入、不断细化,将创业教育全面铺开,既有全方位的创业指导,又有针对性的创业实践,逐步实现创业教育与专业教育的无缝对接。

3.通过积极的创业引导　激发学生创业热情

对高职院校而言,创业教育的落脚点最终还是要落在“育人成才”上。学校应积极探索创业教育与思政教育的融合,不仅让学生掌握创业技能,而且让学生拥有创业精神,学生在创造物质财富的同时,也创造了可贵的精神财富。3年的高职生活,让学生们变得尚德崇文、自立自强,更懂得诚实守信,更富有责任爱心。

(1)让学生忙起来,变“无事做”为“找事做”。学生进入高职院校后,自由支配的时间多了,但也容易无事生非。通过创业教育、创业引导,让学生忙起来,一有时间就忙打工、忙创业,连寒暑假也会主动留在学校从事创业实践活动。创业的学生多了,无所事事的学生少了,校园安全和谐稳定的局面也在无形中建立起来。所以高职院校要认识到创业教育对学校和学生的深远意义,要主动承担培养学生创业意识的重任,让学生掌握人生的主动权。

(2)让学生学起来,变“要我学”为“我要学”。学校在创业引导中不断推行创业教育和专业学习的无缝对接,培养学生“我要学”的意识,提高课堂教学的有效性。通过创业活动,学生能发现自身的不足,意识到专业知识的重要性,比如开始主动学习软件操作、合同法、市场营销等专业知识。做,然后知不足;做,然后要学习。创业学生往往比一般学生更懂得学习的重要,因为他们懂得:实践瓶颈的突破,还需有理论功底的保障。

(3)让学生火起来,变“找饭碗”为“造饭碗”。创业教育只要引导充分、服务到位,就能激发学生的创业热情,提升学生的创业力,大批毕业生走上自主创业之路,找到属于自己的梦想空间。创业有效带动了就业,创业毕业生主动承担了社会建设的责任。高职院校电子商务创业的兴起,还催生了诸如网络麻豆、威客、网络推广、视觉营销、网络客服、物流快递等新兴行业,为广大毕业生和在校生提供了新的就业、兼职平台。2015年12月上旬,义乌工商职业技术学院举办的大型就业招聘会上就特设了“学哥学姐”招聘专区,有50余位已毕业的创业学生来学校招聘员工,甚至还有10余位在校的创业学生以“小老板”的身份进场招募员工。

(三)德育教育与校园文化相融合

高职院校校园文化建设是学生发展的重要保证,也是学生德育教育的重要载体与平台。我们在进行校园文化建设过程中要对学生进行德育教育,并将两者有机融合。首先,要发挥校园文化主体的积极性和能动性。教师和学生是校园文化建设的两大主体。一方面,积极引导组织学生参加形式多样、丰富多彩的校园文化活动,提高学生参与的广度与深度;另一方面,积极发挥教师的主体地位,加强教师在校园文化建设过程中的引领和指导作用。其次,加强校园人文环境的建设,不仅要加强对学生行为规范、校规校纪等方面的教育,同时还要不断提高教师自身的职业素养与人文素质,在德育教育中注重发挥老师的榜样引领作用,以和风细雨,润物细无声的方式给予学生更多的人文关怀,多听学生的心声,多做暖心之事。最后,积极开展丰富多彩的学生活动。在高职院校中,各类学生活动深受学生喜爱,学生的参与性和积极性都很高。在丰富多彩的学生活动中,贯穿了不少"立德树人"的素养,如感恩教育、环保教育、安全教育、人文关怀、创业创新活动等。同时,我们还可将职业道德教育充分融入各种学生活动中去,让广大学生在各种活动中充分感受职业氛围、职业文化,培育他们对专业学习的兴趣和动力,提升职业技能的水平,提升学生进一步熟悉社会,感知社会的能力,为毕业后能较快适应社会竞争打下一个良好的基础。

当前,我们国家社会经济发展正处于深刻变革之中,创新、协调、绿色、开放、共享的发展理念已深入人心。社会经济的转型发展对我们的高等职业教育提出新的、更高的要求。我们高职院校培养的人才,既会做职业化的事,也会做有精神追求的人,核心是厚德强技,基于社会主义核心价值观,恪守职业道德,追求理想信念,做一个新常态下的高素质技术技能型人才。

[参考文献]

[1] 王振洪. 厚德强技,提升高职院校思政工作有效性[N]. 浙江教育报,2015-10-09.

[2] 严金发. 创业教育要跳出创业看创业[N]. 中国教育报,2014-12-22(08).

[3] 匡瑛. 做有精神的人做职业化的事[J]. 职教通讯,2014(22).

[4] 于森. 立德树人视角下应用型高校大学文化建设的思考[J]. 长春工程学院学报(社会科学版),2013(2).

[5] 郭赞,刘向红. 高校思想政治理论课"立德树人"实效性探析[J]. 河北青年管理干部学院学报,2014(2).

以寝室文化建设促大学生文明素质养成路径研究

浙江金融职业学院　俞　婷

摘　要：寝室文化建设是高校育人工作和校园文化建设的重要组成部分，是培养学生良好行为习惯和文明素质的重要手段。本文以大学生寝室文化建设为切入点，阐述了大学生文明素质的主要内涵，对寝室文化建设进行了结构功能主义分析，并在此基础上探讨了加强大学生文明素质养成的路径方法。

关键词：大学生；寝室文化；文明素质

作者简介：俞婷（1985—　），女，汉族，云南昆明人，浙江金融职业学院人文艺术系学工办副主任，讲师，硕士研究生。研究方向：高校思想政治教育。

随着当代高等教育的快速发展、后勤社会化运作的推进和教学管理体制改革中班级概念的淡化，高校寝室日益成为大学生学习和生活的重要场所，是大学生真正意义上的"第一社会、第二家庭和第三课堂"。寝室文化是校园文化的折射，家庭文化的延伸，社会文化的浓缩。作为高校育人工作和校园文化建设的重要组成部分，良好的寝室文化是建设和谐校园文化、营造良好学习氛围和提升大学生文明素质修养的重要一环。寝室生活即是大学生实际生活情况的真实写照，寝室中大学生的日常行为表现在很大程度上体现着其文明道德素质修养，而在特定环境下形成的寝室文化又反过来影响着身处其中的大学生的行为习惯和文明素质。加强大学生的文明素质养成教育，首先要从营造良好的寝室文化为突破点，摒弃不良生活习惯作风，消除由此滋长的各种非文明现象，以寝室文化建设为契机，通过丰富多彩的寝室文化建设活动，培养大学生道德修养、行为养成、审美情趣、文明礼仪、人际关系处理能力等，使大学生的文明素质得到全面提升。

一、大学生文明素质的基本内涵

所谓文明素质是一个人整体素质的重要方面，是指人们的思想认识、语言方式、行为举止等与社会道德要求和文明行为规范相一致的程度。大学生的文明素质作为大学生个人综合竞争力中不可或缺的软实力，其不仅是高校德育工作的主要目标和育人成效的重要体现，而且是一个社会精神文明的综合指标，是提升全民族文明素质的辐射源。大学生文明素质主要体现在大学生对社会道德和校园公德的遵守程度，其内容涉及大学生的仪容仪表、言谈举止、社交礼仪、待人接物、文化素养、责任意识等多个方面，其主要包含以下几方面重要内涵：

（一）整洁的仪容仪表、优雅的言谈举止是大学生文明素质的基本要求和外在表现

整洁的仪容仪表和优雅的言谈举止能展示大学生良好的精神面貌和内涵修养。良好的文明素质是在日常生活中逐步培养起来的，是一种习惯力量驱使下自然流露出来的常态和自愿自觉的行为取向。加强大学生的文明素质养成首先要从日常抓起，从改进仪容仪表和规范言谈举止抓起。有些大学生仪容仪表过于邋遢随意，穿着打扮不修边幅或者与自己的

年龄身份不符;一些大学生不注意自己的言谈举止,缺乏人际交往最基本的社交礼仪常识,对待师长和同学缺乏应有的尊重和礼貌,待人接物不够大方有礼,与人交谈无趣无味甚至出言不逊;寝室卫生脏乱差,寝室中各种不文明现象屡屡发生。这些不良现象如今在大学校园里普遍存在并呈日渐增多趋势,抹煞着校园风景的同时不得不让人质疑当今大学生的文明素质修养。然而,有的学生却把这些不够文明的行为误认为是张扬个性的一种表达方式,这亟须高校思想教育工作者在日常工作中加强学生基本文明素养的教育,引导大学生摒弃不良生活作风,养成良好的文明习惯。

（二）积极的道德情感、正确的价值取向是大学生文明素质养成的内在动力和思想根源

道德情感是指大学生对道德伦理、处世原则的情感认同,积极的道德情感是一种追求真、善、美道德境界的积极情绪体验,它能激发学生心中向善的道德力量,并自觉将之转化为坚定的道德意志并付诸实际行动。价值取向是大学生对曲直是非、善恶对错的自我评判和行为选择,正确的价值取向决定着他们的选择方向和处世态度,也是决定大学生文明素质修养的思想根源所在。当前社会整体道德水准的下降和价值观念的扭曲对大学生产生的负面影响巨大,道德失范、信仰危机、价值多元化等不良社会现象让一直以来接受校园道德教育的大学生无所适从,其对社会和他人怀有的道德情感日益弱化,进而在行为上也随之表现出种种文明失范。因此,帮助大学生培养健康积极的道德情感和树立正确的价值取向能提升他们的成就感与社会认同感,对大学生正确的世界观、人生观和价值观的形成发挥着无法替代的重要作用。

（三）良好的文化素养和宽厚的人文情怀是大学生文明素质养成的前提基础和精神追求

文化素养的形成是在素质教育的基础上不断积累和沉淀的过程,不断领悟和践行的过程。知识的多寡、底蕴的深浅和品位的高低在很大程度上体现着一个人的文化素养,这些素养经过内化后自然而然转化为良好的文明素质修养。而人文情怀的灵魂是对人类生存意义和价值的关怀,它追求人生和社会的美好境界,以人的价值、感受和尊严为尺度推崇人的感性和情感,关注人的精神世界和内在品质。宽厚的人文情怀有助于大学生用更具使命感的情怀来关注自身的修为,为自己的行为赋予积极的意义。当前,很多大学重视学生的专业教育而忽视了人文素养教育,而这种缺乏人文素养、失落人文精神的发展是一种有缺陷的发展,其必然会导致学生内在修养的匮乏和精神世界的危机。加强文化素养和人文情怀的教育培养,是大学生文明素质养成的前提基础和精神追求。

（四）强烈的责任意识和荣辱观念是大学生文明素质养成的心理暗示和激励动力

责任意识是一种传统美德,一名合格的大学生应该有着强烈的社会责任感和历史使命感。同时,应该让大学生认识到,责任是一种发展自我的机遇,是一种发展自我的手段,是一份沉甸甸的担当。能知荣明耻,对自己的所作所为有清醒正确的认识,择其善者而从之,择其不善而改之。以文明修身为荣,以粗俗恶劣为耻,不断改正自身的不足,做一个讲文明懂礼貌的大学生。

二、大学生寝室文化建设的结构功能主义分析

寝室是大学生学习和生活的主要场所,学生除上课外,大部分时间是在寝室度过的,他们的休息娱乐、谈心交友、课余生活都离不开寝室。大学生寝室文化是一种以寝室成员为主体,以大学生寝室为空间,以寝室成员的课余活动为主要内容,以校园文化为主要特征的相对稳定的群体文化。[1] 因此,寝室文化会潜移默化地对大学生的文明素质养成产生重要的影响。良好的寝室文化有利于大学生的学习生活及其全面发展,有利于大学生保持良好健康的精神面貌,有利于大学生提高自身素质。

结构功能主义(structural functionalism)认为组织是具有一定结构或组织化手段的系统,组织的各组成部分以有序的方式相互关联,并对组织整体发挥着必要的功能。[2] 整体功能的发挥有赖于各子系统的相互协调平衡,寝室文化功能的充分发挥离不开科学合理的寝室文化结构划分。从结构功能主义的视角来看,完整意义上的寝室文化应该包括以下四个方面:

(一)大学生寝室物质文化

大学生寝室物质文化是一种实体存在,包括基本设施、整体布局、楼宇环境等,是大学生寝室文化赖以产生的物质基础。随着高校办学条件的不断提高,大学生寝室的物质条件越来越好,生活设施越来越人性化和便利化,这为加强寝室文化建设提供了良好的物质保障。此外,大学生寝室物质文化还是一种蕴涵一定审美水平和价值意向的物态文化,如寝室成员通过对寝室进行设计美化,使其带有强烈的个性化特点,充分展示出大学生的审美要求和精神风貌。

(二)大学生寝室制度文化

建立健全寝室各项规章制度是寝室文化建设的制度保障。大学生寝室的制度主要有两种形态:一种是正式制度,主要是学校相关管理部门为维护寝室正常运转制定的各项规章与条例,如寝室管理条例等;另一种是非正式制度,是寝室内部成员在长期交往中约定的或自发形成的一种行为规范,如寝室水电费支付制度、寝室卫生安排制度、寝室作息制度等。两种制度共同作用下形成了两种不同特点的制度文化。前者作用下形成的寝室制度文化是权威的、被动的、服从的,具有较强的约束作用,是全体大学生必须遵守的行为规范;后者作用下形成的寝室制度文化是自发的、主动的、约定俗成的,带有鲜明的个性化特征。两种制度文化共同对寝室成员起到行为约束调控的作用。

(三)大学生寝室行为文化

大学生寝室行为文化是寝室成员在寝室生活过程中行为方式的集合,是寝室成员生活作风、人际关系的动态体现,是寝室精神文化的折射。大学生寝室文化行为可以具体量化为各个方面的行为,也是大学生文明素质最直接的显现方式。例如,通过学生在寝室能否顾及

---

① 杜杰、管祥兵:《大学生良好寝室文化的教育功能及其构建》,《学校党建与思想教育》2009 年第 5 期,第 61 页。

② 刘园园:《大学生寝室文化建设的路径分析:结构功能主义的视角》,《科教导刊》(中旬刊)2010 年第 8 期,第 6 页。

别人的感受尽量不影响别人、是否能主动关心照顾室友、是否能积极完成寝室打扫和值日任务、是否会在小事情上与室友斤斤计较等行为表现可以大致推断出其文明修养水平。

（四）大学生寝室精神文化

寝室精神文化是寝室文化的深层表现形式，主要包括成员对寝室文化的情感认知、对寝室的认同感与归属感及在寝室生活中的价值取向。寝室精神文化是一种潜移默化的文化氛围，是寝室成员之间达成的精神共识，其以隐性的方式感染影响着其中的每一位成员。

上述大学生寝室文化的四个层次是相互联系、不可分割的，它们共同构成了完整的寝室文化。其中，物质文化是寝室文化的物质基础；制度文化是内在机制，是寝室文化建设的重要保障；行为文化是表现方式，是寝室文化的直接展现；精神文化是核心价值，起着精神凝聚和行动导向作用。唯有四种文化协调发挥作用，寝室文化的功能才能充分发挥作用；同样，寝室文化的建设也需要从这四个维度寻找突破口。

三、以寝室文化建设促大学生文明素质养成路径研究

（一）加强文明寝室建设，促进文明素质提升

文明寝室建设是提升寝室整体形象、营造良好寝室氛围、提升大学文化品位的有力举措，其重要意义已经得到了大家的普遍认可。在当前各高校积极创建文明寝室的新形势下，首先应当明确加强文明寝室建设要以提升学生的文明素质为前提基础，因为学生是参与、推动和决定文明寝室建设的主体，寝室的文明程度归根结底就是寝室成员的文明素养程度，成员行为美则寝室美。对文明寝室的考核评比，应把重点放在学生的品行修养和行为习惯方面，使学生树立文明礼仪意识，增强对寝室的归属感和认同感。加强文明寝室建设，即是摒弃不良生活习惯作风，消除各种寝室陋习，遏制不文明现象滋长，创造文明整洁的良好寝室环境，以此为契机使大学生的文明素质得到全面提升。其次，在文明寝室建设中教育管理部门应加大寝室基础设施投入和改造，在条件许可范围内逐步改善寝室硬件设施，给学生提供更好的居住条件。相对而言，在舒适明亮的寝室环境下，学生心情会因为人居环境的改善变得更加舒畅，同时也会因此更加爱护寝室公物，提升自身的文明素质。

（二）完善制度体系建设，建立寝室育人长效机制

完善的制度体系包括正式和非正式制度建设，其分别从显性和隐形、宏观和微观两个层面共同约束和规范大学生的寝室文明行为，二者在寝室制度建设中发挥着各自不可替代的作用。首先，需要建立健全已有的正式制度，把寝室生活涉及的方方面面均纳入正式制度建设的范围，强化正式制度的规范性、系统性和针对性，营造良好的寝室制度文化，并在整体制度设计的框架下设置实施学生寝室文明行为量化考核办法，例如《文明寝室建设考核办法》《寝室管理条例》等具体文件，引导学生养成良好的生活习惯和文明行为。其次，要重视非正式制度建设的有效作用，通过这只看不见的手使学生在潜移默化中自觉自愿规范行为习惯。非正式制度虽然不具有正式制度强有力的约束效应，但其更能体现学生的真实意愿和文明素养，是一种群体约定俗成的共同行为选择。教师应引导各个寝室制定相应的寝室公约和文明准则等非正式制度，并要求寝室成员共同遵守和相互监督，正式与非正式制度合力形成寝室文化育人长效机制。

（三）开展寝室文化活动，营造寝室文明风尚

随着高校寝室日益成为大学生学习和生活的重要场所，开展寝室文化活动已成为深化大学生第二课堂的重要载体。寝室文明风尚并非朝夕之间即能形成，而需要借助环境的影响、氛围的营造和活动的设计。高校要紧紧围绕提升学生文明素质这一主要目标，有组织、有计划、有针对性地设计和开展寝室文化活动，主动占领寝室这一重要阵地，将寝室文化活动贯穿到学生日常寝室生活中，巧妙地将活动内容与文明素质相结合，依托各类活动为教育载体，充分发挥寝室文化活动的教育、引导和凝聚功能，从而进一步丰富寝室文化生活，深化寝室文化建设，促进文明素质养成，营造文明雅致的寝室新风尚。在此过程中，可以结合学生的专业特色、人才培养目标和学生特点，开展特色品牌文化建设，定期检查寝室文化建设情况，建立寝室文化长效育人机制。

（四）开展文明行为评比，量化考核文明行为

建立寝室表现与个人考核密切相关的考核制度，使学生的考核管理直接与学生在寝室的行为表现挂钩，如学生的寝室安全用电情况、卫生情况、寝室文化氛围等，并以学生在这些方面的表现作为综合考评的重要参照之一。实施学生寝室文明行为量化考核办法，例如《文明寝室建设考核办法》《学生寝室管理条例》等具体文件，对学生在寝室的文明和非文明行为进行说明限定并制定相应的奖惩措施，用量化手段规范学生的文明行为，久而久之便可使学生养成良好的文明习惯。对于脏乱差的寝室和文明行为习惯较差的学生个人，给予批评教育和重点关注。同时，通过"文明寝室"和"寝室标兵"等评比活动积极开展文明行为评比，以评促建、以评促改，评建结合。对于在评比活动中涌现出来的闪光文明言行进行宣传表彰，树立文明先锋岗，大力开展文明素质教育，形成人人争做文明学生的良好风气。

[参考文献]

[1] 张洪振,李晓燕.当代大学生文明素质问题探讨[J].学校党建与思想,2011(33).

[2] 杜杰,管祥兵.大学生良好寝室文化的教育功能及其构建[J].学校党建与思想教育,2009(5).

[3] 瞿明勇.高校寝室文化的功能分析和整合[J].中国高等教育,2010(21).

[4] 李韫伟.学生寝室文化建设初探[J].湖北省社会主义学院学报,2011(8).

[5] 刘园园.大学生寝室文化建设的路径分析:结构功能主义的视角[J].科教导刊(中旬刊),2010(8).

"雪亮的眼睛"

——论创新民主评议在贫困生认定中的重要作用

南京交通职业技术学院　王克俭

摘　要：贫困生认定工作是资助工作的主要内容,由于认定结果与资助力度直接联系。为了体现教育的公平性和资助工作的实效性,认定结果的准确性在贫困生工作中占有重要地位,也是资助工作的难点。创新民主评议通过多角度、多方式的民主评议,帮助贫困生认定工作解决认定结果准确性,完善认定手段,监督认定过程,同时建立大学生共同参与的认定良性环境,构造责任、诚信与公平的资助环境。

关键词：民主评议；贫困生认定；创新

作者简介：王克俭(1982—　　),女,汉族,南京交通职业技术学院思政讲师,硕士。研究方向：资助育人。

贫困生认定工作是高校资助工作的前提和基础,其准确性直接关系到资助工作的实效性,也是国家助学资金投入能否高效利用的关键。几十年来,我国各高校的贫困生认定工作一直以个人申请、出具相关证明材料、资格审查、集中评议四个步骤组成,传统的认定程序受到了社会、学校不良表现的考验。如：由于相关民政部门责任感的缺失或村干部的人情观念,贫困证明材料可信度不高,学校也无力逐一核实,无权追究责任；由于大学生价值观的偏差,出现伪造贫困证明,恶意竞争国家助学金等现象。都表现出了传统认定办法存在标准不明确、准确性低、可操作性不强的不足。贫困生认定的准确性成为资助工作的难点和关键点。近年来,部分高校提出并尝试了民主评议、家庭走访等方式,改善贫困生认定程序的不足,也收获了切实的效果,确实提高了贫困生认定的准确性。因此,我们应该更深入、更广泛地针对贫困生认定工作准确性提高的研究,提出经济方便、投入少、切实有效的对策,完善贫困生认定程序,推进资助工作实效性的提高。

一、创新民主评议的积极意义

民主评议环节的提出,使大学生参与到认定工作中来。目前各高校将民主评议环节放在贫困资格审查后,由班级为单位,组织部分学生组成评议小组,以座谈的方式讨论班级贫困生日常生活、学习表现。既能较真实地反映贫困生经济情况,又能起到监督的作用。这种方式人力、经济、时间投入少,操作性强,更有效提高了贫困生认定的准确性,优化了国家助学金的分配和使用环境,实为资助工作中的"雪亮的眼睛"。创新民主评议,继续推进其解决贫困生认定工作难题,具有重要意义。

(一)创新民主评议是解决贫困生认定难题的有效对策

高校资助工作一直受到贫困条件真实认定和贫困等级划分准确性的困扰。利益的驱使使有些大学生以伪造贫困证明、虚假描述家庭情况等不诚信行为来争取国家助学金；另一方面,有的高校审查手段单一,人力投入少,甚至为求"公平"全班均分国家助学金。这些现象严重扰乱了资助工作的助学积极性和国家资助投入的真正意义,也影响了大学生思想政治素质的培养,让不良风气毒害了他们。教育部门和高校投入的监管虽然有效,却不能完全遏制这种现象的出现,甚至"上有政策、下有对策",一时难以明确判断是非。创新民主评议将贫困生认定方向从贫困证明的核实转移到贫困大学生实际生活表现监督,找到抓手,提高准确性。同时加强监管,各高校、各院系、各班级自成一套评议系统,监管持续不停,面积广、无死角,能有效反映贫困生真实情况与资助相关问题,是解决贫困生认定难题的有效对策。

(二)创新民主评议继续发扬了改革方式投入少的优点

资助工作在高校的学生工作中占有重要地位,有专门的负责部门和负责人,各院系也有负责的辅导员和教师。但是,因为资助工作的阶段性和高校人力资源的配备有限,人力投入很难做到专项和全面。创新民主评议是组织大学生参与到资助工作中来,为资助工作增加力量,并且几乎没有经济投入,继续发扬了资助工作改革方式投入少的优点。

(三)创新民主评议同时具有育人功能

大学生参与的创新民主评议,在工作中赋予了他们权利与义务,也随之建立了他们的社会责任感和主张公平公正的公德心,是德育工作实践的转化,具有育人功能。

(四)民主评议创新形式与内容,是资助工作精细化的表现,扩展了资助工作思路,灵活了资助项目监管

从形式与内容上拓展的创新民主评议,它的提出,是进一步深入思考资助工作方法的产物,不仅拓展了资助工作的思路,也灵活了资助工作中各项内容的监管。在灵活的方式中加强了监管,势必会推动资助工作的精细化发展。

二、创新民主评议的具体内容

(一)评议小组数量增加,各司其职

创新民主评议首先从评议小组的数量上有所变化。各评议小组成员选择条件各不相同,工作时间、方式也不同,各自独立,各司其职。具体评议小组包括以下四种:

第一,以院系为单位成立评议领导小组,主要由资助工作负责老师、班主任及班级部分学生干部组成,负责贫困生认定工作各步骤的进行及良性环境的建立。小组成员要有一定的思想高度和工作能力,认真负责认定工作,不马虎,不推卸,不逃避。对工作中出现的问题能及时、高效地处理,执行力强,能领导下属评议小组或相关人员圆满完成认定工作。同时制定严格的领导小组管理办法,从自身出发,秉承公正,建立良好的工作环境,真正起到领导作用。为保障创新民主评议工作的可持续性,对工作中表现出不负责任、不按原则、不诚信甚至违规情况的人员,要立即批评处理,建立诚信黑名单,3年内不予任用,对工作中表现突出,能力较强,认定工作高效完成的成员,给予绩效鼓励。

第二,以院系为单位成立贫困界定评议小组,主要由各班级一到两名学生组成,成员中贫困生与非贫困生比例要相当,家庭所在地尽量包括各省各地区。贫困界定小组的任务是每年一次对贫困线的界定。主要评议依据有本校大学生平均生活水平,各省各地区学生生活基本水平,奢侈品界定,贫困线具体内容评议。各院系评议结果最后由学校资助中心统计确定。从大学生的角度出发,观察大学生现实生活,尽量将贫困界定线具体化,方便贫困生认定工作的观察和监管,提供较准确的标尺。每年一次的动态评议,也顺应了社会的发展和

生活水平的变化,找准贫困生认定工作的实际落脚点,提高认定工作的准确性。

第三,以班级为单位成立贫困等级评议小组,成员比例在班级人数的20%~30%,女生与男生比例各不少于20%,班干部占小组全体成员的比例不超过30%,尽量包括班级各寝室成员,贫困生不能参与评议,有不诚信行为记录的或与贫困生申请者有明显矛盾或利益关系的不能参与评议。贫困等级评议小组主要任务是根据大学生的生活、在校情况,同时依据学校的贫困界定条件、贫困生培养方案等对贫困生申请者进行不困难、一般困难、困难、特困四个等级的评议。小组成员与申请者是同班同学,甚至共同生活在一个寝室,对其生活、学习均能较真实的反映,有了准确具体的贫困界定和行为规范,对贫困生等级的认定准确性较高,可操作性强。这个评议小组也是传统的评议小组,创新民主评议建议小组成员的比例与范围要按要求严格选择,并尽量选择责任感强,原则性强的学生。

第四,以院系为单位成立贫困生认定工作监管评议小组。成员由各班级贫困生及两名非贫困生组成。监管评议小组任务是对领导评议小组工作进行评议,包括资助政策的宣传力度、贫困生认定工作的公平性、国家助学金分配及贫困生思想教育水平等。监管评议小组与评议领导小组成员不能有重复、交集;监管评议小组评议程序可由院系资助工作负责人主持,结果上报学校资助中心;监管评议小组也可直接由学校资助中心负责,对院系资助工作情况也进行评议。资助工作需要高度的公平与透明,监管评议小组的组成,是促进资助环境良性发展的有力帮手。

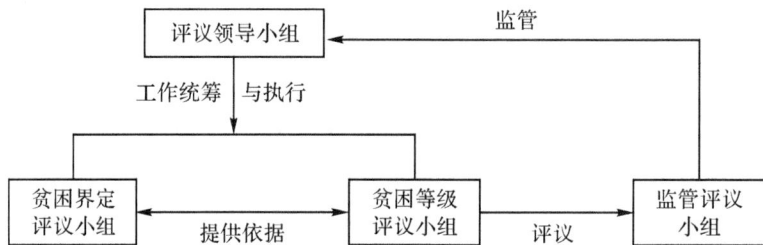

图1 创新民主评议小组构成

四种评议小组互相关联,相互制约,形成循环,促进资助环境良好发展。

(二)评议内容增加,全方位推进贫困生认定工作准确性

创新民主评议的内容较原始的民主评议更全面。民主评议领导小组的工作内容主要是贫困生认定整体工作的安排和执行,包括相关通知的宣传、相关人员的组织,具体任务的执行及结果的收集和整理。贫困界定评议小组的工作内容是对贫困线的界定,动态、比较评价贫困,是更科学、更准确的认定参照条件。监管评议小组的主要任务是对整个认定工作的监管,包括民主评议小组工作效果、操作规范、责任心、精力投入等内容,使整个认定工作各环节有序进行,相互制约,及时得到反馈,发现问题。创新民主评议扩展内容完善了贫困生认定工作程序,让大学生全方位参与认定,评价认定工作和结果,提高了认定结果的准确性,也增强了大学生的责任感、主动性和监督意识,提高了他们分析问题和组织的能力。

(三)评议形式多样化,监管不停顿

在形式上,创新民主评议也有很多改善。民主评议领导小组主要采用会议形式,将贫困生认定工作各环节任务进行传达;贫困界定评议小组在对贫困线的具体表现讨论时,主要采

用座谈、问卷、投票等方式,给予轻松、宽松的环境促进群众的畅所欲言,广泛征集建议和看法,提高贫困界定表现的公众认可度。而监管评议小组同样也需要成员的实话实说和全面评价,除了采用座谈、问卷等形式之外,还应增加微信、网络评论等平台,直接、随时与学校资助中心交流,保护学生隐私,对资助工作真正监管不停顿。

(四)创新民主评议的几点注意

考虑到贫困生的隐私问题,民主评议工作方式应该细致体贴、赋予人道、人性内涵,真实反映贫困生日常生活、在校表现的同时,要把握评议程序和环境,对评议成员表现出的嘲笑、蔑视、嫉妒等情绪及时发现,及时制止调整,营造善意、友好的环境进行评议。对评议结果,不易大范围,全班或全系公示,可在贫困生中或评议小组中小范围公示。对于评议工作发现的问题,要切实解决,对违规人员严厉处理教育,展现工作严肃性;对于工作方式合理、认真负责、效果显著的评议成员,也要给予一定的绩效奖励。奖惩分明,推动资助工作良性、有序发展。

三、贫困生认定工作中的创新民主评议

原有的贫困生认定工作分为学生申请、提供贫困证明、班级审查、民主评议、院系审查或公示五个步骤。民主评议环节主要在班级审查贫困证明后,由班级组织一定比例的同学,对申请人员进行平时生活和在校表现的评议。创新民主评议在形式和内容上,都进行了扩充与完善,具体程序安排也合理嵌入贫困生认定工作。

(一)贫困生申请、提供贫困证明、成立民主评议领导小组

高校资助工作每年都会进行贫困生认定工作,新生首先需申请认定,时间一般在6月下旬。在学校领取《贫困生申请表》,填写自己相关情况,暑期回家庭所在地民政部门盖章,同时准备家庭户口复印件与相关贫困证明。在9月初开学时,贫困生申请材料收集和整理、归档。此时,成立民主评议领导小组,明确成员工作责任和内容,准备贫困生认定工作的部署和实施。

(二)成立贫困界定评议小组、班级审查贫困证明、成立贫困等级评议小组

成立贫困界定评议小组,讨论和评议当年的贫困界定条件。各院系评议结果上报学校资助中心汇总,确定具体界定条件,发文通知各院系参照执行。院系各班级在初步审查贫困证明资料后,成立贫困等级评议小组,对贫困资料完整、基本符合条件的同学进行贫困等级的评议,记录结果并将评议过程留档,相关资料上报院系资助工作负责人。

(三)院系审查评议结果、建档、成立监管评议小组

院系资助工作负责人统一审查贫困生认定工作程序和相关资料,结果后,建立贫困生档案。院系成立监管评议小组,对评议结果、认定工作、贫困生日常表现等内容不间断监督管理。及时了解贫困生情况,随时更新贫困生档案,微调培养计划。了解资助工作情况,及时发现问题并解决,保证资助工作环境的良性发展。

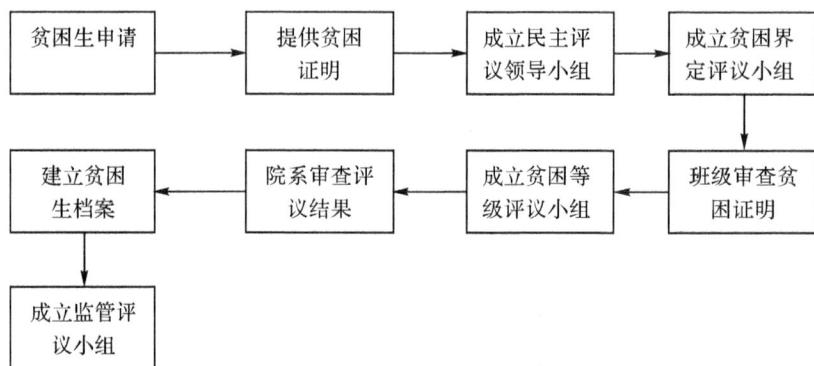

图 2　贫困生认定工作步骤图

四、小结

创新民主评议从贫困生认定工作的执行出发,增加贫困界定条件评议和资助工作监管评议内容,采用多种评议方式真实、全面探究贫困生家庭经济状况,鼓励大学生主动参与认定工作,建立良性资助环境,监督促进资助工作规范进行,也合理保护了贫困生隐私和心理脆弱点。实践中,创新民主评议拓宽了资助工作思路,合理嵌入贫困生认定工作程序,催化提高认定结果的准确性,大力解决了贫困生认定传统难题,推进了资助工作实效性提高,为各高校资助工作开辟了新天地。

[参考文献]

[1] 王晓三,薛深.高校民主评议贫困生制度评析[J].法制与社会,2007(2):553—555.
[2] 许若兰.高校贫困生心理健康教育模式的设计与实施[J].中国青年政治学院学报,2001(2):23—26.
[3] 徐晓军.权利与义务对等的高校贫困生资助模式探讨[J].人文杂志,2004(2):166—170.
[4] 张晓明,用参与式方法界定高校贫困学生初探[J].教育财会研究,2004(2):28—31.

"七年制贯通培养"的德育工作路径探析

北京劳动保障职业学院 崔文达 贾先川

摘 要:"七年制贯通培养"是构建现代职业教育体系大形势下出现的新生事物,要在七年时间对学生完成中学、中高职和应用型本科教育。贯通培养期间正是学生世界观、人生观、价值观形成、发展的关键时期,要理顺"分段培养"与"贯通培养"、基础教育与职业教育、内部评价与外部评价三组关系,科学设定德育目标,整体规划德育内容,有效衔接各教学阶段,开展综合评价。

关键词:贯通培养;职业教育;德育;衔接

作者简介:崔文达(1971—),男,汉族,河北任丘人,北京劳动保障职业学院学工部主任,硕士研究生。研究方向:思想政治教育。贾先川(1987—),男,汉族,河南南阳人,北京劳动保障职业学院讲师,硕士研究生。研究方向:法治教育。

为了适应产业结构优化升级对高端技术技能人才需求的形势,提高职业教育人才培养层次,探索职业教育精英培养模式,搭建职业教育人才培养的"立交桥",2013 年,山东省率先启动了"3+4"中本贯通培养试点;2014 年,上海、海南、河北等省市相继试点"七年制贯通培养";2015 年,北京市正式推出"2+3+2"高端技术技能人才贯通培养试验项目。虽然各省市的具体政策可能存在或多或少的差异("3+4"或者"2+3+2"),但具体的操作路径并无二致。简单来说,"七年制贯通培养"主要是面向符合中考升学资格的初中毕业生,将中学、中高职和应用型本科教育三阶段联通,学生毕业可以直接拿到本科学历的高端职业人才培养项目。

一、"七年制贯通培养"的德育工作现状

(一)地位重视不够

学校是德育的主阵地,虽然德育课在各级各类学校教育中始终被放在意识形态教育的高度,国家和教育行政部门也出台了许多德育工作文件,但就实际情况来看,学校德育的首要地位并没有落到实处,日常教育教学中不重视德育的现象普遍存在。中学教育的传统是唯分数论,德育对于升学意义不大,自然在学校工作中得不到应有的重视。相对而言,高等教育更为重视德育工作,但与专业课相比,无论是教师还是学生,普遍存在一个德育课实用性不强、学了没用的认识误区,使得德育课被边缘化,也进一步导致德育教师、辅导员等德育骨干力量在教师队伍中地位偏低,极大地影响了德育工作的开展。"七年制贯通培养"虽然在一定程度上缓解了升学的压力,为素质教育的实施提供了可能,但就职业教育的目标定位而言,学校重视德育教学依然缺乏内在动力。在这样的大环境下,对德育教学地位重视不够的现实依然没有改变。

(二)目标定位模糊

科学的德育目标定位要符合实践性、社会性和个体性的标准。实践性要求德育不能脱离实际,要来源于日常生活,忌假大空;社会性要求德育适应社会发展需要,符合主流价值

观;个体性要求德育适应学生身心发展特点,满足个人健康成长成才的需要。一般来讲,在学生成长的不同阶段,德育目标侧重不同,但德育的核心灵魂应当贯彻。"七年制贯通培养"跨越了中学、中高职和本科三个教育阶段,每个教育阶段学生的心智成熟、思想实际、个性特点、接受能力都有很大的差异,但其德育目标仍然是不同教学阶段原有德育目标的简单叠加,缺乏整体规划,欠缺清晰的总体目标定位。

(三)内容体系有待完善

完善的德育内容体系应当是由思想道德教育、意识形态教育、科学文化教育、法治教育、心理素质教育、职业素养教育等组成的一个有机联系的整体。但无论是中学、中高职还是本科,德育课程内容都侧重于意识形态教育和思想道德教育,忽视法治教育、心理素质教育和职业素养教育。即使是意识形态教育和思想道德教育,也因为教学内容脱离实际、远离生活而不能真正使学生内化于心外化于行,德育教学收效甚微。"七年制贯通培养"的德育教学虽然在中职和高职教育阶段都能够突出职业道德教育的特色,但对于法治教育和心理素质教育仍然重视不够。应当说,一个高端技术技能型人才首先要具备健康的心理素质,其次也应当具备法治国家公民所应当具备的基本法律素养。此外,"七年制贯通培养"建立在分段培养的基础上,不同教学阶段因办学理念、培养目标的差异而使德育内容重复、遗漏、断裂等问题更突出,更遑论实现不同学段德育内容的有效衔接了。

(四)评价方式虚化

评价是教育教学的重要环节,对教学改革具有导向作用。然而,在德育教学的评价方面,无论是中学、中高职还是本科阶段,都存在着评价机制形同虚设,无法对德育教学进行有效反馈的情况。评价方式的虚化在一定程度上也影响了不同学段德育工作的有效衔接。就目前而言,"七年制贯通培养"德育教学最主要的评价方式依然是考试,但在学生的职业目标被过早定位的情况下,由于德育课不是专业课,使得学生从内心深处缺乏兴趣,从而轻视德育课。平时德育课能逃则逃,考试前借笔记背几道题,再加上结业考试多半是开卷考试,即使是闭卷考试,死记硬背也可以轻松过关,这便是学过这门课了。然而,在考试评价机制下,德育教学效果的好坏又取决于学生考试成绩的高低,考试成绩高等同于学生思想道德水平高;而考试成绩低则说明学生的思想道德水平低,这显然是荒谬的。可以想见,唯成绩论而未将学生的学习态度、思想道德修养和日常行为表现等列入评价范畴,显然不能准确反映德育工作的真实效果。

(五)衔接机制缺失

虽然教育部门明确了不同教学阶段的不同德育目标,但长期以来,中学德育、高职德育和本科德育仍然处于条块分割、各自为政的状态,相互之间缺少交流渠道,缺乏衔接意识,中学欠缺对高职和本科德育情况的预测和铺垫,而高职和大学则欠缺对中学德育信息的反馈和掌握。国家和教育行政部门也没有采取必要的措施推动德育衔接工作,更没有形成一个促进德育衔接的长效机制。这两方面的原因直接导致不同层次教学阶段的德育工作难以形成合力。就实际情况来看,"七年制贯通培养"的德育工作仍然是依靠中职、高职、应用型本科高校的力量,抑或是借助于重点中学的师资,各所学校都只顾本学段的培养,按照固有的教学模式开展德育工作。在贯通培养机制下,虽然不同教学阶段的德育合作和交流变得更为便捷和频繁,但长效衔接机制的缺失,仍然制约着德育效果的最优化。

二、"七年制贯通培养"下"德育贯通"需要理顺的三组关系

(一)"分段培养"与"贯通培养"的关系

无论是"3＋4"还是"2＋3＋2","七年制贯通培养"实际上实施的是"分段基础上的贯通"与"贯通指导下的分段"相结合的培养模式,其目的在于凝聚"分段"与"贯通"的合力,突出人才培养的专业化和全程化,这就需要理顺"分段培养"与"贯通培养"的关系。一方面,"贯通培养"强调的是无缝对接,要求德育课程目标、教学内容在整个培养过程的一体化设计。这就需要参与贯通培养的中学、中高职和本科院校在教育行政部门主导下,按照贯通培养的目标要求对原有德育课程体系进行大刀阔斧的改革,使德育课程目标设置、内容布局、评价机制达到贯通的效果。另一方面,"分段培养"对应不同的教育层次,每个阶段学生的认知水平、接受能力不同,德育课程目标也应有所不同。"德育贯通"应当遵循人才培养基本规律,在强调内容体系贯通的同时,不能忽视各个教学阶段的相对独立性。从这个意义上讲,"七年制贯通培养"既要设计德育培养的总体目标,又要将总体目标细化为不同培养阶段的阶段目标。

(二)基础教育与职业教育的关系

就目前来讲,无论是国家层面还是试点省市层面,都没有出版针对"七年制贯通培养"的专门德育教材,教育主管部门也没有下达统一的德育工作要求,各试点省市仍然是沿用相应教学阶段既有的德育教材。就操作情况来看,这种德育模式强调职业道德教育有余而对思想道德教育重视不足,难以满足"贯通"的人才培养需要。一方面,"七年制贯通培养"所招录学生的基础教育成绩要远高于传统中职学生,经过中高职阶段培养后的学习能力和学业基础要能够满足本科阶段学习的需要,且学生毕业后的整体受教育水平应当能够达到甚至超越普通本科毕业生的层次,这就对德育工作提出了更高的标准和要求;另一方面,"七年制贯通培养"的定位是培养高端技术技能型人才,在德育工作中就要尊重职业教育规律,突出职业教育特色。现代职业教育的目标是培养"德技双馨、全面发展"的高素质技能型专门人才,注重职业价值观的塑造和职业道德素养的提升。因此,"七年制贯通培养"的"德育贯通"需要理顺基础教育与职业教育的关系,既要将职业教育特色贯穿于整个培养过程,又不能忽视基础德育功能的发挥。

(三)内部评价与外部评价的关系

如前所述,当下中学、中高职和本科阶段无论是对教师教学活动的评价还是对学生学习成果的评价,或者是依靠学生给教师打分或者是依靠教师对学生打分,归根结底还是唯分数论,是一种单一的内部评价方式。即使在职业教育现代化的今天,各类高职院校开放办学,积极开展工学结合、课证融合等与市场人才需求紧密对接的校企合作办学活动,企业和行业等社会力量参与教学和评价的范围仍然局限于学生的专业知识掌握和专业技能训练情况,而对与学生综合职业能力密切相关的职业道德、职业素养和心理素质等德育教学评价的影响却微乎其微。德育教学与职业教育的一个很大共性在于强调"知行合一",这就需要德育教学评价回归学生的职业能力,教学效果经得起实践的检验。具体来说,在评价主体方面,"七年制贯通培养"要积极引入外部评价机制,借助企业、行业、社会力量参与教学和评价;在评价内容方面,要涵盖学生课堂表现、日常行为、顶岗实习、职业素养等方面。因此,"德育贯

通"要理顺内部评价与外部评价的关系,充分重视并发挥外部评价在德育实效评估中的地位和作用。

三、"七年制贯通培养"的德育有效路径

(一)一体化的目标设计

"七年制贯通培养"应当在高职、应用型本科的培养目标、培养规格上有所突破,而不能简单等同。各试点省市出台的政策在具体表述方面可能略有差异,但大都将"七年制贯通培养"的目标定位描述为高端技术技能型人才。所谓高端技术技能型人才,可以通俗理解为高水平的技能型人才,这一群体应当具备正确的政治方向、高尚的道德情操、健康的心理素质、深厚的文化修养、优秀的职业道德、精湛的技术技能、不断学习和创新的能力等,这就决定了德育工作的目标和方向。具体来说,"七年制贯通培养"的德育工作要以高端技术技能型人才培养目标为出发点和归宿,将现有的《普通高中思想政治课程标准》和高校思想政治理论课程目标进行有机整合,确立以思想道德修养和科学文化素养为基础、意识形态教育为方向、职业素养教育为主线、心理素质教育和法治教育为补充的一体化德育工作总目标,并根据不同培养阶段学生的学习和认知能力,将总体目标进一步细化,确定不同学段的具体课程目标。

(二)层次化的内容布局

不可否认,学生的成长是分阶段的,但学生成长的不同阶段并不是断裂、孤立的,而是呈现出连续性、动态性的特点。"七年制贯通培养"跨越了学生从未成年走向成年的两个阶段。因此,"德育贯通"应当是一项系统工程,需要合理安排内容布局。具体来说,在中学或者中职阶段,要侧重于思想道德修养和科学文化素养教育,教学内容安排要贴近学生实际生活,通过生活中的实际例证,培养学生的人格魅力、健康心理和法治常识,培养学生独立自主和自立自强的品格,注重学生良好行为习惯的养成,促进学生身心健康发展,为后续教育做好铺垫。在高职阶段或者应用本科阶段,注重理论与实践相结合,引导学生知行合一,一方面帮助学生树立正确的世界观、人生观、价值观,提高学生独立分析问题和解决问题的能力;另一方面以职业为导向,加强职业道德和职业素养教育,提高学生职业能力,为学生更好地融入社会、适应工作岗位打下基础。因此,"七年制贯通培养"德育课教材编写应由教育行政部门牵头,中学、中高职、应用型本科高校的德育课教师共同参与,系统整合,实现德育内容的层次化布局。

(三)系统化的衔接机制

"七年制贯通培养"需要分段实施,因而不同教学阶段的有效衔接就显得尤为重要。从这个意义上讲,"德育贯通"的实现离不开"四个有效衔接":

一是课程目标的有效衔接。无论是"3+4"还是"2+3+2"模式,德育课程目标都应当遵守"前一阶段打基础,后一阶段做深化"的规律。具体来说,中职或者中学阶段德育目标是帮助学生初步了解马克思主义理论基本立场和观点,初步掌握认识问题、分析问题和解决问题的能力;高职或者应用型本科阶段德育工作要在前一阶段目标实现的基础上,引导学生主动运用马克思主义的立场、观点和方法去观察、分析和解决现实社会中的实际问题,形成科学的世界观、人生观和价值观。总之,前后两个阶段的德育课程目标要在育人的主线上实现递

进式衔接。

二是课程内容的有效衔接。马克思主义认识论指出,人们先是在实践中获得感性认识,继而在感性认识的基础上抽象出理性认识,德育工作也要遵循这一基本认识规律。换言之,"七年制贯通培养"的德育课程在"分段"方面的内容安排要符合各学段学生思想认识发展层次,课程内容安排要循序渐进,层层深入,环环相扣,符合阶段性和连续性的原则,先从具体生活中的现实问题入手,再逐步推进,从而形成系统的理论体系。

三是教学方法的有效衔接。教学方法的选用在很大程度上制约着教学效果的实现。"七年制贯通培养"德育实效的增强需要在教学方法上贴近学生、贴近生活、贴近实际、贴近职业,并贯穿于贯通培养的全过程。贴近学生强调关注学生现实需要,贴近生活强调联系学生日常生活,贴近实际要求紧跟时代步伐,贴近职业要求突出职业教育特色。"四贴近"教学方法密切联系实际,能够极大地调动学生学习积极性,提高课程感染力,在贯通培养过程中促进不同学段的有效衔接。

四是评价机制的有效衔接。如前文所述,在分段培养模式下,中学、中高职和本科学校德育工作条块分割,难以实现德育教学的体系化,很大程度上是因为不同学段德育评价机制没有实现有效衔接。在"七年制贯通培养"下,可以尝试建立学生个人德育档案。学生在前一学段所学习的德育内容、知识点的掌握程度以及日常行为表现等都可以记录在个人德育档案。这样后一学段的德育教师能够准确把握学生的思想道德状况,合理安排德育教学内容和进度,为开展有针对性的德育教学提供依据,实现不同学段德育工作的有效衔接。

（四）多元化的评价方式

职业教育之所以能够被定性为一种教育类型而不是简单的教育层次,很大程度上是因为现代职业教育能够以市场为导向,开展工学结合的办学模式,真正实现人才培养与岗位需求的无缝对接。因此,职业教育的评价方式往往是多元的。一方面,学校可以参考学生的考试成绩以及日常行为表现对学生德育学习成果进行评价;另一方面,企业导师、顶岗实习单位和用人单位也可以参与学校的教学和考核,对学校的德育教学成果和学生的德育水平进行评价反馈。在很多情况下,第三方的评价往往更能够为教育行政部门和学校层面所认可。"七年制贯通培养"归根结底是要培养高端职业人才,应当以职业为导向,以岗位需求为标准,参考和借鉴高职教育多元化的评价方式,引入社会力量参与评价,践行"知行合一"的职业教育理念。具体来说,教师、同学、企业导师、顶岗实习指导教师、用人单位、同事等都可以作为评价主体,学生的考试成绩、学习态度、品德表现、职业能力、职业素养、职业道德、人际关系等都可以作为评价内容。总之,"七年制贯通培养"的德育评价方式应当是多元的、开放的、全面的。

"七年制贯通培养"作为一种新型的高端职业人才培养模式,需要系统化的方案设计。其德育工作也要敢于打破固化思维的藩篱,探索符合人才培养需求的有效路径。

[参考文献]

[1] 梁家峰."2+3+2"高端技术技能人才贯通培养的思考与实践[J].北京教育:高教,2015(9):21.
[2] 茌良计、李俊平.中高职贯通德育课程体系一体化的必要性及其途径[J].职教论坛,

2015(5):42.

［3］刘振海,胡修江."3＋4"中职与本科分段贯通培养课程的一体化设计——以山东省为例［J］.职业技术教育,2014(6):29.

［4］阳华.论中高职衔接德育课程体系的构建［J］.西昌学院学报:社会科学版,2014(1):100.

［5］周灌中,宋士福.职业院校与本科高校对口贯通分段培养探析［J］.职教论坛,2015(12):31.

心理视域下的高职院校道德教育管窥

——以敬畏教育为例

浙江建设职业技术学院　左玮玮

摘　要：当前,高职院校道德教育是大学生在成长、成才、成人过程中非常重要的组成部分。本文主要分析了现代高职院校道德教育过程中存在的"三大误区",探析了高职院校道德教育存在问题的四大心理诱因,拟通过实施敬畏教育的三个维度来引导优化高职院校德育工作,并从"知情意行"四个方面做出相关探索,促进大学生人格的健全和完善。

关键词：心理视域；高职院校；道德教育；敬畏教育

作者简介：左玮玮(1983—　　),女,汉族,山西长治人,浙江建设职业技术学院助理研究员,硕士研究生。研究方向：高等教育。

当前,我国正处于社会转型期,经济的快速发展、生活方式的变革,各种新思潮、新舆论冲击着大众的思想,由精神家园失落所导致的时代话题也甚嚣尘上,这些因素不仅使大学生面临前所未有的发展机遇,同时也使他们陷入一种前所未有的困惑。如何重构青年大学生的精神家园,提高高职院校德育水平,成为迫在眉睫的一项课题。从笔者几年来的教学及学生工作的经验来看,之前发生的药家鑫、李启铭、马加爵等事件,高职院校里学术的剽窃、考试的舞弊、学生随意旷课逃课等都与学生敬畏意识的缺失相关。

一、高职院校道德教育存在的三大误区

(一)道德教育存在背离化的倾向

当前,高职院校德育"得德背离"现象屡见不鲜。在中国传统文化要义中,"道德"和"得道"是相通的。如,孟子"得道者多助,失道者寡助"中提到的"得道"与"失道";而道德是一个非常抽象的词语,往往说到道德,就会与意识形态、思想品质等方面牵扯在一起。比如,一个个体、一个集体、一个国家,一旦不遵守道德,其后果将非常危险。道德是一种品质要求,而得道是品质所达到的高度。在社会大变革的背景下,高职院校德育也受到了多方面的诘问,"得德"背离的现象时常见诸报稿,成为社会所关注的一个热点问题。比如：高职院校付诸的德育努力、理想道德追求与不良的社会风气之间的反差太大,以互联网为代表的自媒体时代的影响力日益增强、来自家庭和社会的舆论压力使高职院校德育教育的中心地位面临着强有力的挑战,学校教育也陷入了"经济主义"的怪圈,等等。

(二)道德教育存在片面化的倾向

一般而言,人的心理和道德是有机联系在一起的。心理是指个体对外在客观世界的主观反映,道德是指人们生活和行动的规范和准则。不论是政治化的道德教育,还是道德化的政治教育,无可否认,在高职院校存在着"思想政治、道德、心理"三者脱节的现象,存在片面化的倾向。道德是意识形态领域的范畴,道德体系是建立在一定的心理现象基础之上的,当道德规范越来越普遍地成为社会规范时,往往会"润物无声"地渗入到个体的心理反应中。

优良的道德品质,有助于培养良好的心理素质。由此可见,人的心理和道德是相互联系、相互作用的。而道德教育就是要培养思想素质优秀、政治素质过硬、道德觉悟高、心理素质好等各方面全面发展的人。无疑,思想政治与心理、道德三者是紧密联系在一起的,因为心理教育直接关系到其他各方面的教育效果,可以为人的发展打下良好的心理基础。

(三)道德教育存在狭隘化的倾向

这种狭隘主要表现在:道德免疫力下降、遮遮掩掩的道德教育、过度纯净的道德教育等方面。诚然,道德教育从来不是孤立于社会之外的封闭过程,它带有极深的社会痕迹和明显的时代精神。它离不开时代精神的约束,避不开影响与作用于人们的社会风气,脱不开学生的思想实际。总体来说,德育教育贯穿个体整个学习过程,并且起到主导作用。但德育教育却出现"高、大、空"的现象,背离了通过知识来启迪智慧、提升个体生命意义、促进个体全面发展的教育之最高目的;出现了德育要求与受教育者的思想状态、心理素质错位的现象;教师课堂上"孔融让梨"等故事讲得"头头是道、条条在理",但学生不认可,在社会上行不通,也是于事无补。有的思想政治教育课则偏重于枯燥的理论,对学生的人格教育相当不够。因为学生有自己的认知水平与判断能力,已经形成了比较固定的思维模式、价值观念等。

二、高职院校道德教育误区的心理诱因探析

党的"十八大"报告提出:"加强和改进思想政治工作,注重人文关怀和心理疏导,培育自尊自信、理性平和、积极向上的社会心态。"由于我国目前正处于社会转型期,新的价值体系尚未形成,不可避免地会出现德育效果的偏差和失位。其心理诱因主要体现在:

(一)过分强调主体意识,强调权利意识实现

个体的自我价值追求和权利意识的日益突出是社会文明和现代化的重要标识。当代大学生的自我意识很强,学生的主体意识、权利意识、竞争意识等前所未有地得到张扬,他们独立、有个性、强调自我权利的实现,这是时代进步的重要标志;但如果一味强调个体利益而缺乏对他人、对社会的责任感,就容易陷入个人中心主义的泥潭;此外,大学生的人生观正处在逐步确立时期,许多方面还未成熟,做事凭感性,往往不计后果,对人生深刻的哲学命题、生命意义及成长过程中的长远利益缺乏深刻的思考。部分学生自诩自己是"中二病患者"(中二病指一种自我认知心态),他们乐于通过表现自己来获得他人认同,过于强调自己,如果遭到反对,他们会感到烦躁、厌恶,觉得自己不被理解。如果任由这些不良情绪郁结于心,就很容易转为悲观消极的想法,影响人际交往,也会破坏个体长远发展。

(二)多元价值选择困惑,终极价值信仰缺位

传统的儒家伦理倡导"内圣外王"之道,要求现实生活中的人们以"圣人"的理想人格为目标,不断追求内在超越,达到"治国""平天下"的政治目标,最终将内寻和外求这两个过程统一起来,使生命价值得以完满实现。然而,在当前市场经济浪潮的冲击下,利益主体多元化催生了价值观念的多元化,社会本位、集体本位的整体主义价值观在冲击中经历深刻嬗变。我国大学生的价值选择逐渐呈现功利化、现实化的倾向,尽管这种选择是现实合理的,但支撑他们生存下去的终极价值信仰却丢失了;传统儒家伦理的主体价值理念被冲击得七零八落,共产主义的价值信仰对大学生的影响愈加式微。面对多元化的价值选择带来的困惑和终极价值信仰的缺位,部分大学生不知自己的人生应该走向何处,将会走向何处。这是

高职院校德育工作难以深化的一个深层原因。

(三)社会情境影响甚大,导致漠视生命价值

大学生个体的成长离不开特定的环境,由于这一阶段大学生的心理发育还未完全成熟,对各种社会现象的甄别能力不强,所以社会环境对于他们发挥着重要的形塑功能。比如:有关弱势者效应的研究表明,弱者的身份会带来更多的社会支持,但是无法延伸到负性的社会事件中,尤其是对弱者负性行为的道德判断。再如:家庭环境是大学生最先成长和接受教育的环境,其影响是潜移默化的。研究显示,受溺爱长大的独生子女从小缺乏吃苦耐劳的品质,缺乏对他人和社会的责任感,甚至极端自我;加之社会制度环境及社会风气的影响,使得部分大学生在面对社会时产生心理失衡。此外,学习、就业压力、情感困惑和人际关系紧张等,也是影响他们身心健康发展的重要因素,一旦他们变得沉闷、孤僻和冷漠,他们就会漠视生命的价值。

(四)新媒体是把"双刃剑",引发消极生活暗示

互联网的广泛应用和大众传媒的飞速发展,在给大学生的学习和生活带来便捷的同时,也带来了不良影响。随着互联网＋时代的到来,以微博、微信为代表的新兴社会媒体,使得信息的传播呈现明显的"碎片化"特性,对高职院校的道德教育带来了很大的冲击。微信、微博等虚拟空间为学生提供一个生活轨迹展示、情感宣泄的平台,也为大学生生活方式和个性展现提供了依据,他们更强调分享、交流,希望得到别人的关注和评论,他们观点复制和传播速度飞快。此外,网络和媒体上充斥的暴力和负面的信息,对大学生心理产生消极暗示,消解了大学生生命观中积极健康的因素,这是必须引起重视的原因。

三、高职院校贯彻实施敬畏教育的三个维度

敬畏生命伦理思想最初是由诺贝尔和平奖获得者,法国医学家、哲学家阿尔贝特·施韦泽于1915年提出的。"敬畏"一词从字面来看,是既尊重又畏惧。敬畏感主要表现为对道德对象的"爱与敬同时又畏惧"的矛盾情感。中国传统文化中历来崇尚敬畏,从先秦到清代,敬畏意识在各代各家学派的学说之中一直被推崇。南宋集理学之大成者朱熹曰:"君子之心,常怀敬畏。"清代汉学家纪晓岚常挂嘴边的一句话是"做人要记住一个'怕'字"。人类的敬畏心理逐渐由对天、地、神、自然的敬畏,转变为对自然、对社会制度、对道德等多种方面的敬畏。[①] 那么,高职院校开展敬畏教育遵循的重要意义是什么呢?"敬畏感作为一种道德情感,在教育活动中对学生内心价值秩序的建立、师生间关系的重建以及学生的生命观、自然观、人际交往观等观念的树立都能起到重要作用,进而会改变学生的人格特征,使学生走向谦逊、谨慎、隐默、敬爱、自尊、感恩……"[②]笔者认为,开展敬畏教育的三个维度主要包括:

(一)把敬畏教育贯穿于日常教育教学中

可以说,敬畏是对于生命的最为核心的伦理原则。也正是有了敬畏之心,人类才得以在与残酷的环境抗争中不断进化。教育的基础与根本,应该首先是育人,育人最原始的需求是使他们成为一个心理与生理健康的个体,让他们成为一个正直善良、会规范自己行为、控制

---

① 吴川:《以立德树人为目标的高职院校敬畏教育价值定位初探》,载《现代企业教育》2004年第6期。

② 金方明:《从〈论语〉教学看现代敬畏教育的缺失》,载《教师》2010年第11期。

自己欲望与情绪的正常人,其次才是"有余力,则学文"。是否具有道德意识、法制意识和责任意识是个体能否顺利成长的前提,这体现了对生命最基本的尊重和敬畏,教师要"培养学生的敬畏感,包括教导他们敬畏生命、敬畏自然、敬畏规则等,就是要培养学生对生命价值的体认、对自然万物的亲近以及对崇高事物的向往和追求"①。

(二)把敬畏教育贯穿于思想政治教育工作中

敬畏教育在教育体系中地位特殊,加强敬畏教育是实现立德树人的重要保障。比如,在对学生的日常管理和思想政治教育中,应该加强分类推进,把敬畏意识融入当中,使敬畏教育成为大学生思想政治教育工作的有效载体,成为学校校园文化建设的重要组成部分。在日常组织的专业学习、学生活动、竞赛等方面要将敬畏教育与正面激励教育放在同等重要的位置,使它们互为补充,互相促进,共同为高职院校思想政治教育工作服务。尤其是在对学生干部的培养和日常管理中,要突出责任意识教育,使他们对自己肩上的责任心存敬畏;突出强调日常规章制度、法律法规的教育,规范在课堂内外的言行举止,这样不仅更加明确学生干部的职责,也可以更好地为班级服务。

(三)把敬畏教育贯穿于个体的全面发展中

在平日教育教学中,教师要充分尊重学生人格,懂得言传身教的影响作用,遵循大学生身心成长的规律,建立健全大学生敬畏教育的工作机制,贯穿于学生的全面发展整个过程。敬畏教育的推行应是全方位的,包括教育目标的确定与细化、敬畏教育相关课程的开设、教科书内容的搜集与编制及实施敬畏教育原则和方法的制定等步骤。此外,高职院校敬畏教育应该在系统的教育体系中占有重要位置,比如:敬畏生命、敬畏制度、规则与法律、社会秩序和公共道德等为主题的相关教育形式都要列入敬畏教育的范畴之内。对于为人师者来说,对生命和知识的敬畏是最基本的敬畏意识。唯有自己懂得敬畏的人,才能教育别人学会敬畏。

四、高职院校实施敬畏教育的创新途径

通过敬畏教育,可以培育大学生对自然、社会、他人等方面"既尊重又畏惧"的情感体验,可以唤起个体的道德敏感性,谨守社会道德价值秩序和内心的价值尺度,建立起积极健全的心理道德情感结构和人格结构。笔者认为,敬畏教育创新途径可以从"知情意行"四个层面进行探索。

(一)"知",引入传统文化,植入敬畏理念

传统文化思想注重"君子有所为有所不为"。老子说:"善之与恶,相去若何宁人之所畏,不可不畏。"孔子说:"君子有三畏:畏天命,畏大人,畏圣人之言。"古语云:"善怕者,必身有所正,言有所规,行有所止,偶有逾矩,亦不出大格。""有所畏者,其家必齐;无所畏者,必怠其睽"等。教师应教导学生常怀敬畏之心,鼓励学生创新与个性培养的同时,指导学生学会甄别传统敬畏文化中的优秀元素并适度采纳,在同学之间形成互相监督、互相促进的无形道德场域,从而促使学生形成高度的道德自觉。

---

① 腾宇:《让学生学会敬畏》,载《天津教育》2006 年第 11 期。

（二）"情"，尊重个体需求，唤起道德自觉

学校或教师要有意识地在日常教育中培养学生的敬畏感，在对学生开展教学活动的过程中，增强学生对时代的忧患意识与道德责任感，使他们心有制约、行有所遵，同时，启发和鼓励学生将所学知识用于实践中，用实践来检验知识真伪，对知识价值进行再认知；再如，在日常教学中进行情感渗透，尊重理解学生的需要，建立多元评价体系，让每个学生在学习或实践的过程中体会成功的愉快情绪，培养个体的道德自觉、道德自律。从个体的道德需求出发，唤起对道德法则的"有所敬、有所畏"，自主地做出抉择，并予以自觉地遵从。

（三）"意"，重塑道德敬畏，形成敬畏意识

敬畏是人安身立命之所在，是人类道德的自律，是"自己为自己立法"。因此，在对学生敬畏意识的培养和教育上，应让学生明白敬畏生命、自然、社会规律、法律以及敬畏该敬畏的一切。当然，敬畏生命不是消极退却，而是学会用一种有益生命发展的思维方式思考生活的真谛。面对道德敬畏感的缺失，应当积极利用现代社会价值体系，即占我国主导地位的社会主义核心价值体系，同时在潜移默化中使其真正成为一种守望心灵家园的精神凭依，一种与法律并行的心理矩线，从而高度自觉地自我约束、防微杜渐，形成道德敬畏意识，形成正确的人生态度及规则意识。

（四）"行"，开展多样活动，培育道德敬畏

敬畏精神的形成不是自发的，敬畏教育的实践性极强，只有经过社会的实践检验，才能得出正确的评判标准和道德行为选择；必须通过各种形式的教育，形式多样的主题活动，才能使学生在实践中掌握相关原则。这是一个系统探索的过程，比如：开展"生命意义和价值"教育主题活动，倡导大学生建立科学文明的生活方式，自觉抵制不良诱惑，远离网络游戏，不参加危害身心健康的活动，践行有意义的生命等，唤起学生承担起对家庭、社会、国家的责任，使他们对自己的生命尊重并负责。

[参考文献]

[1] 李陵.漫谈当代大学生的敬畏意识教育[J].北京教育：德育，2013(5).

[2] 边媛.当代大学生漠视生命价值的诱因探析[J].山西青年管理干部学院学报，2007(5).

[3] 弗兰克.活出意义来[M].赵可式，等，译.北京：生活·读书·新知三联书店，1998.

[4] 李正军，文春风.培养大学生敬畏意识探究[J].湖南工业大学学报：社会科学版，2009(4).

[5] 吴川.以立德树人为目标的高职院校敬畏教育价值定位初探[J].现代企业教育，2004(6).

[6] 肖庆生，谭世信，宋岩.论高职院校德育视域中的心理疏导[J].国家教育行政学院学报，2013(12).

[7] 周营军.道德敬畏：个体道德养成的心理机制[J].河南师范大学学报：哲学社会科学版，2010(7).

高职院校与企业联合培养"三创"人才研究

黄冈职业技术学院　刘　洋

摘　要:高职院校和企业的发展都离不开人才培养问题,高职大学生"三创"能力是推动校企合作的"原动力"。本文分析了当前影响高职大学生"三创"能力培养的因素和企业发展存在的人才问题,提出了"开放式办学模式",将"三创"能力纳入人才培养体系,实施校企人员"互聘共培"工程,发挥"师导生创"的引导作用,与企业共建研发创新平台,实现企业文化与校园文化的深度融合,促进企业与校园和谐健康发展。

关键词:高职院校;三创;企业;可持续发展

作者简介:刘洋(1977—　　),男,汉族,湖北荆州人,黄冈职业技术学院英语副教授,硕士。研究方向:特别用途英语,教育学。

随着经济的快速发展,企业的可持续发展需要建立科学合理的人力资源格局,以人力资源的可持续发展作为依托。企业对职工队伍中高技能人才的需求更为迫切,需要进一步整合资源,发挥高职院校专业技能人才培养的优势,培养具有"创造、创新、创业"能力的新时期大学生,为企业的发展提供强大的人才队伍支撑,使企业获得重要的人力资源和发展动力。[1]同时,校企双方需要紧密合作,对人才培养模式进行创新,试行"开放式办学"模式,实现企业与校园的顺利接轨和深度合作,将校企双方优势互补、特色共存的思想观念融入人才的培养和企业的发展,打通校企合作、和谐双赢的发展道路。

一、企业可持续发展中的人才培养问题

(一)企业人才理念落后,员工的忠诚度不高

目前,多数企业的人才培养和管理理念不能适应企业发展的需要,人才是企业第一资源、第一资本、第一动力的战略思想没有得到应有的重视。当前,高职院校大学生迫于日趋严峻的就业形势,在毕业时首先选择就业,再找机会择业、创业。许多企业认为劳动力廉价,人才随处可取,所以在企业体制、观念、报酬、人际关系等处理上没有长远考虑,缺乏对员工的长远培养规划和有针对性的职业生涯规划,在员工培训上的投入较少,人才激励的措施不力,员工培训的制度不完善或执行缩水,导致很多企业员工工作积极性不强,对企业缺乏基本的信任感、归属感和成就感,高层次人才流失严重。[2]

(二)企业的人才优化战略和使用机制要更新

企业是人才结合的有机整体,需要在发展过程中不断调整和优化,首先需要对企业的人才层次和职能机构实行优化,管理团队中高、中、初级人才需要合理的搭配比例,高级人才把握企业发展的方向性,中层人才支撑起企业的脊梁,初级人才坚守企业的一线;其次是人才的学科和智能优化,从管理到科研,企业需要各种专业的人才,合理安排科研、管理、生产和销售人员的比例;再次是人才年龄结构的优化,从管理经验和企业发展后劲需要来看,要合理搭配人才的年龄结构。在企业的人才使用策略上要注重任人唯贤和岗位轮换,注重人才

稳定和适才适用。[3]

（三）企业培训形式和内容单一，缺乏科学的评价体系

企业在对新员工培训方面安排和实施比较到位，新入职的员工能很快适应企业的需要，快速进入角色。但是企业对入职后的员工培训相对滞后，对员工未来的职业发展方向和提升的领域关注很少，在入职后的培训过程中常常是组织职工观看光碟、参加临时性的专业讲座或语言培训，没有较为详细的规划和安排，培训的内容针对性不强、形式单一，加之没有科学的评价体系，培训目的、内容和培训的反馈不到位，没有将培训与员工技能和效率结合，进而没有与员工的福利和报酬结合，所以员工参加培训的热情不高。

二、影响高职院校大学生"三创"能力培养的因素

高职院校大学生"三创"能力培养是企业实现可持续发展的人力资源开发策略之一，也是促进高职院校人才培养质量的不断提高，实现招生和就业两旺的必然选择。然而，当前高职院校的人才培养还存在诸多制约因素。

（一）教育观念和教学模式滞后

面对生产力和科技的迅猛发展，急需有洞察力和创新思维的人才，但是，各级地方政府、教育部门和学校对推进素质教育，实施创新型人才培养战略的举措重视程度不够，教育观念还停留在关注学生成绩和学校排名上。高职院校在人才培养过程中虽然已经开始重视学生创新能力的培养，但灌输式的知识传授方式始终没有彻底改变，单一的教学方法和手段不能满足学生的需要，创造、创新、创业的能力培养犹如"毛毛雨"，没有从根本上解决问题。[4]

（二）"三创"的校园文化环境氛围不浓

高职院校的校园文化环境营造的氛围对大学生的创造能力有着潜移默化的作用。如今，高职校园文体娱乐活动居多，而培养学生创造、创新、创业的学术活动和实践活动较少，针对学生"潜能开发"的第二课堂活动少，缺乏"三创"能力培养的教学环境和文化氛围，校园文化环境不理想，学生缺乏主动的探究精神和开拓求新的品质，自主学习的热情不高，创新思维能力和动手能力受限，还没有真正从被动学习的"地牢"中走出来。

（三）师资队伍不能满足现实需要

大学生创造、创新、创业能力的培养和提高很大程度上取决于教师队伍的作用。教师对学生的引导作用强，在一些前沿性的新知识、新技术传授过程中，教师应采取多种教学手段，启发学生自由想象、自由研究。发表自己的见解，启迪学生的创造性思维，但是，在高职院校大规模扩张后，高职院校的师资力量在学历和知识技能上要求提高了，但是富有启发学生创新经验的老师少了，高职院校大部分教师反映自己的工作负荷大、事情多、精力有限，难以有精力去启迪学生的创造思维。

（四）学生自身的思维定势和依赖性严重

高职大学生普遍对创造、创新和创业缺乏积极客观的认识，除了基础薄弱没有自信外，主要原因还是因为一直以来的思维定势和内在的自我否定，由于高中起点普遍不高，在学习上惯于被动接受，不能积极地发表自己的见解和主张，忽视了自身的创新能力和冒险意识，自主学习能力差，求知欲不强，害怕失败而不敢尝试，动力机制不足，也因此缺乏研究意识和研究能力。[5]

三、开放式办学模式下校企双方人才培养的途径

高职大学生"三创"能力的培养是一个系统工程,高职院校需要适应经济的变迁和社会的发展需要,转变教育观念,实行开放式办学的教育管理模式,不断优化校园人文环境,积极开展校企合作培养,造就勇于创造、善于创新、敢于创业的高技能人才。

（一）建立开放式的教育管理模式

开放式办学是高职院校走向成功、形成特色和优势发展学科专业的必由之路。高等职业院校需要通过科学的管理措施、手段和方法对人、财、物等方面进行整合,要集传授知识、培养能力和提高素质于一体,正确处理好知识、能力与素质的关系,促进三者协调发展。同时,开展开放式办学,促进校企合作、校校合作和校政合作,可以形成彼此之间优势互补、资源共享、信息分享、强强联合以及文化互动,最大限度避免企业之间、学院之间的雷同和恶性竞争,提高企业和学校双方的社会影响力和竞争力。[6]

（二）不断完善人才培养体系

高职院校要树立"人才培养质量是生命线"的教育观念,将"三创能力"培养纳入人才培养体系,注重人才培养特色。紧密依托各行业、企业以及校内外"教学企业",联手设计适应"校企双主体"人才培养模式要求的课程体系,引入行业企业技术标准及国际通用的职业资格标准、嵌入行业企业新技术、新工艺以及信息技术内容的专业主干课程;同时,针对学生个体内部的品质、知识、思维、能力和生理等五个方面的素质培养,以建立优良学风、完善涵盖人才培养全程的质量监测与诊断系统为重点,健全以学校为主、企业与社会参与的人才培养质量保障体系,将企业的需要作为提高学校人才培养质量的重要依据。[7]

（三）实施校企人员"互聘共培"工程

高素质教师队伍是推进高校"三创"教育和培养企业急需的高技能人才的关键。校企双方应该建立切实可行的"互聘共培"制度,建立高素质的双师结构的优秀教学骨干团队,更好地发挥"师导生创"的引导作用。在培养"三创"型人才的过程中,教师首先要有"三创"精神和能力。高职院校应该积极主动与企业联合,本着"请进来、走出去"的原则,从校内选拔一批专业教师和就业指导教师;从企业评聘一批具有教学能力、实践经验丰富的企业家或专业技术人员;从校内选派教师到相关企业挂职锻炼学习,组建一支数量适度、结构合理、素质优良、富有活力、专兼结合的教师队伍。[8]

（四）校企合作共建研发创新平台

产学研结合符合高职院校与企业双方的现实需要,是学校解决学生实习实践、提高学生就业竞争力的需要,也是企业持续健康发展,不断进行规模扩张和长足发展的需要。高校与企业联合,加强产学研实训基地建设,激励教师和企业高管参与技术革新,提高企业创新能力的同时加强了师资队伍建设;同时,校企共建创业见习基地和创业就业孵化园,可以早一点激励大学生竞争意识,强化学生的职业技能培养。企业在产学研合作过程中与高职院校的教育和管理融合,不断进行观念创新、机制创新、管理创新、科技创新、营销创新和党建创新,实现两者互利双赢。

（五）企业文化与校园文化融合

高职院校应该着力塑造校园人文精神、提升校园行为文化、促进校园制度文化和物质文

化的不断提高,充分利用高职校园的围墙、展板、文化长廊等空间展示一系列格言、名人名言以及合作企业的企业文化,创造浓郁的文化氛围,将高职院校的文化内涵、精神品格和心理氛围融入合作企业的企业文化和工作环境,把优良校风、学风和教风延伸到企业的工作和生活中,激励学生和企业员工不断创新,催人奋进,不断提高校企双方的创造意识和创业精神。

总之,高职院校肩负着培养建设创新型国家建设者的重任,高职院校大学生的"三创能力"是企业可持续发展的重要保障,学校和企业应该建立校企合作人才资源库,资源共享,实现优势学科群与企业产业链的密切结合,主动发挥学校引领"三创"文化的功能,服务地方经济与文化。

[参考文献]

[1] 黄进,胡甲刚."三创教育"论纲[J].武汉大学学报:社会科学版,2003(4):517—520.
[2] 刘大康,张亚杭.三方联动推进校企深度合作[J].中国高等教育,2011(9):46—47.
[3] 贾新政.校企合作人才培养模式的几点构想[J].漯河职业技术学院学报,2011(4):5—6.
[4][5] 李艳坡.高职院校大学生创新能力现状分析及对策研究[D].北京:华北电力大学,2010(5):7—35.
[6] 顾国盛.高校培养创新型人才的探索与实践[J].教育探索,2013(5):133—134.
[7] 李进军,李佳圣.基于校企"双主体"的高职人才培养模式探究与实践——以湖北职业技术学院为例[J].湖北职业技术学院学报,2012(1):14—17.
[8] 付丽琴,黄荣英.制度视角下企业参与校企合作可持续发展初探[J].教育探索,2009(9):20—21.

新形势下高职院校贫困生感恩教育的思考

武汉铁路职业技术学院　王　荔

摘　要：目前,高职院校贫困生群体中存在不知恩、不感恩、不报恩、不施恩等感恩意识淡薄的现象,而感恩教育是大学生思想政治教育的一项重要任务,是贫困生思想教育的切入口。本文从社会环境、学校教育、家庭教育、个人心理等四个方面分析导致贫困生感恩意识淡薄的原因,并针对当前形势提出了进行贫困生感恩教育的对策建议,即要突出一个理念、遵循两个原则、坚持三个结合及构建四个体系。

关键词：贫困生;感恩教育;对策分析

作者简介：王荔(1986—　),女,汉族,湖北襄阳人,武汉铁路职业技术学院学工部(处)助教,硕士研究生。研究方向:思想政治教育。

近年来,随着高职院校的较快发展,招生人数不断增长,贫困生已经逐渐成为高职院校中一个特殊的、较庞大的群体。为了解决贫困学生的经济困难,帮助他们顺利完成学业,国家建立了"奖、贷、助、减、免、勤"等多位一体的资助体系。此外,学校和社会也通过不同的形式提供帮助。但值得关注的是,部分贫困生在接受资助的同时,却未怀有感恩之心、报以感恩之情,出现了许多感恩意识淡薄甚至丧失的现象。

感恩教育是大学生思想政治教育中的一项重要内容,它有利于培养贫困生健全的人格,有利于促进贫困生的全面发展,有利于加强和谐校园的建设。感恩教育的内容主要包括知恩、感恩、报恩和施恩。只有抓好了感恩教育,才能培养大学生尤其是贫困生的感恩意识,促进广大学生成长成才。

一、高职院校贫困生感恩意识淡薄的表现

(一)不知恩

资助不仅是以物质赠与为媒介的社会活动,更是传递关爱、交流情感的心理互动。在这一互动过程中,受助者得到物质支持和精神鼓励,同时资助者也会因受助者的感激而得到精神回报。但部分贫困生在接受资助时不知恩,没有把得到的帮助当作恩惠来看待,反而认为得到国家、学校或社会的资助是理所应当的。这种不知恩的行为让资助者得不到精神回报,资助信心降低,进而对资助活动造成不利影响。

(二)不感恩

近年来,国家对贫困生的资助力度不断加大。贫困生既可以享受到国家励志奖学金、国家助学金,还可以享受到学校和社会的资助。但对于这些帮助,部分贫困生却缺乏感激之情:嫌资助金额太少,埋怨学校和老师;因资助名额有限而"争当"贫困生,甚至故意伪造相关证明以获取资助;对于国家、学校和社会的资助存有"等、靠、要"的错误思想。此外,还有一些贫困生不懂得体谅父母,缺乏对父母的感恩之心。

（三）不报恩

"滴水之恩,当涌泉相报""谁言寸草心,报得三春晖"等古训都告诫我们不能只索取不付出。知恩、感恩,也要用行动来报恩。而有些贫困生却对学校提供的勤工助学岗位挑三拣四,真正上岗后又不认真坚持劳动,给学校增添了负担。有些贫困生拿着父母的血汗钱和获得的资助款,肆意挥霍浪费,过度消费娱乐,不注重节俭。另有些贫困生在毕业工作后不及时偿还助学贷款,故意拖欠,缺乏诚信意识。

（四）不施恩

生活中,每个人都有需要帮助的时候,我们应将得到的恩惠适时施与周围需要的人。以朴实的心感恩、以诚挚的心报恩,更要以善良的心施恩。而部分贫困生却缺乏社会责任感,不懂得奉献。他们往往以自我为中心,只想到和看到自己的感受和利益,却很少甚至不考虑他人;只希望别人来关照自己,却极少在他人需要帮助的时候伸出援助之手;对学校组织的志愿活动、爱心活动表现得漠不关心,参与积极性不高。

二、高职院校贫困生感恩意识缺失的原因

（一）社会环境因素

当代大学生基本都是"90后",他们的成长正值我国社会转型期,伴随着市场经济繁荣而来的享乐主义、拜金主义和个人主义等负面思想侵入了校园,部分贫困生受到不良风气的影响,思想和行为日益功利化、盲目化。此外,部分传播媒介（尤其是网络媒体）为了追求经济效益,越来越泛娱乐化,为了博人眼球,甚至突破道德底线,传播一些负能量信息。这些消极影响,慢慢消磨了部分贫困生的意志,使得他们过于追求自我和贪图享乐,缺乏责任感,弱化了对传统美德的学习和传承,感恩意识不断淡化,感恩行为不断减少。

（二）学校教育因素

首先,学校对贫困生感恩教育缺乏足够的重视,缺乏组织管理、系统研究及有效实施,且较多人认为实施感恩教育只是思想政治教学部门和学生资助管理中心的事情,没有形成全员育人、全方位育人的感恩教育格局。其次,学校关于感恩教育的相关课程缺位,往往只是通过讲座、典型报告会等形式进行。再次,对贫困生经济帮扶的重视程度大于对这一特殊群体心理状态的研究、抚慰和调整。此外,贫困生认定缺乏行之有效的监管规则,导致少数学生采用不诚信的手段企图获取国家奖助金,这在一定程度上也影响了贫困生对资助行为的感恩动力。

（三）家庭教育因素

"90后"大学生大多是独生子女,长辈们的过度呵护使他们养成了任性、占有欲强、自我中心的坏习气;家庭往往包办了孩子生活的一切事务,使他们缺乏自主性、判断力和适应力。这种过分宠爱和无私奉献将孩子对自己、对他人、对社会的责任感在无形中淡化。而且,为了改变贫困现状,父母往往将自己的期望寄托在孩子身上,过于重视孩子的学习成绩,忽视了健全人格和综合素质的培养。甚至,部分家长自身也没有做好榜样,这对孩子感恩意识的形成是极为不利的。

（四）个人心理因素

迫于经济压力,贫困生易出现自卑、敏感、软弱、忧郁等消极心理和情绪,认为外界的帮

助只是出于同情和怜悯,自己接受资助也是迫于无奈,内心很难产生感恩之念;由于缺乏自信,贫困生会自我封闭和远离群体活动,渐渐形成的人际关系障碍会使他们羞于表达或不知如何表达感恩之情;部分贫困生不能正确面对贫困现状,把此归因于社会不公、命运不佳,对条件优越的同学易产生嫉妒心理,而贫困生往往自尊心很强,部分贫困生会不顾承受能力,"打肿脸充胖子",以掩饰自己经济或其他方面的不足,故而没有感恩之行。

三、高职院校贫困生感恩教育的对策分析

(一)突出一个理念

贫困生感恩教育应当以"助困育人、润泽生命"为理念。感恩教育既是道德教育,也是一种情感教育、价值观教育,其目的是通过感恩教育来引导和培养贫困生的感恩意识,使他们能够自觉接受和发现生活中的美好,并欣然地以感恩的心态来回报他人和社会,让感恩成为自己生命中最基本的为人准则。

(二)遵循两个原则

贫困生感恩教育应当遵循"以人为本""关爱为先"的原则。感恩教育应立足于以人为本的发展观,贴近学生实际,贴近日常生活,注重教育的实践性;要重视学生的主体地位,他们是感恩教育的主体,也是构建和谐校园的主体。同时,贫困生更迫切地需要他人的关爱,尤其是心理关爱,在对贫困生进行经济资助时,更应倾注足够的心理关怀。关爱是人的秉性,感恩是爱的延续。

(三)坚持三个结合

贫困生感恩教育应当坚持三个结合。一是课堂教学与课外活动相结合。课堂教学侧重于让学生识恩知恩,形成初步的感恩意识和基本的感恩技巧,而感恩、报恩、施恩的行为与习惯则需要在课外活动逐步养成,两者各有侧重又相互作用。二是传统文化与时代精神相结合。中华民族拥有博大精深的优秀传统道德文化,在引导学生学习弘扬传统美德时,应该与时俱进,紧密结合社会主义核心价值观、构建社会主义和谐社会等新时代主题。三是学校教育与家庭、社会教育相结合。在贫困生感恩教育这个系统工程中,学校、家庭和社会都担负着不可推卸的重要责任,贫困生感恩教育应以家庭教育为基础、学校教育为主导、社会教育为依托。

(四)构建四个体系

贫困生感恩教育应当构建四个体系。

一是组织体系。学校应高度重视全院学生的感恩教育,尤其是贫困生感恩教育,应把感恩教育纳入德育的整体规划中,成立感恩教育工作小组,以党政一把手为组长、相关分管领导为副组长、各部门负责人为组员。各部门统一规划、齐抓共管,把感恩教育同价值观教育、心理健康教育、诚信教育等联系起来,充分发挥学校教育的整体优势、全体教职工的育人功能,引导学生树立正确的感恩意识。同时,以制度建设为抓手,做到感恩教育有章可循。

二是活动体系。学校应组织开展形式多样的感恩教育活动,加强学生的感恩体验,在校园里营造浓厚的感恩教育氛围,推进感恩教育进班级、进宿舍、进社团、进头脑。譬如,以节日为切入点,既可利用西方的"感恩节""父亲节""母亲节",也可赋予我国的"中秋节""清明节""国庆节"等以"感恩"的内涵,开展"心怀感恩,与爱同行"主题教育活动;开展"爱心存折"

活动,鼓励贫困生积极参加社会实践,进行公益活动、做志愿服务,按照奉献时间转化成精神货币,存入爱心存折,并把精神货币作为贫困生评优评先的参考指标之一,表现优异的,在全校范围内表扬和宣传其感恩行动;依托学生社团、学生团支部,开展感恩征文、情景剧、主体辩论赛等活动。

三是教学体系。学校应增设感恩教育课程,将感恩教育纳入"两课"(马克思主义理论课和思想政治教育课)课程体系之中,并保障实施;主要内容包括对国家、社会和学校的信赖与热爱,对父母的理解与孝顺,对师长的尊敬与感激,对他人的真诚与关爱,对自然的亲近与爱护,对生命的敬重与珍爱等;注意学科间的相互渗透,将感恩教育贯穿于基础理论课程与专业课程中;建立一支专兼结合、相对稳定、素质较高的教学队伍;采取多样化的教学方式,如案例法、讨论法、活动法等,发挥学生的主体性。

四是评价体系。学校应建立健全科学的感恩教育评价体系,按照时间维度和发展阶段,细化评价目标、纵横交叉对比,对感恩教育的实施情况实事求是地进行总结、评价、反思、调整和改善,提高感恩教育的实效性。同时,针对学生也要有相应的感恩评价机制,对知恩图报的美言善行给予褒奖,在建立评价体系时,应该把精神鼓励与物质奖励相结合、把思想引导与利益调节相统一,在实践中体现道德准则,为学院感恩教育工作提供良好的运行环境。

[参考文献]

[1] 陶志琼.关于感恩教育的几个问题的探讨[J].教育科学,2004(4).
[2] 周元明.刍议高等学校的感恩教育[J].江苏高教,2007(1).
[3] 朱飞,李萍.基于资助平台的高校贫困生感恩教育实践路径探析[J].思想教育研究,2009(11).
[4] 陈驰.美国的感恩文化及其对高校德育工作的启示[J].黑龙江高教研究,2010(2).
[5] 马俊.高校贫困生感恩意识淡薄原因及对策分析[J].西南民族大学学报:人文社会科学版,2012(10).

新媒体背景下的大学生理想信念教育探究

浙江金融职业学院 徐 侃

摘 要：本文以新媒体为背景,探讨我国大学生理想信念教育问题。分析新媒体背景下大学生理想信念教育的特征,提出在新的情况下我国大学生理想信念呈现出理想信念价值取向的多元化、理想信念个体意识的强化、个体理想信念群体化等特征。同时分析了我国大学生理想信念教育现状,认为在理想信念教育中存在多元化理想信念选择中存在迷失、个体理想信念脱离社会价值核心、群体理想信念互动渠道缺乏等问题,并在此基础上提出新媒体背景下做好大学生理想信念教育的对策。

关键词：新媒体；大学生；理想信念

作者简介：徐侃(1983—),浙江诸暨人,讲师,浙江金融职业学院投资与保险系辅导员。研究方向：经济管理。

高校大学生作为中国社会主义建设的重要力量,其理想信念教育问题越来越受到高校教育者的重视。随着我国高等教育体制的不断发展和完善,高校大学生理想信念教育形成了相对稳定的思想传承的载体与渠道,大学生在进行理想信念的选择过程中也趋于理性。理性的社会主义价值与高校大学生理想信念的融合,为社会主义核心价值的科学发展提供了坚实的保障；但是在新的发展形势下,我国高校大学生理想信念教育也出现了新的情况。

一、新媒体背景下大学生理想信念特征

理想信念是一个人成长和发展的支撑,对个体的思想活动、行为选择等都起着决定性的作用。因此在进行大学生行为规范的教育时,就要抓住高校大学生的个性特征来进行针对性的理想信念教育。理想和信念从个体人生发展的角度看是支撑个体不断进行自我超越的重要力量。理想信念的正确选择关系到个体行为角色的扮演,关系到个体行为对社会的影响,也关系到整个社会发展的进程。

新媒体的快速发展不仅影响到了社会的方方面面,也影响到了我国高校大学生的理想信念教育。这是对我国大学生理想信念教育的有效推动,尤其是在进行社会价值和社会道德的传播过程中,新媒体发挥着重要的作用,这有效地提升了我国大学生理想信念教育的有效性。但在新媒体快速发展、信息高速传递的过程中,我国大学生理想信念教育面临着新的机遇与挑战。

(一)理想信念价值取向的多元化

由于信息多元化传递,为理想信念的价值取向多元化选择提供了可能,也满足了当代高校大学生对于理想信念多元化的需求。由于个体之间存在着成长环境、家庭、经济、文化等方面制约,大学生群体中的个体理想信念有着多元化的要求。同样大学生个体成长中社会的文化、价值的认知也存在差异。大学生自身的个性特征、文化素质差异决定了认知个体的差异性。个体认知的差异,影响着其自身对于理想信念价值的取向。新媒体的快速发展,不

断为大学生提供多元的价值理念,尤其是各种不同文化群体之间的价值互动和多元文化融合过程,为大学生提供了发挥个体特长的理想和信念的选择途径。这将有力推进我国高校大学生对于不同文化中信念价值的自我意识和自我理想信念体系的发展和完善,将推进其自身世界观的形成。

（二）理想信念个体意识的强化

多元化的理想信念价值选择,有力地推进了我国高校大学生自我意识的快速形成和发展,个体的自我意识不断被强化和内化。这有利于大学生对自我进行科学的定位,不断挖掘自身的个性特征,丰富自我的价值逻辑。在大学生完成社会化之前个体意识的不断强化,是其个体对社会价值的重新思考。这种思考是两种力量互动的结果,即个体自我发展的力量和社会价值制约的力量。最终的个体理想信念的科学定位也是基于这两种互动的基础之上的,决定着不同个体之间价值信仰的认同和行为模式的选择。大学生理想信念个体意识的强化,是推动社会发展的重要动力。社会的和谐发展需要有不同的价值理念作为支撑,发挥社会价值的合理配置也取决于社会中个体差异的多元化程度。因此我国高校大学生在新媒体多元化选择的过程中为社会的发展提供了有力保证。

（三）个体理想信念群体化

理想和信念的选择是基于个体价值取向的基础之上的。群体性理想信念在新的媒体发展时代被快速形成。群体性的理想和信念不同于个体理想信念对社会的影响。个体理想信念的价值取向往往会被社会的价值力量在互动的过程中给同化,形成相对缺乏个体特征的理想信念的选择,这就会出现个体的价值选择与其本源的价值选择之间的偏差。新媒体为个体理想信念的表达提供了新的途径,个体与个体之间的价值互动呈现多元化,因此有利于群体性理想信念的形成和发展。传统的单向的理想信念价值传递被打破,形成了具有互动特征的理想信念选择途径。尤其是非主流群体性理想信念发展到一定程度之后被社会认可,从而进入主流文化价值的体系中,参与社会文化的构建,其为个体理想信念群体化提供了可能。

二、我国大学生理想信念教育现状

高校大学生理想信念是整个社会理想和信念的载体之一,是社会主义理想信念的重要组成部分。因此在进行我国大学生理想信念的研究中需要关注个体与群体的理想信念选择行为、选择途径及行为实践等问题。

（一）多元化理想信念选择中存在迷失

文化价值多元化虽然为正在进行社会化的高校大学生提供了理想信念多元化的可能,但是多元化却给学生带来了理想信念选择的迷失。这个关键问题在于缺乏有效的自我价值的定位和社会价值选择的有效途径和方式。在进行高校大学生的访谈过程中可以发现,普遍存在着自我目标不明确,对自己的未来存在着迷茫的情绪。产生这些问题的原因主要为自身的价值定位不明确和多元化的价值选择过程中的价值迷失。自身的价值定位出现问题往往是在成长过程中不恰当的价值引导造成的。对自我比较满意,对自己出现过高的期望。而社会价值选择过程中的问题可能是因为各种文化价值的互动之间未出现强势的文化价值核心,或者是强势的文化价值核心不符合我国高校大学生的理想信念期望。

(二)个体理想信念脱离社会价值核心

多元化的个体理想信念在新媒体不断发展的过程中被强化。被强化了的个体理想信念以个体的期望诉求为出发点的,忽视了个体与群体诉求之间的关系。这种理想信念诉求可以为个体的发展带来强有力的动力,能有效地提高学生进行自我学习的积极性,但是由于个体理想信念的选择带有封闭性特征,在进行价值取向引导的过程中往往体现出自我个体的保护意识。个体理想信念的形成需要以社会的核心价值为依托,这种自我意识的保护的出现使得个体与社会价值之间存在着价值互动的鸿沟。因此,个体理想信念的选择也会出现脱离社会价值的核心。高校大学生在网络化时代,其关注的事物出现了多元化,其价值行为也出现了多元化,理想信念的社会越轨行为也时有发生。

(三)群体理想信念互动渠道缺乏

新媒体互动渠道的出现为个体理想信念向群体理想信念的融合提供了可能性,但在现实的群体之间理想信念互动过程中出现了沟通不畅的情况,尤其是学生理想信念价值群体与社会价值群体之间的互动缺乏有效融合。这可能是群体自身的属性所决定的,而并非是所处组织的属性问题,但是这种群体理想信念互动机制的缺乏严重影响到了群体理想信念之间价值的互动和群体与社会主义价值取向的偏差,也容易引起群体之间的相互厌恶,例如有部分高校大学生对社会化中某些社会问题存在看法的偏见,学生的行为模式与我国社会主义价值脱离,社会组织政治经济行为与国家价值的偏差等。

三、新媒体背景下大学生理想信念教育对策

在新媒体背景下,我国高校大学生的理想信念教育问题尤为突出。由于理想信念选择存在随意性,多元化的选择中大学生的价值选择存在盲目性。因此在新媒体背景下,科学有效地引导我国高校大学生进行理想信念的选择问题就成了我们当务之急要解决的重要问题。

(一)社会核心价值的宣传教育

由于文化价值的多元化选择途径的出现,文化价值之间互动机会增多,在这种相互竞争的情况下就要加强我国社会主义核心价值的宣传和教育。首先是社会主义自身核心价值的建设。高校在我国社会主义核心价值的建设过程中具有重要作用,需要不断地去区别外来文化价值与本土文化价值之间的差异。其次,社会管理者则需要不断挖掘社会主义核心价值观,形成强有力的核心价值的凝聚力,吸引新青年尤其是大学生的注意。同时要注意将核心价值转化为学生易接受的理想信念目标,让学生能根据自己的实际进行目标选择。再次,在进行宣传和教育过程中,高校学生管理者尤其是高校的思想政治教育工作者需要做好社会核心价值的宣传和教育工作,并在大学生中形成学习型的理想价值传承体系。

(二)个体理想信念的科学引导

新媒体作为迎合高校大学生的价值传播渠道,已经被越来越多的人认知和使用。高校在进行个体理想信念教育的过程中需要利用新媒体的有效地沟通渠道。首先依托于社会主义价值核心,在新媒体中形成相对稳定的理想信念的价值中心,成立社会主义价值的宣传教育中心,不断传承核心价值观。其次,需要给大学生提供表达个体理想信念的渠道。只有不断表达自我的价值诉求,才能更好地进行自我价值的思考,有利于进行科学的自我价值定位

和理想信念的选择。再次,要对脱离社会核心价值的理想信念选择进行适当的引导,进行价值理念的重新构建。作为高校思想政治工作者就需要时刻关注高校大学生自我理想信念的表达,给予适当的价值引导渠道,了解学生的真实想法。

(三)群体互动渠道的有效选择

群体性理想信念的出现,是新媒体价值多元化和传播途径多样化的结果。个体可以通过 C2C 直接进行交流和互动,而在新媒体尤其是网络化时代,群体性理想信念之间有效的互动机制的缺乏,使得大学生群体与社会群体核心价值观之间出现了理想信念的差异和冲突。因此,作为高校的管理者就要为高校中具有共同理想信念的价值群体提供沟通渠道。首先是高校内部不同理想信念群体的互动,例如研究性学生与实践性学生群体之间的理想信念的互动,其关键还在于群体价值的互相学习和群体的价值整合。其次是高校内部群体与社会群体之间的互动。例如高校学生群体与企业管理者群体之间的理想信念互动等,帮助学生了解不同群体之间的理想信念差异,这有利于学生进行自我角色定位。

在新媒体背景下思考我国高校大学生的理想信念问题,要考虑社会的核心价值、个体理想信念的表达和群体理想信念的引导问题。要为这种理想信念提供合理的渠道,形成价值的互动机制和学习能力,高校管理者需要进行自身能力提升的同时,也要考虑群体理想信念之间的互动问题。只有这样,才能更好地做好我国高校理想信念教育工作,形成理想信念育人体系。

[参考文献]

[1] 邱淑云.时代特征视角下大学生理想信念教育的探索[J].高教论坛,2009(10).
[2] 肖继军.新时代我国高职生理想信念现状分析及对策研究[J].扬州职业大学学报,2008(1).
[3] 钟玲.多元化背景下高职大学生理想信念教育对策探索[J].中国教育技术装备,2011(15).
[4] 袁伟森.我国转型期社会问题的再思考[J].重庆科技学院学报:社会科学版,2010(2).
[5] 于永红,李辉.论当代青年大学生的"精神成人"[J].黑龙江高教研究,2005(6).

高职学生志愿服务常态化机制的实证研究

苏州工业园区职业技术学院　何　菁

摘　要：大学生志愿服务已经蓬勃开展了20年并取得了显著成效，但随着时间的推移，志愿服务出现了一些不容忽视的问题，主要表现为流于形式、内容单一等。为深入推进志愿服务并取得更大的成就，必须实现志愿服务常态化。推动高职学生志愿服务常态化，应当建立健全组织机构、招募培训制度、信息化制度、评价激励等一系列常态化的机制。

关键词：志愿服务；常态化机制；实证研究

作者简介：何菁(1969—　)，女，汉族，江苏苏州人，苏州工业园区职业技术学院副研究员，教育学硕士。研究方向：学生管理。

党的"十八大"报告指出，全面提高公民道德素质的举措之一，就是要深化群众性精神文明创建活动，广泛开展志愿服务，要深入开展城乡社会志愿服务活动，大力发展与政府服务、市场服务衔接的社会志愿服务体系。作为社会主义教育的重要组成部分，高职院校在培养社会主义现代化人才方面起着至关重要的作用。志愿服务是健全学生人格，塑造学生正确的价值观、公民道德素质和社会责任感的有效途径。因此高职院校的学生志愿服务活动的开展，有利于高职院校学生的健康发展，帮助学生迅速成长为具有竞争力和可持续发展的人才。

一、高职学生志愿服务中存在的问题

苏州工业园区职业技术学院是国家示范性高职院校，学院非常重视学生志愿服务活动，认为志愿服务对于全面高素质人才培养和学风建设作用巨大，院青年志愿者协会和各系部的青年志愿者协会相互配合，根据学院自身发展特点积极开展志愿服务工作。笔者在深入研究志愿服务常态化机制的过程中，通过调研总结出存在的问题。

（一）学生对志愿服务认识不足

大学生是志愿服务活动的主要参与者，但是部分学生对志愿服务活动缺少动力，也缺乏正确的认识，表现为目的不明确、参与的主动性差。在组织志愿活动时，缺乏应有的组织能力、语言表达能力、社交沟通能力、分析问题的能力和动手能力。在具体开展志愿服务过程中，缺乏专业技能，不能顺利解决实践中遇到的专业问题，无法发挥志愿服务活动应有的作用，因而大学生志愿服务长期在低层次徘徊。

（二）志愿服务活动形式单一

目前，高职院校志愿服务的形式比较单一，主要集中在校内外大型活动、校园环境整治，到敬老院、民工子弟学校开展送温暖行动等。活动时间一般周期短，常在重大纪念日、活动日，活动成效不很明显。

（三）志愿服务激励机制

目前的高职学生志愿服务活动，如大型赛事志愿者、送温暖小分队等，都隐含了特有的

"前置性承诺、后置性组织强制"的志愿服务模式。因此,很多学生参与者并不是真正意义上的志愿者,或者说有志愿者在组织压力下虽然有参与行为,却并没有参与的意愿。

二、建立高职学生志愿服务常态化机制的必要性

"常态化"是指趋向正常的状态,就是某事物更趋于合情合理。高职学生志愿服务常态化就是在对志愿精神的实质和时代内涵深刻理解和把握的基础上,结合高职青年学生的实际特点,建立志愿服务的常态化机制,坚持不懈地开展志愿服务,使志愿精神真正落到实处,取得实效、形成常态。

(一)建立志愿服务常态化机制是建设社会主义核心价值观体系的重要举措

社会主义核心价值观是兴国之魂,是社会主义先进文化的精髓,决定着中国特色社会主义的发展方向。志愿精神与社会主义核心价值观体系有着内在的一致性,志愿精神的无私奉献与助人为乐的道德品质是社会主义荣辱观的重要精神来源,并在践行社会主义核心价值观体系的实践中不断丰富和发展。志愿服务是在社会主义核心价值观主导下发起的传递爱心的活动,推动志愿服务常态化,用志愿精神的正面力量来引导,有利于加强社会主义核心价值观体系的建设。

(二)建立志愿服务常态化机制是实现高职教育育人目标的有效手段

高职教育的根本在于教育学生成长成才,健全建立志愿服务常态化机制,可以将"奉献、友爱、互助、进步"的志愿精神与民族精神、时代精神相结合,对学生进行思想政治教育。同时也可以发挥志愿服务的实践育人功能,在志愿服务过程中促进学生的全面发展,帮助学生实现自我。志愿服务是学生接触社会的窗口,志愿服务过程中社会育人的功能得到了强化,促进高职学生迅速成长。

三、关于高职学生志愿服务的调查研究

为了了解高职学生志愿服务的基本情况,笔者于 2015 年 3 月至 5 月,对苏州工业园区职业技术学院的学生进行了抽样调查。

(一)调查对象的基本情况

本次调查采取随机抽样调查的方法,对 800 名大学生进行了问卷调查,回收有效问卷 625 份,有效回收率 78.13%。其中男生 298 人,占 47.68%,女生 327 人,占 52.32%;大一学生 224 人,占 35.84%,大二学生 246 人,占 39.36%,大三学生 155 人,占 24.8%;学生干部 301 人,占 48.16%,非学生干部 324 人,占 51.84%。

(二)学生志愿服务活动参与状况的调查结果

1.参与志愿活动的类型

通过调查得出结论,参加过志愿服务的学生 55.5%,多于未参加过志愿服务的学生(44.5%)。其中以参与各类大型活动志愿者和给弱势群体送温暖行动志愿者这两类活动的居多,比例分别为 42.4% 和 39.5%。参与较多的志愿服务还有保护环境、无偿献血、校园建设和结合专业开展志愿服务等。在调查"您认为哪些群体最需志愿服务的帮助"时,选择"老人、妇女、儿童""残疾人""外来民工""城市低收入家庭"分别占 34.4%、40.2%、14.4%、8.9%。由此可见,除了组织安排的大型活动志愿服务之外,学生们首选的服务对象是特困

户、残疾人、孤寡老人和外来务工子弟等弱势群体,他们的公益观朴实无华。

2.参与志愿服务活动的动机和目的

在从事志愿服务的目的中,赞同以"增加社会阅历""强化社会责任感"和"让生活更充实"为目的的学生最多,分别占28.6%、24.3%和18.7%。赞同"向需要者提供服务,奉献自己的爱心"和"自己的能力在服务中得到锻炼"的志愿服务动机的分别占53.8%和35.4%,这两个动机分别代表利人和利他两方面,也就是在参与志愿服务的动机和目的中呈现多元化的趋势,积极因素占主体,学生的选择更加趋于理性。

3.对待志愿服务的态度

在对待志愿服务的态度问题上,55.8%的学生表示愿意积极参加,43.2%的学生持一般态度,只有1%的学生持反感态度,高职学生在对待志愿服务问题上态度是积极的。在持积极态度的学生人数中,非学生干部所占比例(48.6%)与学生干部所占比例(51.4%)相差不多;而持一般态度和反感态度的学生人数中,学生干部所占比例(38.4%和35.4%)要远远低于非学生干部所占比例(61.6%和64.6%),可见学生干部在志愿活动中起着积极模范的作用。同时,调查结果显示,44.5%的学生未参与过志愿服务活动,他们虽有参与志愿活动的意愿,但由于种种原因未能参加,究其原因是对志愿服务了解不够。

4.参与志愿服务活动的方式

在被调查的学生中,大部分是通过团组织的宣传和组织发动下,了解和参与到志愿服务中来的,比例为71.2%,另外有28.8%的学生想参加志愿服务但不知道如何参加。而在参与过志愿服务的445名学生中,完全自愿参与的学生有101名,比例是22.7%,43名同学是被动按照学校要求参与的,占9.7%,剩下的67.6%的学生是应各级组织的发动、自觉参与进来的。在被调查的学生中,愿意参加校外组织的和其他个人发起的志愿活动的比例不高,大家对于非政府组织的民间公益活动表示信任度低,他们希望看到或者了解的活动内容及实施方案后才能做决定。

四、探索高职学生服务常态化的实践

苏州工业园区职业技术学院青年志愿者协会(简称"青协")隶属学院团委,是学院"五星级"社团,负责统筹和协调全院志愿服务工作,在实践中积极探索志愿服务常态化发展的有效机制。

(一)建立健全志愿服务组织机构

学院进一步梳理各系部志愿服务组织及团队,科学分类,不断完善组织建构机制,增强团队凝聚力。目前在学院注册的学生志愿者人数占学院总人数的30%左右,由院青协统筹,负责志愿活动的整体指导。各系青协管理协调,负责各系志愿活动服务协调与管理,为志愿服务常态化机制打下坚实的基础。

(二)建立完善的青协招募培训制度

学院利用网络、微信等平台进行志愿者的招募工作,学生按照自愿原则,在网上填写报名表完成申请。报名表包括个人基本信息、教育和培训信息及服务意愿信息等,其中的个人信息包括姓名、性别、身份证号码、QQ号、联系电话等,教育和培训信息包括受教育状况、语言技能、专业技能等,服务意愿类信息包括志愿服务经历、工作领域和工作地点的意愿等。

根据学生报名情况,院青协采取一对多的面试方式,进行讨论式和问答式的面试,挑选出思想素质、身体素质和个人能力都适合做志愿者的学生。

培训工作是学生志愿者管理的一个重要环节,为今后志愿活动的开展提供保障,更能塑造高素质的志愿者队伍。为此,院青协精心设计了《苏州工业园区职业技术学院学生志愿者培训手册》,根据志愿活动内容、重点、频度的不同,把培训分为三个阶段,即普通培训阶段、集中培训阶段和专业整合培训阶段。其中,普通培训阶段主要培训志愿者的基本素质,如志愿理念、志愿知识、文化礼仪等。集中培训阶段重点培训具体志愿岗位的职责、特点等内容。专业整合培训阶段则是整个培训过程的升华,通过项目培训带动志愿服务向专业性方向发展。

(三)完善学生志愿者服务信息化制度

在院青协下设管理部,建设维护志愿者网络工作平台,建立学生志愿者数据库,在网上进行志愿服务活动的申报、审批、认证和评价的全过程管理,实现对志愿者的招募、注册、培训、奖励等环节的全方位记录。通过网络发布招募信息,迅速有效地吸纳新成员;通过网络发布志愿服务供需信息,让志愿者及时了解情况,提高志愿服务活动的效率和效益。

(四)落实志愿服务的激励机制

完善的激励机制是一个成熟的志愿组织能够正常运作的不可或缺的重要机制,也是志愿活动常态化的必然要求。志愿服务从本质上来看,是一个主体进行价值判断与选择的过程。因此首先强化志愿精神,抓好自我激励。加强“服务社会、弘扬新风、帮助他人、完善自我”为核心的志愿文化宣传,对优秀志愿者进行表彰,在校园内渲染志愿精神,增强志愿者对自身的认可。同时,学院将志愿服务活动纳入学生综合素质测评体系,用活动时间折合成分数算入学生学期综合素质养成课成绩,记入学生档案。

(五)将志愿服务与教学有机结合

学院将项目制教学与学生志愿服务有机结合起来,探索开设服务学习课程,将志愿服务设置为一门课程。目前尝试的志愿服务项目有垃圾分类处理、老人关爱、献血知识、环境保护等,项目化发展为志愿服务拓展服务广度和深度提供了有力支撑。

五、结语

实践证明,志愿服务在加强和改进大学生思想政治工作,提高大学生的综合素质和引导青年学生的成长需求方面发挥了积极作用。只有坚持推动志愿服务常态化,建立健全常态化机制,才能真正使志愿精神深入人心,真正使志愿服务取得实效,努力实现高等教育“立德树人”的宏伟目标。

[参考文献]

[1]张扬.大学生志愿服务的现状与对策分析[J].青少年研究(山东省团校学报),2007(5).

[2]胡雪峰.高校青年志愿者组织存在的问题及对策探讨——以四川省某高校为例[J].西华大学学报:哲学社会科学版,2009(4).

[3]陈晓业.浅论民办高职院校志愿服务推广长效机制构建[J].科技向导,2013(29).

立德树人的两个教育维度：人的主体性和活动的实践性

——高职院校学生社团发展模式探究

河北工业职业技术学院　　何晓卉　郑瑞芝　周京晶　李　策

摘　要：高职院校立德树人的核心思想体现在教育上，外化为两个教育维度：一是人的主体性，即"立德树人"的教育对象及全过程必须围绕学生，以学生为本位；二是活动的实践性，把学生喜闻乐见的校园活动变成有教育实质的实践，在参与中实现主体对活动的价值认同。学生社团是高职院校开展德育教育的主阵地和重要渠道，是校园"第二课堂"的有效载体，把握好学生社团建设的教育作用和实践价值，是实现职业教育"立德树人"教育目标的重要保证。

关键词：立德树人；教育维度；学生社团；主体性；实践性；建设

作者简介：何晓卉（1982—　），女，汉族，河北省徐水县人，河北工业职业技术学院讲师，硕士。研究方向：思想政治教育。郑瑞芝（1974—　），女，汉族，河北省滦南人，河北工业职业技术学院学工部部长，学生处处长，副教授，硕士。研究方向：思想政治教育。周京晶（1981—　），女，汉族，河北省乐亭县人，河北工业职业技术学院讲师，硕士。研究方向：思想政治教育。李策（1984—　），女，汉族，河北省正定县人，河北工业职业技术学院讲师，硕士。研究方向：电工电子技术，物理学。

党的"十八大"报告明确指出把"立德树人"作为教育的根本任务。这就要求高职院校必须坚持"德育为先"的教育理念，大力搭建青年学生实践育人平台，努力营造德育文化氛围，培养学生成为德才兼备、德智体美全面发展的中国特色社会主义现代化建设的合格建设者和可靠接班人。学生社团是高职院校开展德育教育的重要阵地和渠道，加强高职院校学生社团建设，充分发挥学生社团对当代青年学生的德育培育功能，增强高职学生的职业核心竞争力，对进一步推动高职院校大学生思想政治教育工作具有重要的实践意义。

一、"立德树人"的内涵核心

"立德树人"理念的提出，是新形势下对教育功能的新解读和新要求，是教育的主体参与、教育功能理论性和实践性的有机融合以及人的全面发展三方面的功能实现。高职院校"立德树人"的核心内容体现在两个教育维度：一是人的主体性，即"立德树人"必须获得主体认可；二是活动的实践性，即"教育的核心和灵魂是德育，教育的根本目的是育德"。[1]"立德树人"必须把理论过渡到实践，将学生喜闻乐见的校园活动赋予教育功能，实现价值认同。

高职院校把"立德树人"作为教育任务，就是要在广大青年学生中广泛开展社会主义核心价值观和社会主义社会公德、职业道德、家庭美德、个人品德的"德行"教育，和进行"培养造就数以亿计的高素质劳动者"[2]的"树人"过程。

二、立德树人视野下高职院校学生社团建设的重要意义

高职院校学生社团是广大同学依照共同的兴趣、爱好自发组成的群众性业余学生组织。在校园文化生活网络化、个性化、丰富化的今天,参加社团活动已经成为每个大学生在大学生活里的重要内容之一。"据一项调查显示:大学里有59.7%的大学生参加过校内社团,平均每人参与的社团数为1.8个。"[3]学生社团充分发挥着联系学校与学生的桥梁作用,在推动高职院校德育建设、校园文化发展、优化成才环境、提高大学生综合素质等方面发挥了生力军作用。

(一)基于学生社团的性质和功能,学生的职业核心竞争力在实践中得到提升

高职学生社团的实践性和功能性决定了其可以成为学生职业核心竞争力培育的有效载体和平台。高职学生的职业核心竞争力,是企业核心竞争力理论与教育学理论结合的产物,是以个人专长为核心的知识、能力、素质等方面的综合体,它是学生综合素质的集中体现,外化表现形式为学生的职业素养。高职学生社团作为学生的志愿共同体,如同一个"小社会",成员间交流沟通,分工合作,一起在社团活动中分担责任,经历成功和挫折,在不断克服困难、挑战自我当中共同成长。加之成员间对所学知识和技能互相传递,更容易在相处的过程中激发学习热情,在这个过程中,学生的职业道德、团队合作精神及心理素质等都能得到培养、锻炼和提高。

(二)基于学生社团的活动形式,是构建和谐校园文化的现实需要

学生社团作为高职院校开展校园文化活动的重要阵地,所开展的活动内容丰富、贴近学生、迎合时代气息,有利于高职院校营造良好的德育文化氛围,潜移默化中培养青年学生团结协作精神、开拓创新精神、社会和历史责任感以及良好的品德修养。对丰富校园文化建设,构建和谐文明的校园环境具有重要作用。

(三)基于学生社团的主体选择,是促进并实现学生全面发展的本质需要

学生是社团活动开展的主要组织者、策划者和实施者,学生社团的主体是学生,所有社团活动都是贴近实际、贴近学生,贴近学生个人兴趣爱好的,学生通过社团活动将课外知识和学术技能运用到社会实践,促使学生个人能力的提高,长见识、增才干,实现学生个体全面发展。

三、基于立德树人教育维度下的学生社团发展模式探究

(一)社团建设必须遵从立德树人关于"人是主体"的哲学诉求

"人的主体性"体现为人在实践过程中的自我认知。达到"立德树人"教育意义的最高境界,就是引导教育主体通过自我教育和自我修养达到自我发展。因此,社团的建设发展必须时刻明确"人是主体"这一思考维度,在活动中强化学生的主体意识,发挥学生的主体地位,建立起有利于实施开展学生自我教育、自我管理、自我服务的实践体系。

1."做与学"统一,社团建设实现"温室保育"功能

长期以来,高职院校校园文化建设的质量和效能就一直饱受质疑:项目陈旧,内容重复,效果粗浅,开展无序,活动扎堆儿……虽然校园文化活动的质量不高,但对学生的参与要求却始终"严格",明明是为了丰富课余生活和提升学生素质而开展的校园"第二课堂"却变成了"鸡肋",食之无肉弃之有味,活动设置缺乏人文考量,学生参与往往是硬性指标、生拉硬

拽,忽视了校园活动对学生"美""境""情""意""行""德"循序渐进的引导。

学生社团的建设发展弥补了高职校园文化建设上"僵直硬化"的局面。有调查显示,通过分析参与社团和无参与社团两类学生后发现:社团成员的领导能力、奉献精神、道德水准、创新意识等四种职业素质显著高于非社团活动成员,"知识"因素上也高于非社团成员;在社团中担任干部的学生在"领导能力"和"知识"这两种职业素质上显著高于干事。这一调查说明:决定教育功能能否实现的关键在于学生是否以"主体身份"参与。

以河北工业职业技术学院一项名为"乐知　分享　善用——社团素质公开课"系列活动为说明样本。该活动落脚于社团建设的长效运营、双向育人、主体互赢。活动的主体思路是"请特长学生带学生特长,让兴趣学习变成学习兴趣"。采用"邀请社长上一堂公开课"的活动方式,每学期初预先面向全院学生征集兴趣主题;收集后根据主题内容组织功能相似的社团或有相关特长的社长"挑课";准备公开课,按一堂课(90分钟)的标准设计教学大纲、教案及PPT课件,指导老师全程跟踪指导;发布课表,教学内容设计完成后以课表的形式在网络平台上推送;征募学生志愿者根据兴趣选课。首期的16节素质公开课受到了同学们热烈欢迎,场场爆满。

活动充分实现了教育双方在实践过程中的主体性。"请特长学生教学生特长",从组织到授课,整个过程中学生干部自己首先全程受益,口语表达能力、策划组织能力、现场控制能力以及心理普适能力都有显著提高。"让兴趣学习变成学习兴趣",对于参与学生而言,喜欢什么选什么,学习及参与是建立在自己的主观意愿和主体爱好上,把常规、强制的校园文化活动变成更多学生的主体意愿选择,参与双方均有所获,把知识学习和技能提升变成一种乐知、分享、善用的学习过程。

2."趣与行"统一,社团建设实现"自我育人"功能

爱因斯坦说过:"兴趣是最好的老师。"学生因生活理念、业余爱好、专业兴趣、学术观点或其他方面的共同追求自愿加入学生社团,既定的努力目标,坚定的个人爱好,饱满而充实的社团活动,能让学生在社团活动中领略校园生活的丰富多彩,更能因为在共同的参与、学习、实践中形成共识,使参加社团活动的过程成为一种愉快的体验,获得幸福感和满足感。

学生社团真正的吸引力来自共同的兴趣爱好,而根本在于社团文化价值取向。可以说,社团文化价值取向是社团建设质量的源头活水,社团成员在长期的社团活动与管理、社团建设与发展中凝结而成的共同价值观和行为方式,汇聚着社团成员的精气神,蕴含着一种强大的凝聚力和感召力。因此,社团的建设发展中,学生的"主体性"是开展好实践活动的"放射源"和"支撑点"。社团建设应当认真把握教师引导—强化—调控—提升、学生策划—实践—内发—体悟的实践过程,充分利用举办(参加)技能大赛、综艺活动、开展社会实践及专业学习的机会,引导社团成员把每一次社团活动当成小微创业来完成,从策划、编排、后勤、组织、宣传到赞助、营销,让社员们在整个参与过程中共同经历成功和挫折,分担责任、分享喜悦,以及共同思考学习整个策划过程。在这个过程中,从兴趣到行动,社员逐步形成对社团的归属感,使之形成一种共同的向心力和凝聚力,营造出具有特色社团文化氛围,调动每位参与同学的主观创造性。

(二)社团建设必须拓展立德树人关于"活动的实践性"的实现维度

"教,上所施,下所效也。育,养子使作善也。"[4]这两句话说明了"立德树人"的教育实施

过程及其目的效果。让每个活动的实施过程都充满教育的意义,充分利用学生喜闻乐见的艺术表现形式,从联系的、发展的和全面的思维关系,以现实的、具体的和发展的视角,拓展教育实践。

1."源与流"统一,社团建设实现"思想引领"

高职院校学生社团作为来源于群众的高校"民间"组织,是对传统高校思想政治教育模式的新补充和新形式。因此,它是新时期加强大学生思想政治教育的主渠道和主载体,应着重利用其覆盖面广和支持率高的优势,扩充功能,实现社团在建设过程中对青年学生的思想引领,增强大学生思想政治教育工作的实效性。

(1)党团组织进社团。把握"源头",在社团内建设党团小组,明确社团活动发展方向,把学生的进步与发展、正确前进的方向作为社团发展的首要条件,引导学生坚定政治立场,加强社团思想觉悟和党性党风建设,坚持党的群众路线实践教育,让社团从群众组织升华为党的宣传和实践先锋队伍,从"群众中来到群众中去",加强成员之间的凝聚力,共同前进。

(2)教育形式"分流",社团活动引领。结合社团活动的多样育人功能,有针对性地把爱国主义教育、集体主义教育、科学文化知识教育、德育教育、素质教育渗透到社团活动中去,用学生喜闻乐见的表现形式提升学生思想政治教育效果,使社会主义核心价值观在广大青年学生当中入耳、入眼、入脑。河北工业职业技术学院的社团向阳葵花话剧社,将习近平总书记传授给青年学生的"八字真经"中"勤学、修德、明辨、笃实"深刻内涵以舞台剧的艺术表现形式拆解成指导学生学习、生活成长的校园话剧《学霸逆袭》《我与教师共成长》《感恩留心诚信伴行》《微时代下恋爱面面观》《理性爱国我先行》《大数据下谁买单》《学生会的那些事》《一线岗位的坚守》,8部话剧涵盖了从新生入学、校园生活、品德塑造、德育发展、交友恋爱以及顶岗就业等学生在大学三年里不同时期所经历的困惑,分时期、分阶段在全院公演,以艺术手法进行思想解读与指导,让学生体验一种核心价值观引领的、富含时代精神又贴近学生实际的教育方式,活动的引领效果是不言而喻的。

2."知与行"统一,社团建设推动"技能创新"

创新和发展是社团发展的不竭动力,也是提升学生职业核心竞争力的根本。对于高职院校中的特色专业社团而言,要在自身建设中紧密围绕高职人才培养理念。要将学生的技能竞赛和创新创业紧密衔接,将技能竞赛作为专业社团品质提升的一个突破口。建立"第一课堂"—"专业社团"—"竞赛团队"的梯队选拔机制,在这一机制中,专业社团起到竞赛人才储备库的作用。这一做法能有效激励社团成员的积极性,通过成员的参赛获奖又能大大提升专业社团的整体实力。

河北工业职业技术学院的专业社团青橙工作室每学年例行举办"电子工艺品焊接大赛"和"电子产品创意大赛",至今已经有十余届。社长带队做项目,项目成果年终考核,特色项目鼓励继续研发或课题申报,优秀成果及时在创业园进行"孵化"。在这样的激励式竞赛培训机制下,成员乐于参加比赛,提升知识结构,并在活动中增长见识。2013年社团制作的"趣味机器人""智能灌溉系统""遥控太阳能小车"等7件作品在2013年度"挑战杯"河北省大学生课外学术科技作品竞赛获得三等奖,2015年推送的3件学生作品"无线WiFi控制的图像采集机器人(WiFi-robot)""牛角蓝牙音响""便携式电子焊接操作台"获得2015年"挑战杯"河北省大学生课外学术科技作品竞赛三等奖。其中"无线WiFi控制的图像采集机器人（WiFi-robot）"在进一步创业"孵化"中不仅获得驻石家庄高校创新创意创业成果展"最佳创新奖"，更成功与企业签约，实现了社团培养与职业化发展相互匹配、学生个人发展与全面化发展相互匹配。

　　教育关注现象，更关注本质。立德树人、促进人的全面发展是高职院校教育的根本任务，"德育是什么？德育是'盐'。它只有融于他物成为'视而不见'时，才能真正地、充分地发挥其功效。"[5]高职院校的"立德树人"教育只有充分理解两个教育维度，把"人的主体性"与"活动的实践性"紧密结合在一起，充分利用学生社团的强大拉动力，建构"崇德、尚技、勤业、精进"的树人框架，不断充实、完善学生品格塑造，使培育出的学生品格塑造启动于学校，延伸至企业、社会，造就培育出真正高素质高技能合格的社会建设者和接班人。

[参考文献]

［1］方晓真.高校"立德树人"的理论指导与实践路径[J].思想理论教育导刊,2013(6):94.

［2］陈勇,陈蕾,陈昊.立德树人:当代大学生思想政治教育的根本任务[J].思想理论教育导刊,2013(4):9.

［3］李飞鸿.高职学生职业素养的构成与培养途径[J].党建与思想教育,2013(11).

［4］许慎.说文解字[M].北京:中华书局,2004.

［5］匡瑛.中等职业学校创新德育模式研究[M].北京:中国社会科学出版社,2013.

高职院校视域中"立德树人"的有效途径研究

——以河北工业职业技术学院四维"立德树人"模式为例

河北工业职业技术学院 周京晶 郑瑞芝 何晓卉

摘 要：河北工业职业技术学院始终注重德育教育，在长期的实践中，探索出一种集教学、实践、保障和环境为一体的四维"立德树人"模式，即夯实"立德树人"的理论基础，以优质的教学充实人；打造"立德树人"的实践平台，以丰富的活动陶冶人；建立"立德树人"的保障机制，以严格的制度规范人；营造"立德树人"的环境氛围，以和谐的文化塑造人。

关键词：高职院校；立德树人；研究

作者简介：周京晶（1981— ），女，汉族，河北省乐亭县人，河北工业职业技术学院讲师，硕士。研究方向：思想政治教育。郑瑞芝（1974— ），女，汉族，河北省滦南人，河北工业职业技术学院学工部部长，学生处处长，副教授，硕士。研究方向：思想政治教育。何晓卉（1982— ），女，汉族，河北省徐水县人，河北工业职业技术学院讲师，硕士。研究方向：思想政治教育。

河北工业职业技术学院作为河北省规模最大、办学历史最久的省属冶金类院校，始终把"铁的纪律，钢的意志，火的热情"贯穿于高素质的技术技能型人才培养之中，同时注重"立德树人"教育，经过长期的实践，探索出一种集教学、实践、保障和环境于一体的四维"立德树人"模式。

一、夯实"立德树人"的理论基础，以优质的教学充实人

理论育人是实现"立德树人"的前提，大学生只有深刻地领悟了何谓"立德"，社会需要"何德"，才能够实践"立德"。就目前而言，在高职院校理论育人的核心是研究如何提高思想政治教学的有效性。

（一）整合教学内容，让德育课程"近"起来

高职院校的学生多为"感性型"，理论功底较差，抽象的理论说教往往会使他们"畏而远之"，甚至是适得其反——"厌而远之"。因此，如何整合教学内容，拉近德育课程与学生的距离，让内容贴近学生，走进生活，则成为现实有效教学的基础。第一，整合"德"的内容，展示理论风采。理论是艺术，要想彻底掌握学生，必须能够直面他们关心的问题，化解他们内心的矛盾，解决他们的现实问题。第二，融入"德"的成果，彰显时代特色。道德是个历史范畴，每个时代具有不同的内涵，我们应该把体现民族精神、时代精神的优秀成果纳入"德"的体系，彰显时代特色。第三，剪辑"德"的影片，走进学生生活。"美"在身边，"德"在身旁，注重把走进学生生活、发现的"美德"实例融入"德"的教学，让学生真切地感到美德即学习，美德即生活。

（二）革新教学方式，让德育课程"活"起来

忽视学生的主体地位，教师"独霸"德育教育课堂的历史已经成为过去。实践证明，填鸭

式的理论教学,只能叫人"知",不容易做到内化于心、外化于行。要想让学生体悟到德育课程的真谛,必须变革教学方式,让德育课程"活"起来。第一,变革教学模式:实施主体参与教学。"主体参与教学研究就是在现代教学理论的指导下,学生自主地、创造性地进入教学活动,并与教师一起完成教学任务的一种倾向性表现行为。"[1]它的特点是实现了两个"转变",一是学生由过去的"观众"变为"演员",要求学生不能再做"观众",必须进入"戏"局之中,把"戏"演好,在演"戏"的过程中体悟德育的魅力。二是教师由过去的"家长"变为"导演",要求教师不能再做"家长",必须把课堂交给学生,让学生在"表演"中潜移默化地升华思想,提高认识。第二,创新教学方法:重点突出德行培养。要想让德育课程"活"起来,必须让学生"动"起来,选择有效的教学方法,如可以采用团队教学、情景教学、讨论教学和活动教学,让学生能够身临其境。

（三）凸显教学功能,让德育课程"净"起来

检验德育教学的"试金石",不再是理论的巨人、行动的侏儒。它要求充分发挥德育课程的功能,实现理论教学与现实行为的"双百",从思想上和行为中都"净"起来。第一,增强说服功能,内化于心。所谓德育课程的功能,是指"思想政治教育所具有的对受教育者进行'销售'思想信息产品的影响,使被说服者逐渐形成社会上所期望的思想品德和价值观念体系,以此来指导和规范自己的行为的作用"[2]。它要求学生从内心中感化,从灵魂中"信服",而不是当人说一套,当鬼说一套,言不由衷。第二,发挥导向功能,外化于行。我们德育教育的"最终归宿不是培养'道貌岸然'的所谓理论大师,而是要培养具有良好社会形象的'最美'公民"[3]。因此,我们必须发挥德育课程的实践功能,让思想之花结行动之果,使思想外化于行。

二、打造"立德树人"的实践平台,以丰富的活动陶冶人

实践活动是实现"立德树人"的重要途径。理论是灰色的,生命之树常青。"立德树人"教育离不开丰富的实践活动,只有让学生在实践中真真切切地体悟到"德"之美、"德"之高、"德"之尚,才能让理论教育在地球上绽放出最美丽的道德之花。

（一）加强校内实践活动,让"德"之香弥漫校园

校园实践活动是培养学生道德的"主阵地",开展"立德树人"教育,离不开丰富多彩的校内实践活动。第一,积极开展思辨类道德引领活动,让"道德之光"普照校园。一方面,每年在"雷锋日"(3 月 5 日),举办"雷锋之歌"有奖征文活动,让雷锋精神永驻在我们心中。另一方面,每学期定期举办以"巅峰之战"为主题的辩论赛。我院经常选取社会出现的焦点问题,如"老人在公路摔倒后该不该扶"的问题,展开辩论赛,以深化学生的认识,澄清思想。第二,积极开展道德实践活动,让"道德之光"普照心灵。一方面,我们每月定期举办"道德"剪影活动,让学生利用自己的手机或者照相机,将校园中的文明现象随机拍摄下来,让道德之风蔚然成风;同时,将校园中的不文明现象,如随地吐痰、乱扔纸屑、说脏话等随机拍摄下来,形成"道德问题库"引以为戒。另一方面,我们将"道德点滴行"活动常态化,要求每个同学每天至少做一件好事,从小事做起,从我做起,让"德"之香弥漫校园。

（二）开展下乡实践活动,让"德"之花绽放乡野

下乡实践活动是培养学生道德的重要渠道,开展"立德树人"教育,需要踊跃开展下乡实践活动。我们积极响应省教育工委、共青团等部门的号召,积极开展以"体验省情、服务群

众"为主题的下乡实践活动。第一,每年暑期我院都组成"帮扶组"远赴贫困山区,如2015年来到河北省石家庄市井陉于家石头村,展开"科技之旅""教育之旅""劳动之旅""健康之旅"等四大系列活动,将科技、教育、卫生等传入农村,让知识在沃土上发芽,同时将"服务农村,奉献社会"的美德留在农村,让道德之花在农村绽放。第二,我们每年暑假都组成"艺术团",将自编自演的能够体现社会主义核心价值观的歌曲、小品、相声和舞蹈等带入农村,让优秀的作品振奋农民精神,陶冶农民情操。第三,我们每年暑假都组成"红色旅",赴"地道战的故乡"——冉庄、中华人民共和国的"摇篮"——西柏坡、小兵张嘎的故乡——白洋淀等革命圣地,近距离体验和感悟老一辈革命者艰苦卓绝的斗争历程,以培养学生的历史使命感、社会责任感,让青春在实践中闪光,让道德在锻炼中升华。

（三）注重特色实践活动,让"德"之美传颂社会

特色实践活动是培养学生道德的重要组成部分,开展"立德树人"教育,需要注重与不同专业和不同节日相结合,开展具有专业特色和节日特色的实践活动。第一,积极开展富有专业特色的实践活动,让"德"之美传颂企业。我们始终坚持以"服务企业,成长自己"为宗旨,同时结合每个系的专业特色定期深入生产一线、服务一线和管理一线进行实践、见习,并注重对学生职业道德的培育,使职业道德深深植入学生心中。第二,积极开展富有节日特色的实践活动,让"德"之美传颂社会。培养家庭美德、职业道德、社会公德是"立德树人"教育基本内涵。每当重大节日到来,我们都引领学生重新审视文化的意义。如在感恩节我们举办以"滴水之恩,涌泉相报"为主题的活动,以培养学生的"孝心、爱心、奉献的心、感恩的心";在重阳节我们举办以"共浴重阳之光,齐话养老之路"为主题的活动,传承中华民族"敬老、爱老、尊老、养老"的优良品质;在护士节我们举办以"护士:重要的健康资源",以培养学生的职业美德。

三、建立"立德树人"的保障机制,以严格的制度规范人

制度是"钢",是"铁"。俗话说,没有规矩,不成方圆。"钢铁"制度是河北工业职业技术学院铸造的一大特色,进行"立德树人"教育离不开严格的规则制度。

（一）建立"赏罚严明"的钢铁制度

"赏罚严明"的钢铁制度,是建立"立德树人"保障机制的前提。第一,按照"四级"评选模式,选举"工院之子"。示范的力量无穷,榜样的力量无尽。在"雷锋日",我院每年都会严格按照"三级"评选模式,即班级推荐、系院评选、学生投票的原则,推选一名品行优秀的学生作为大家的楷模,即"工院之子"。第二,按照"双向"特批模式,设立"最美工院人"杯。对我院学生在社会中涌现的"活雷锋",如见义勇为、拾金不昧以及同违法犯罪行为做斗争等,按照"社会反响,学院决定"的特批模式,授予"最美工院人"杯,并支付给一定的奖金。第三,启动"举报—复核—申诉"的"污点"惩罚模式。我院自2009年以来,启动了"举报—复核—申诉"的"污点"惩罚制度,即发动广大学生监督举报校园中的"缺德人",然后由院系组成审核委员会,对其按照规章制度进行审查,最后对审查出来的"缺德人",允许申诉,以防止"诬陷好人"。对于依照程序揭发的"污点人",学院将严肃处理,直至开除学籍。

（二）建立"三方联动"的督导制度

制度如果没有监督,"立德树人"的教育将是一纸空文。为此,我院建立了"三方联动"的

督导制度,以监督"立德树人"的落实情况。第一,充分发挥辅导员的"人生督导"作用。辅导员是学生"立德树人"的第一导师,又是其日常行为的第一监督人。充分发挥辅导员的督导作用,是"立德树人"教育得以落实的核心因素。第二,充分发挥班干部的"陪伴督导"作用。班干部是学生中的优秀代表,他们来自学生,生活在学生中,同时又优秀于普通学生,他们"知"学生之所想,"懂"学生之所为。充分发挥班干部的作用,是"立德树人"教育得以落实的关键因素。第三,充分发挥宿管人员的"生活督导"作用。宿舍管理人员是学院中最默默无闻的群体,管的都是"琐事"。然而德就在生活中,就在小事中。充分发挥宿管人员的作用,是"立德树人"教育得以落实的重要因素。

四、营造"立德树人"的环境氛围,以和谐的文化塑造人

校园环境既包括物化形态的人工环境,也包含非物化形态的校园氛围。马克思说,"人创造了环境,同样创造了人。"[4]开展"立德树人"教育,离不开和谐环境的创造。

（一）打造风景怡人的现代化校园,营造"立德树人"的人文环境

秀美的风景往往叫人留恋,风景怡人的现代化校园,同样会叫人备感温馨。风景怡人的现代化校园,为我们开展"立德树人"教育提供了必要的环境氛围。第一,打造靓丽名片,努力将学院建设成集"春花""夏荫""秋实""冬翠"于一体的花园式校园,让道德之花与自然之美竞相绽放。第二,提高充分利用现代化信息技术的能力和水平,努力实现校园网络的整体覆盖,建设数字化校园,让道德之美紧跟时代步伐。第三,依据现代职业教育办学理念,建成文化长廊、艺术展厅,同时物化和实化学院建筑,建设文化校园,让道德之果与文化之实相融。

（二）打造风清气正的奋进型校园,营造"立德树人"的良好氛围

荀子曰:"蓬生麻中,不扶而直;白沙在涅,与之俱黑。"[5]风清气正的奋进型校园能够陶冶人的情操,净化人的心灵,升华人的思想,提升人的道德境界,让人乐在其中。开展"立德树人"教育,必须有风清气正的良好"校风、教风和学风"与之相呼应。第一,营造"勤奋、务实、创新"的优良校风。良好的校风是教风和学风形成的前提。它有非常大的同化力、促进力、约束力与影响力,是一种优良传统和精神力量,开展"立德树人"教育必须与校风相结合。第二,营造"工作有激情,人人有劲头"的优良教风。优良的教风是校风与学风形成的关键。"德高为师,学高为范","大学之大不在高楼大厦,在于名师大家",锻造一支工作存激情、学术有水平、道德称典范的师资队伍。促进良好的教风形成,是开展"立德树人"教育的重要方面。从一定意义上来说,良好的教风是学院的精神和灵魂,它是学生的"标杆""典范""榜样",可以起到激励、鼓舞、熏陶和潜移默化的作用。第三,营造"学习有劲头,人人有目标"的优良学风。优良的学风是校风与教风得以形成的核心。新生入学伊始,我院就注重加强生涯规划教育,促使学生将学业生涯与职业生涯相结合,长远目标与近期目标相结合,并把近期目标分解为月目标、周目标、日目标,努力为学生营造"学习有劲头,人人有目标"的优良学风。实践证明,优良学风是开展"立德树人"教育的重要保障。

[参考文献]

[1] 王淑萍.主体参与教学研究的探索[J].教育探索,2003(12):76.
[2] 覃事太.如何增强思政教育的劝服功能[N].光明日报,2012-08-15.

［3］窦新顺.高职院校女大学生思想政治教育的有效性研究[J].学周刊,2013(11):18.

［4］马克思,恩格斯.马克思恩格斯选集:第1卷[M].北京:人民出版社,1996:243.

［5］荀况.荀子[M].北京:中华书局,2007:43.

立德树人视野下高职院校主题班会课研究

南京信息职业技术学院　王从容

摘　要：立德树人是教育的根本任务,作为高职院校开展思想政治教育和素质培养主要阵地之一的主题班会课,发挥着立德树人的重要作用。围绕主题班会课的育人效果,作者对高职院校主题班会课的现状进行了调查,并在此基础上对成效的提升提出了积极建议。

关键词：立德树人；高职院校；主题班会课

作者简介：王从容(1981—　)，女,汉族,江苏南京人,南京信息职业技术学院学工处副处长,助理研究员,硕士。研究方向:高职学生教育管理。

立德树人是教育永恒的主题,中华民族自古以来崇尚德才并重,孔子曰:"德之不修,学之不讲,闻义不能徙,不善不能改,是吾忧也。"墨子提出教育要培养"兼士",即人才的培养需要重视知识技能、思维论辩和高尚道德三方面的结合;近代教育家陶行知先生说"千教万教教人求真,千学万学学做真人"。这些教育家的名言无一不是在阐述教育的真谛。党的"十八大"以来,明确了"把立德树人作为教育的根本任务",作为高等教育的类型之一,高职教育的办学终极目标也在于此。

一、"立德树人"观在高职教育中的必要性

(一)是学生成长成才的内在需求

大学阶段是高职学生能力增值、自我价值积累的成长期,更是理想信念塑造、人生观价值观确立的关键期,他们内心有强烈的成长需求,但这个需求需要引导,他们需要认识社会,被社会所接受和认可,他们更需要面向未来,因为他们是国家和未来的建设者和接班人。无论是被动地适应社会变革,还是主动地追求理想的目标,人才的基本定义是不会改变的,就如立德树人是教育永恒的主题。因此,高职学生要想被竞争激烈的社会所认可,并得到可持续发展,实现成才梦、中国梦,必须德能并重,既要具备正确的价值观和人文素养的沉淀,还需有必要的职业精神、岗位能力,二者缺一不可。

(二)是高职人才培养的追求

立德树人的当代内涵就是,培养道德高尚、全面发展的人才,这也是高职教育人才培养的最高追求。高职教育作为职业教育的高级阶段,其最终目标是培养可持续发展的高素质职业人,包含两个层次,一是"高素质的职业人",培养学生具有专业的基础知识和基本理论,获得产业链上某个岗位的具体技能和能力,并在高技能培养的过程中形成良好的职业道德,毕业后可以胜任初次入职的岗位,成为科教兴国中实现科学技术转化为现实生产力的不可缺少的重要力量;二是"可持续发展的职业人",着眼于学生德、智、体全面发展,培养有知识、有能力、会学习、会做事、爱生活、能与他人协同合作、具有较好的文化底蕴、综合素质协调的可持续发展的人。通过两个层次目标的实现,能很好地帮助学生实现从第一岗位到第二岗位的迁移直至终身发展,这正是"立德树人"在高职教育中的充分阐释。

（三）是时代发展的驱动

习近平总书记在"五四"青年节北京大学师生座谈会上提出："党的十八届三中全会吹响了全面深化改革的号角,也对深化我国高等教育改革提出了明确要求。""全国高等院校要走在教育改革前列,紧紧围绕立德树人的根本任务,加快构建充满活力、富有效率、更加开放、有利于学校科学发展的体制机制,当好教育改革排头兵。"[1],坚持立德树人观,这是时代赋予高校的社会责任,高职院校也是责无旁贷,与时俱进地发展人才培养理念,围绕人的发展确立社会担当,将服务社会经济发展融于人才培养的核心任务之中,让社会主义核心价值观深入人心,在复杂的社会环境和多变的社会思潮中坚定理想信念,不断增强民族文化自信和价值观自信[2],把学生培养成为德技双馨、有利于国家、有利于人民、有利于社会的人。

二、主题班会课在高职院校立德树人工作中的重要意义

（一）是高职学生思想政治教育的重要载体

美国著名发展心理学家和教育家托马斯·里考纳在《完善人格教育》中提出进行完善人格教育的十二种实践途径,其中班级会议被认为是操作性较强的一种方式,班级是大学生的基本组织形式,是学生共同学习、活动、生活的场所,高校班级组织负责学生日常管理工作,同时肩负着学生日常思想政治教育和社会化的重要职责。[3]《中共中央国务院关于进一步加强和改进大学生思想政治教育的意见》中指出："要着力加强班级集体建设,组织开展丰富多彩的主题班会等活动,发挥团结学生、组织学生、教育学生的职能。"在高职院校的学生思想政治教育中,主题班会课是普遍的形式,通过主题班会课,辅导员可以了解学生的思想动态,同时通过主题教育活动,将社会主义核心价值观、人生态度传递给学生,将优秀的中华民族品质渗透在集体的成长中。

（二）是高职学生素质能力成长的重要平台

主题班会课有别于常规班会,一般来说主题班会课主题鲜明、内容集中,对象是学生群体,学生在积极参与的过程中,潜移默化地提高自身的综合素质,这对良好班风的形成,乃至学生的健康成长,都起着重要作用。[4]

高职学生的素质需要满足企业对人才的期望。调查发现,企业对高职人才的能力需求排在前几名的分别为爱岗敬业、沟通能力、积极学习的能力、理解能力等,专业能力在之后。同时调查也显示,高职学生认为主题班会课可以提升:生活适应能力,占 56.83%;学习能力,占 52.48%;团队协作能力,占 37.27%;人际交往能力,占 36.02%;自我管理能力,占 58.7%;理解能力,占 48.14%。由此可以看出,主题班会课在培养学生综合素质方面起着不可忽视的作用。

三、主题班会课立德树人的现状和困境

为客观了解主题班会课的现状,本文采取了抽样调查的方式,获得学生有效问卷 967 份,辅导员有效问卷 38 份,在解析目前面临的困境基础上,以期推进立德树人的成效。

（一）高职院校主题班会课在立德树人方面的现状

1.主题班会课的作用受到认可

调查结果显示,高职学生对主题班会课开设的必要性和价值的认可程度较高,有 95%

的学生认为大学时期定期开展主题班会课有必要,有78%的学生认为主题班会课对自己有帮助。与此同时,主题班会课在各高职院校的学生教育管理工作中受到重视,参与调查的8所高职院校对开设主题班会课都有要求,62.5%的学校对主题班会课有制度支持,其中23.68%的被调查辅导员表示学校不仅有要求还有考核。

在主题班会课内容的调查中我们发现,每个学期涉及理想信念、价值判断类的主题班会课一般是1到2次,大多数的班会课集中在事务管理上。由此可见,主题班会课的作用值得肯定,但距离立德树人还有差距。

2.高职学生对主题班会课有价值引导的期待

高职学生在面对"你希望通过参加主题班会课提高哪些方面的能力"问题时,有43.68%的大三学生选择了"价值判断",大二和大一学生对该项的选择率分别为54.35%和38.72%。这一数据符合学生成长的规律,大一新生对新环境的适应需求比较高,在"价值判断"选项之前排列的是"学习能力""人际关系""自我管理",大二的学生在一年的适应期之后,对人生的意义产生了更多的思考,到了临近毕业阶段,仍然有近一半的实习后学生需要在价值观方面得到指导。这一系列的数据充分表明了学生在价值引导、思想成长方面的期待和需求不满足的状态。

3.主题班会课与学生需求的匹配有偏差

为进一步了解主题班会课在高职学生成长成才中的效果,本文还做了匹配度的调查,包括:"你参加过的主题班会课有哪些""你希望开设哪些方面的主题班会课""回顾过去的一年,你认为参加哪些主题班会课会对你的成长更有帮助"。三个问题分别代表"教师认为""学生需求""理性回顾",数据汇总的情况不是很一致,比如:一年级已开设排名前三的主题班会课有校园介绍、安全教育、学业规划;一年级学生期望开设排名前三的主题班会课有人际交往、学习建议、学业规划;同专业二年级学生建议在一年级开设以下内容的主题班会:人际交往、时间管理、学习方法。由此可见,目前主题班会课的内容现状与学生需求不完全匹配。

4.大多数高职学生希望改善主题班会课形式

在对影响主题班会课效果的问题中,选择"丰富主题班会课的形式"的高职学生占55.69%,接下来的排名分别是增加师生互动,增强主题的针对性和引导性、案例选材具有时代性。在对组织形式改进建议的调查中,高职学生选择排名前三的分别是团体活动、主题讨论、专题演讲。可见,丰富的主题班会课形式才更受学生欢迎。

(二)主题班会课在立德树人方面的困境

调查数据反映了高职院校主题班会课的一些问题,无论是学生需求匹配度还是组织形式,又或者是实施效果,总结起来,由以下几个方面的困境所造成:

1.社会文化环境纷繁

随着社会的发展,各种正向的、负面的观念不断交叠、碰撞,对大学生的思想产生冲击,高职学生甄别能力较弱,面对社会矛盾、不正之风带来的负面影响,容易形成浮躁焦虑、急功近利的心态,这些不健康的心态给主题班会课教育带来难度。另外,"自媒体时代"的到来,网络传播的快速性、庞大性、复杂性又给大学生正向的道德观、人生观、价值观的确立带来了挑战。因此,高职学生的成长困惑比以往更深入、更复杂,带来的问题是主题班会课与学生需求匹配度不高,效果不够明显,解惑难度更大。因此,当下时代的主题班会课需要厘清教育主题的目的,深刻剖析学生的心理诉求,充分认识社会进程中表象下的本质,才能拨开学生心灵上的重雾。

2.高职学生的自身特点

95后的高职学生绝大多数是独生子女,在他们的成长经历中,父母在生活上、精神上的照顾无微不至,带来的问题是生活自理能力普遍较差,担当意识比较缺乏,包容度和心理承受能力相当不足。同时,高职学生在过往的教育经历中,成绩或表现处于班级的中等或偏后的位置,文化基础薄弱,学习能力不强。由于教育评价的单一性,使得这类学生在高考以前很少被关注或褒奖,他们的综合素质也很少有机会得到提升,带来的问题有:自信心不足,人际交往能力欠缺;自我约束能力较弱,对学校的规章制度遵守能力较差;学习目标不明确,脚踏实地的坚持精神缺乏;等等。高职学生的这些自身特点,使得辅导员在规划主题班会课内容的时候,疲于应付不断出现的事务性问题、规范性问题,忽略了思想建设类、道德培养类、价值观树立类等心灵深处的需求,立德树人的深层次目标的实现得还不够。

3.主题班会课建设薄弱

主题班会课的建设现状也给立德树人的效果带来影响,课程化建设程度不够,体系脉络不清晰、授课教师的能力水平是比较集中的问题。

长期以来,主题班会课是由学生工作部门承担,没有纳入规定的教学体系进行管理,课程化建设推进缓慢,因为没有作为课程来规划,所以上课无指导教材、无正规教案、无统一备课,不进学分、不进课表是当前现状。带来的问题是主题确立无顶层设计,现象的剖析依赖个人水平,教学的效果缺乏科学研究。其次,从三年主题班会课的整体来看,没有形成体系,没有统一的安排,缺少连贯性和承接性,因此对学生的思想引导和素质培养也呈现不连贯的现状,脉络不清晰,影响育人效果。第三,目前承担主题班会课的教师通常是辅导员,这支队伍比较年轻,很多也是从学校走向学校,没有太多的经验积累,很多也不是思想政治教育专业或师范类毕业,在主题班会课的授课方面缺乏指导,不能很好地深化主题,把握学生需求,水平和能力有待提高。

四、加强主题班会课立德树人效果的策略

(一)以人为本开展主题班会课研究

主题班会课说到底是为学生成长成才服务的,并且个体之间存在差异性,班级之间、各高职院校之间也存在差异性,调查中我们发现,目前的主题班会课对受众的研究不够、不细、不深,因此对学生的教育引导容易浮于表面,学生受到了触动,但体会不深,学生成长成才的收获不大。我们需要尊重学生的诉求,研究学生的成长规律和个性差异,以此来设计主题班会课的内容和环节。

同时我们也应该看到,学生的需求有些是显性的,有些是隐性的,有些是他们自己还没意识到的,许多高职学生在入校后,自觉或不自觉地将学习目标与未来职业相挂钩,这需要辩证看待,他们注重未来实际职业领域的技能需求,但对影响未来职业发展的精神性和能力层面的要素理解不清不透,比如为什么工作,怎样工作,如何处理工作中的关系,怎样才能在

工作中赢得尊重、获得发展等。[5]这样的困惑也许学生在工作以后会产生,而我们可以提前做好准备,加强对主题班会课的研究,做好前瞻性的规划,纠正高职生在思考未来方面可能存在的功利心态,引导学生树立远大的职业理想,拓宽人生思考,提高面向未来的综合能力,这正是立德树人在高职院校的践行之路。

(二)科学开展主题班会课的课程建设

主题班会课不同于一般的教育活动,也不仅仅是思政课,它是人才发展、职业规划、专业建设的重要补充,它是以立德树人为目标,相对固定群体开展的,贯穿大学期间的,有计划、有结构、有内容的教学活动。因此,主题班会课应当作为一门课程进行定位和建设,并且针对目前的瓶颈,只有课程化建设可以突破困境。

如何开展课程建设?高职院校的主题班会课需要融入学校的课程体系,写入各专业的人才培养方案中,作为一门课程来建设,需要制定有针对性的课程标准、开展教材建设、规划课程内容、确立实施方案,拟定考核办法。

(三)创新主题班会课的组织形式

目前主题班会课普遍的组织方式是老师讲授,学生被动听取,忽视了学生的主体地位,不利于主题班会课的思想深入人心。要增强主题班会课学生的参与性,在组织形式上可以有学生主讲、老师评价的形式,也可以运用"案例式""启发式"方法进行教学,或者通过讨论学习的形式加深学生对内容的理解。重视"发现"教育,在学生参与的环境中,引导其主动发现知识、发现能力、发现自我、发现前进的方向,感悟真、善、美,最终实现立德树人的伟大愿景。另外,在教学途径方面,可以充分运用多媒体技术、计算机网络等当代大学生喜闻乐见的手段,使主题班会课教育有效地跨越时间、空间的限制,提升教育的效果。

(四)提升主题班会课授课队伍的水平和能力

在高职院校,主题班会课的授课队伍主要以辅导员为主,他们在立德树人事业中扮演着重要角色。作为主题班会课的主导者,辅导员需要从以下几个方面提升授课的水平和能力:首先,经验需要总结,辅导员的工作需要从事务性的繁重中解脱出来,开展工作的思考和总结,在授课能力方面多学习、多积累,向理论学习、向优秀教师学习;其次,发展需要研究,辅导员要立足专业化、职业化要求,开展相关工作研究,修炼长远的眼光、理性的思考,提升自己的授课水平;第三,高职院校的辅导员需要了解企业、了解专业、了解行业,在主题班会课的教育教学中,融入职业发展的理念和岗位需求的知识,帮助高职学生确立自己的职业理想和奋斗路径。除了个人努力之外,高职院校应配套系列的政策和机制服务辅导员成长,鼓励辅导员开展研究,促进辅导员在本职岗位上做出更大的贡献。

主题班会课是一项育人工程,放在立德树人的视域下建设,推动其建设发展,是高职院校提升育人效果的有效途径,也是高职院校的育人情怀。

[参考文献]

[1] 习近平.青年要自觉践行社会主义核心价值观——在北京大学师生座谈会上的讲话[N].中国青年报,2014-10-11.
[2] 姜燕.浅谈高职院校立德树人的方法[J].吉林省经济管理干部学院学报,2014,28(4):108—110.

[3] 马怡菲.论主题班会在高校德育工作中的运用[J].新课程研究,2015(7):98—100.

[4] 胡云斗.主题班会:提升高职学生非专业素质的重要载体[J].高校辅导员学刊,2009,1(3):82—84.

[5] 孙晓玲.核心价值观视域下的高职职业素质教育论[J].中国职业技术教育,2014(31):50—55.

自组织理论视域下的学困生转化

顺德职业技术学院　李春莹

摘　要：随着高校学生人数不断增加，入学门槛降低，个别学生的学业问题日益突出。学困生已成为高校中不容忽视的特殊群体。他们不仅要面对学业上的困境，往往还伴有焦虑、自卑、敏感等各种心理问题。轻则无法顺利完成学业，重则还有部分学生做出危险举动，危害校园安定，引发社会问题。本文通过尝试性地将自组织理论运用到学困生的转化中，通过分析该群体形成原因，结合自组织理论中的耗散结构理论、协同学、突变论等，探索学困生转化的内行性方式。

关键词：学困生；自组织理论；转化

作者简介：李春莹（1986—　　），女，汉族，广东顺德人，顺德职业技术学院学生工作部教育管理科科长，讲师，中山大学文学硕士。研究方向：学生思想政治工作研究。

　　1999 年，基于解决经济和就业问题，我国开始实施扩大普通高校本专科院校招生人数的教育改革政策，简称"扩招"。高等学校招生规模持续增长，学生数量大幅增加，导致生源素质变得参差不齐。因学业问题所造成的休学、退学等无法按期毕业的学生总数也在不断攀升。这类学困生不仅面临着敏感、焦虑、自卑等一系列的心理压力，还给当前高校教育发展带来了诸多不利的影响。《国家中长期教育改革和发展规划纲要（2010—2020）》第十三章原文提出，要"注重因材施教。关注学生不同特点和个性差异，发展每一个学生的优势潜能。建立学习困难学生的帮助机制"。因此，关注高校学困生群体，寻求相应的解决对策帮助他们顺利完成学业，消除他们的心理问题与社会压力，引导他们形成健全的人格具有重要的现实意义。

一、高校学困生形成的主要原因分析

　　通过对先行研究的分析梳理以及对学困生群体的调查了解，发现学困生群体的成因可分为外因和内因两部分。

　　外因主要有：（1）外界环境影响。部分学生会因为沉迷网络、交友不当、学习环境差等原因导致学习困难。其中值得注意的是，随着国家扶贫助困的政策日益深入，家庭贫困的学生入学率逐年增加，部分学生把大量时间用于兼职打工乃至创业上，因而无法兼顾学习，导致学习困难情况的出现。（2）突发事件或情感问题引发。如恋爱失败、就业受挫、父母离异、亲人去世等。此类事件对学生造成了一定的心理冲击，如果未能及时调适，将导致学生学习中断或者心灵受挫，造成突发性学习困难。

　　内因主要包括：（1）学习动机不足。具体表现为学习兴趣和求知欲望明显淡漠。如对教师讲授的内容不感兴趣，导致迟到、旷课、拒交作业等现象的出现，或对专业前景迷茫，对就业缺乏信心，导致学习动力的缺乏。（2）学习策略失调。此类学生或许有良好的学习态度，但由于自身对知识的处理能力较弱，导致学习效率低下。具体表现为学生在注意、激活、转换、编码、储存和提取等方面的能力较弱。(3)良好的学习习惯尚未养成。由于家庭教育薄弱，长辈溺爱等原因，部分学生未能从小养成良好的学习习惯，他们怕苦怕累，依赖性强，存在不愿动脑、容易放弃等不良学习习惯。

二、学困生特征与自组织理论

自组织理论是 20 世纪 60 年代发展起来的系统理论。《系统科学大辞典》对自组织定义如下："系统在演化过程中，在没有外部力量强行驱使的情况下，系统内部各成员协调动作，导致空间的、时间的或功能上的联合行动，出现有序的活的结构。"与其相对，"他组织"不能自行组织、自行创生、自行演化，不能够自主地从无序走向有序，而只能依靠外界的特定指令来推动组织转化。简单而言，如果一个系统需要借助外部指令而形成，就是他组织；如果在不存在外部指令的条件下，系统按照某种规则自动形成有序结构，就是自组织。

近年来，该理论逐渐运用于企业管理、社区规划等领域，在教育领域中的应用相对较少。而在学困生的转化研究中，一般将重点放在外部转化上，例如推行学困生预警、学困生奖惩、家长学校联动等。这些措施虽然对学困生转化有一定成效，但都属于外部干涉行为，即"他组织"行为。但大学学习具有学习过程自主性、学习方式多样性、学习目的探索性等特点，内部动机才是大学生学习的最主要推动力量。因此，将自组织理论运用于学困生转化中，以自组织学习为视角，深究解决学困生在学习过程中出现的问题，进而探寻完善该群体转化的内在动力机制的策略显得尤为重要。

三、自组织理论下的学困生转化

自组织理论主要由三个部分组成：耗散结构理论(Dissipative Structure)、协同学(synergetics)、突变论(Catastrophe Theory)，以下将对耗散结构理论中的有效开放原则、协同学中协同与竞争原理、突变论下的分叉选择原理与学困生转化的契合度进行分析。

(一)利用有效开放原则提升学习动力

耗散结构理论主要研究系统与环境之间的物质与能量交换关系及其对自组织系统的影响等问题。其中，有效开放原则是耗散结构理论中一个重要组成部分。有效开放原则认为，个体在自组织中通过与外界交换物质和能量，从外界获取正面能量抵消自身消极能量，从而使系统实现无序到有序、简单到复杂的演化。

该原则运用于教育中体现为两个方面，一是对学生的兴趣爱好持开放性态度，不做过度限制与约束，让其自由发展。用学困生兴趣爱好的"正能量"底掉自身学习动力不足的"负能量"。具体而言，除专业知识的帮扶外，学校应发掘学困生群体在专业学习以外的特长，如艺术特长、第二学科特长。可通过校园活动平台的搭建，为他们提供展现自我、发展自我的舞台。当学生在其感兴趣的地方获取认同感与成功感时，他们的自信心将大大提高，其集体感也将有所增强，从而让他们提高学习动力。二是对专业技术研究活动持开放性态度，扩展专业比赛、专业考核的外延。用学生积极参与其他见习活动的"正能量"抵消专业知识学习动力不足的"负能量"。具体而言，就是不再单纯以知识点考核为重点，而是加入学习态度、课外调研等考核指标；不再单纯以专业研究平台搭建为重点，而是增加企业见习、实习实操等环节,拓宽学生知识面。通过开放考核指标、开放平台等途径,在最大程度上提升其对专业的认同感与兴趣度,以求内化为学习动力。

(二)利用协同学和竞争原理调整学习策略与学习习惯

协同学是耗散结构理论的发展,它提出系统从无序到有序的自组织转变,关键在系统内部各子系统在一定条件下存在相互作用。同时,协同学中还指出,"竞争"与"协同"相对,两者共同存在于系统内部,互相制约,互相依赖。据此,可以建立"学优生＋学困生""党员＋学困生""学生干部＋学困生"等帮扶机制,最大化地帮助学困生建立同伴间的协同互助与竞争互动环境,激发其竞争意识,帮助其调整学习策略,从而养成良好的学习习惯。

此类帮扶可包括课内与课外两方面,课内部分主要由"学优生＋学困生"完成,课外部分则由"学优生＋学困生""党员＋学困生""学生干部＋学困生"共同完成。在课内部分:学优生带动学困生集中注意力,积极参与各种教学活动。当学困生积极性不高时,学优生给予及时提醒,提高学困生听课效率。课外部分:学优生对学困生没有听懂的部分进行再讲解,对练习中遇到的问题进行指导;党员帮助学困生提高课外时间的利用率,减少因为游戏、玩乐等影响知识点的加深与巩固;学生干部通过课外活动的引导,提高学困生校园生活、集体活动的参与度。

这种机制下的朋辈互动,表面看是系统靠外部指令而形成组织,属于"他组织"理论,但实际上,这类互动有效利用了"自组织"理论中协同与竞争原理:利用"协同"互动提升学困生课堂学习的参与度,帮助其从内部调整自身的学习策略;利用"竞争"互动提升学困生的课外复习与课余活动的参与度,提升其时间运用的有效性,帮助其养成良好的学习习惯。

(三)利用分叉选择原理规避环境或突发事件带来的负面影响

当代大学生阅历尚浅,思想单纯,在面对复杂多变的外部环境和发展道路时,难免会受到他者的影响。所以引导学困生提前预测在学习过程中可能会出现的外部情况,做出正确的选择,使其摆脱外部环境的负面影响是关键。这时就用到了自组织理论中的分叉选择的原理。分叉和选择的原理认为系统从无序到达有序,从低级到达高级的过程处于不断的发展、变化中,在此过程中会存在多种可能的道路,需要面对分叉、做出选择,而分叉和选择的结果可能是正面的,也可能导致系统走向崩溃或退化。正如学困生身处的环境以及可能面临的突发事件一样,安静的环境有助学生专注学习,完成作业,嘈杂的环境则不利其专心思考。稳定的外部环境有助于学生安心学习,突发状况的产生则会给学生造成一定的心理冲击,影响其学业。

根据分叉选择的原理,"分叉"意味着系统的发展变化面临多种可能性,因此可通过人为分析,提前获知将会出现的"分叉节点"与"分叉结果",以便帮助学困生做出适当的调适与选择。以宿舍为例子,如果宿舍中有学优生,那么他的时间安排、学习习惯等都可能给其他人带来正面影响。因此,学校可尝试性地通过在新生入学前根据其入学分数科学地为其分配班级和宿舍,避开学困生扎堆居住现象的出现,利用学优生学习习惯良好的特点,营造宿舍爱学乐学的氛围。同时,可以用案例引导,如榜样引领、校友交流、企业家论坛等,通过"过来人""身边人"的讲述,帮助学困生规避可能对学生造成负面的因素,提高帮助学困生做出正确的选择并摆脱他者的影响。同时还需要在经济扶贫的基础上关注学生的"心灵扶贫"问题,通过数据筛查、跟踪关注等形式,提早对学困生所面临的突发事件进行心理调适。

　　综上,本文尝试对自组织理论与学困生转化的契合性进行分析,希望通过自组织下的三大原理寻求学困生转化的内化方式。利用耗散结构理论中的有效开放原则,通过对学生的专业技术研究活动与兴趣爱好持开放态度,最大程度拓宽学习外延,增加其学习兴趣,以求内化提升学困生的学习动力。利用协同学中协同与竞争原理,通过"学优生+学困生"完成课内帮扶,"学优生+学困生""党员+学困生""学生干部+学困生"共同完成课外帮扶,从而帮助学困生从内部调整自身的学习策略,养成良好的学习习惯。利用突变论下的分叉选择原理,通过人为划分、案例引导等途径,提前划分、提前预警、提前调适,帮助学困生规避环境或突发事件带来的负面影响。在今后的研究中,将加大对自组织理论与学困生转化的契合度研究,将重点放在转化方式的具体化上。同时尝试利用自组织原理探索检测数据库的开发与利用。

[参考文献]

[1] 许国志.系统科学大辞典[M].昆明:云南科技出版社,1994(3).

[2] 李玉环.高校学困生:现状、成因与对策[J].教学研究,2008(1).

[3] 李雪.学困生产生的原因及其转化对策的研究[D].大连:辽宁师范大学,2007:7.

[4] 宋吉红,李铁铮,赵海燕.高校学生自组织群体舆论对学生思想与行为影响的研究[J].中国林业教育,2012(1).

[5] 刘秋华.高校后进生的有效教育管理机制研究[J].当代教育理论与实践,2011(2).

高职高专贫困学生资助育人工作机制的思考

绵阳职业技术学院　　豆　祎

摘　要：高职高专贫困学生资助育人工作旨在深入探讨高校在对贫困生实施资助的过程中，把对贫困生的资助与贫困生的思想政治教育工作结合起来，建立起适应贫困生成长成才的资助育人体系和机制，进一步加强和改进贫困生的思想政治教育工作，教育受助学生树立和践行社会主义核心价值观。通过卓有成效的思想政治教育工作，转变贫困生对自我的认识、对社会的认识、对家庭的认识。通过不断完善和创新资助与育人有机结合的工作机制，提高贫困学生的综合素质，培养贫困生全面成才。

关键词：贫困学生；资助育人；工作机制

作者简介：豆祎（1965—　　），男，汉族，陕西眉县人，绵阳职业技术学院学生处副处长、学生资助管理科科长，讲师。研究方向：高职高专学生思想政治教育、学生管理和学生资助育人。

高校资助工作的基本目标是缓解乃至解决贫困学生的经济问题，这项工作不仅仅是一项经济资助工作，在资助的过程中自始至终贯穿着对贫困学生的思想政治教育。当前，贫困学生的问题不仅仅是经济方面的问题，还涉及贫困学生的学习、心理、能力、实践和思想等方面的问题。这些问题如果不能得到有效的解决，校园的和谐以及社会的稳定将会受到严重的影响，教育公平将无从谈起，我国高等教育的健康发展也会受到严重制约。

同时，国家为进一步加强和改进贫困大学生的资助与思想政治教育工作，强调高校家庭经济困难学生资助工作的开展一定要坚持以育人为本，资助是手段，育人是最终目的。鼓励探索新形势下高校开展资助育人工作的新方式、新途径、新机制。因此，高校在学生资助工作中，以助困为契机，重视对贫困生的思想政治教育工作，将帮困助学与做好贫困学生的思想政治教育工作紧密结合起来，做到资助与育人相结合，促使贫困生的健康成长与成才，全面实现助学目标，实现教育公平、社会和谐和把贫困学生这个高校中的特殊群体培养成德智体全面发展的社会主义建设人才。

一、高职高专院校贫困生资助育人机制存在的问题

（一）贫困生资助工作中的物质资助与精神帮助的有效结合机制尚不完善

目前，在高校贫困学生资助工作中，虽然解决了部分困难学生的经济问题，但多数贫困生在学习、心理等方面的贫困依然存在，相当数量的困难学生在思想上还存在着许多问题。高校贫困学生资助工作和贫困生的思想政治教育工作息息相关，其中蕴含着丰富的育人资源，然而当前高校在对贫困生资助的过程中，经济资助的力度较大，而针对困难学生的思想政治教育工作还比较薄弱，或者脱离资助工作谈思想政治教育，没有把资助作为育人的一种有效手段利用起来，缺少物质资助与精神帮助的有效结合。

（二）部分高校在贫困生资助过程中对贫困生的思想政治教育工作重视不够

思想政治教育是一种与时代结合、与学生结合的教育活动，对于贫困大学生，政府、学校、社会各界等都从多方面予以关注，帮助贫困生解决困难，但是不难发现，这些关注大都是经济方面的，对他们的思想、道德、心理等方面的教育较少。因此，我国贫困大学生的思想政治教育出现很多道德方面的问题，例如助学贷款违约、对班集体很少有参与热情、对社会现象或事物很冷漠、看法偏激等。多数高校只局限于对贫困学生的经济资助，而对贫困学生的思想政治教育工作重视不够，缺乏有效的手段。受各种主客观因素影响，高校的资助工作忽视了对高校贫困学生精神上的解困，缺乏对贫困生思想、道德、心理和发展成才等方面的正确引导，没有将资助政策同培养人才的根本任务相结合，缺乏解决贫困生思想问题整体的全面的思路和方案。

（三）对贫困生的物质资助形式多样，但思想政治教育工作相对薄弱

目前，我国对高校家庭经济困难学生已经搭建起了完整的资助平台，并逐渐形成了一套由政府、高校为主体以及社会、个人等积极参与的"奖、助、贷、补、减、免"以及"绿色通道"等措施多元化的资助政策体系，资助形式多样，资助效果显著。但在实际的帮助贫困学生的工作中，多数高校还是过多地侧重于物质资助，使高校资助工作逐渐形成了以物质资助为主，偏向的认为只要对贫困学生多给予经济物质上的帮助，其他问题也可以迎刃而解，把资助他们能顺利完成学业作为资助的最终目标。然而，加强对贫困学生的教育引导，促进他们全面发展，以及满足他们长远的深层发展需要，这才是国家开展高等学校家庭经济困难学生资助工作的终极目标。

高校家庭经济困难学生作为一个特殊群体，除其所承受的经济压力以外，学习、心理等压力也都比较大。笔者长期在高校从事学生资助工作，在对从事资助工作的老师和学生进行的访谈中发现，他们中有部分对自己不能正确的评价，"等、靠、要"的心理和思想问题较为突出，认为国家、高校、社会等给予资助是理所当然的，并有严重的依赖思想。同时，当前家庭经济困难学生接受资助而不感恩现象比较普遍，缺乏起码的感恩之心。

（四）思想政治教育工作的方法不适应贫困大学生的心理需求

高校贫困生存在较多的心理问题，与高校非贫困生相比，他们的心理健康状况一般较差。就目前的大学生心理健康教育而言，各高校虽然开设了心理健康教育课程，设有心理健康咨询中心，但是很多只是流于形式，没有从根本上真正解决贫困生的心理问题，很多贫困生由于比较敏感，不会主动去进行心理辅导；而一些所谓的心理辅导老师也只是局限于所学专业知识，没有真正走进贫困生的生活当中去了解他们，只是从理论上进行辅导，忽视了每个贫困生的特殊心理问题，加之心理工作者缺乏深入了解贫困生心理的实践与数据，从而出现贫困生思想政治教育工作方法的偏差与脱离实际。

（五）贫困学生的"身份"认定缺乏科学合理的机制

据了解，很多高校都是以学生所在家庭的村委会、街道办事处、乡镇人民政府等有关基层部门开具的贫困证明、家庭经济情况调查表等为依据，对贫困学生进行困难情况认定。也就是说，大学生的"贫困生身份"由家庭所在地的"一纸证明"决定，不管学生是否真的家庭困难，纸上说了算，而且对于这样的"证明"，学生所在地有关部门大多不经实际调查，一般都要开具，使得学校无法真正认定。其实，一纸证明的"权威"是很值得质疑的，这就容易导致一

些确实贫困的学生得不到帮助,而一些"富裕生"却顶着"贫困生"的头衔,享受着不应属于他们的"待遇"。由此可见,仅凭学生家庭所在地所开的贫困证明作为认定的唯一依据是不够科学的,在实际的操作过程中却很难完全真实地反映学生的贫困情况。

二、完善高职高专贫困学生资助育人机制的对策

(一)整合各种社会资源,提高资助育人的实效

高校资助育人中的思想政治教育工作,不能仅仅追求贫困学生群体本身的经济、精神、思想等各方面的综合发展,而应将对贫困学生的全面引导和思想政治教育工作与整个学校乃至社会的发展相结合,在充分协调几者相互关系的基础上来开展贫困生的思想政治教育工作。首先,高校资助育人工作开展前,要充分了解和掌握学生、学校和社会的相关信息和具体情况,一方面使具体的资助育人工作建立在合理利用高校和社会各方资源的基础上,另一方面,充分利用社会大环境的各种契机,努力营造资助育人的良好氛围,达成学生、高校和社会的和谐关系。其次,高校资助育人工作要善于将贫困学生推向社会,通过各种志愿者活动等形式来引导学生在接受社会各方资助的过程中懂得回馈社会,提升贫困生高尚的思想境界。通过综合效应的追求来达到学生、高校、社会的和谐发展,通过社会帮助高校贫困学生,通过资助育人向社会输送专业、思想政治过硬的合格人才。

(二)充分发挥高校学生资助政策的激励效能,不断创新和完善高校资助育人机制

1.创新传统的帮困助学模式

高校资助育人工作应坚持在校内校外两个平台上运作。一方面在校内积极创设多种岗位、多种服务帮助困难学生;与此同时,应大力开拓社会资源,积极联系各种兼职、争取各种社会资助。再次,高校资助育人工作应致力于搭建学校、院系、年级三级帮困育人网络。最后,高校资助育人工作应追求贫困学生经济、学习、思想和实践能力等方面的全面育人目标的实现,以培养贫困学生健康成长为根本的高校资助育人工作应以经济资助为基础,精神即思想政治教育为核心,学业为重点,实践为补充,让学生在勤工助学过程中解决经济困难的同时不荒废学业,在锻炼能力、适应社会的同时提升思想政治觉悟,达到育人的目的。

2.建立贫困生心理健康扶助机制

高校困难学生由于经济的原因,他们的生活压力、心理负担等都比非贫困生更大,自卑感更重,从而背上沉重的心理包袱。因此要对贫困生加强人生观、价值观教育,挫折教育,自立自强教育等,帮助他们树立正确的价值观、荣辱观,增强克服困难的勇气和信心,在他们遇到心理困难时,积极地对他们进行心理干预和辅导,解开他们的心结,促使他们在挫折中进步、成才。因此,高校在开展心理健康教育活动时应重点关注贫困生的心理健康工作,将二者有效地结合在一起。

3.建立贫困生职业能力扶助机制

高校在关注贫困学生如何顺利地完成学业的同时,也必须特别关注这一群体的就业问题。在目前的就业问题上,困难学生存在择业心态不健康、经济压力大等问题。在困难学生就业问题上,要帮助他们树立正确的择业心态,提高他们在择业工作中的竞争力,是做好此类学生就业工作的关键。第一,帮助困难学生树立健康的择业心态。高校要从学生入学就

开始关心关注困难学生,深入扎实开展思想政治教育,通过大学三年完整的相关教育,培养学生树立正确的就业观。第二,帮助困难学生提高就业竞争力。有针对性地加强对贫困生的各种能力培训,提高他们的综合素质。

4.注重贫困生的全面发展

要提高贫困生的综合素质,就要求高校的资助育人工作必须注重从学生的全面发展出发,在帮助贫困学生排解经济困难的同时,重视对学生思想、精神方面的积极引导,通过潜移默化的帮困工作给学生以正面影响,达到育人的成效。首先,高校资助工作者要不断拓宽工作思路,创新工作方法,丰富工作内容,突破原有的经济帮困范围,进一步扩展到贫困生的思想、心理、学业等各方面的综合教育作用。其次,高校资助工作者要时刻关注贫困学生的实际变化,全面了解和掌握学生的实际情况。第三,高校资助工作者要注意协调好经济、思想、心理、学业和实践能力等各方面的相互关系,追求贫困生经济、精神、学业、实践等方面的综合全面。

5.建立多渠道多层面全方位立体型的资助育人网络

在资助育人工作中,要追求贫困生的全面发展、全员育人的整体成效,就要求高校资助育人工作能在创新思维的过程中善于挖掘校内校外的广泛资源,尽可能多地丰富资助育人的途径,建立更为完善的多元资助育人体系。首先,高校资助育人中的思想政治教育工作应建立与贫困学生的经常性联系,通过网络、面谈、电话、信件等多种方式,来及时了解学生的真实想法和实际需要,实现工作前期的思想互动。其次,在工作中注意及时总结和收集反馈信息,为有针对性地开展贫困生的思想政治教育工作提供调整的可靠依据。与此同时,向贫困学生提供资助、创设勤工助学机会转变为让学生学会自强自立开放式资助育人思路,让学生在摆脱经济困境的同时以积极、向上的思想状态走向社会。

6.在资助育人工作中开展形式多样的主题教育活动,提高贫困生的综合素质

目前,高校的学生资助政策体系为贫困生的思想政治教育提供了一个非常好的教育契机和教育载体。高校应该充分挖掘学生资助政策这项惠民政策所包含的教育资源,通过开展丰富多彩、形式多样的主题教育活动,促进贫困学生的健康成长和成才。将贫困生的理想信念教育、诚信教育、感恩教育、励志成才教育、责任意识教育、勤俭节约教育、职业生涯规划教育等主题教育活动贯穿于资助工作的全过程,加强和改进贫困生的思想政治教育工作,提高资助育人的工作实效。

7.开展丰富多彩的校园文化活动,强化资助育人的工作实效

高校要重视人文关怀在贫困生思想政治教育中的作用。对贫困生进行人文关怀,高校就要努力营造一个关爱贫困学生、有利于贫困学生健康成长的校园环境。一方面,高校要优化校园人文环境,营造"尊重贫困学生人格,维护贫困学生权益,关爱贫困学生成长"的舆论环境,构建民主、平等、和谐的校园文化。另一方面,高校要加强宣传,在校园内积极营造帮贫助困、互助互爱的良好氛围。要通过各级党团组织、学生社团组织广泛开展丰富多彩的校园文化活动和形式多样的关爱贫困生活动,通过浓厚的校园文化和校园人文环境的熏陶,使贫困学生能切身体会到学校大家庭的温暖,激励贫困学生树立信心,积极、乐观地面对生活,促使贫困生形成积极向上的思想状态,使广大贫困学生在活动中锻炼能力、提高素质,洗礼心灵,升华思想。

8.不断完善科学合理的贫困生认定机制

高校在资助育人工作中要不断完善和建立科学合理的贫困生认定机制。第一,建立科学直观的困难学生认定指标体系,除家庭人均月收入外,还应综合考虑学生的交纳学费情况、生源所在地经济状况、在校生活状况、家人健康状况、父母工作状况、使用通信工具状况、使用计算机情况、家庭是否有特殊情况等,设以权重并以汇总分,参照学生家庭经济困难调查表和困难证明等资料综合考虑,作为认定家庭经济困难学生的依据。第二,认定工作应该建立严格的认定资格、确定档次、评议审批、公示反馈、建立档案、资格复查等程序,在具体的操作方式上,可以采取更加人性化的具体措施。

高校资助育人工作,是一项具有长期性的系统工程,高校资助和思想政治教育工作者要不断优化工作内容、拓展工作思路、创新工作方法和工作机制,使贫困生资助与思想政治教育工紧密结合在一起,相互促进,共同发展,才能更好地将高校的贫困生培养成德智体全面发展的社会主义建设人才。

[参考文献]

[1] 杨爱民.资助与育人相结合,构建新型助学体系[J].中国高等教育,2005(17).

[2] 黄科,唐勇.高校贫困生思想政治教育存在的问题及对策[J].四川职业技术学院学报,2006,16(2).

[3] 陈阳春.高校贫困生思想特征及教育对策探析[J].沈阳工程学院学报:社会科学版,2009,5(2).

[4] 许素萍.贫困大学生的心理问题及心理救助[J].思想理论教育导刊,2004(7).

[5] 姚君君.帮困工作与育人工作的有机结合——高校帮困育人长效机制探析[J].世纪桥,2006(2).

[6] 王国辉.坚持助困育人,构建高校学生资助工作新模式[J].黑龙江科技信息,2009(7).

[7] 裴巧玲,姜德红.高校资助育人工作现状分析及对策研究[J].高等职业教育—天津职业大学学报,2009(12).

[8] 赵志华.思想政治教育与帮困育人整合机制研究[J].河北省社会主义学院学报,2009(1).

[9] 梁作甲.帮困与育人相结合,健全高校资助工作体系[J].教育理论研究,2010(6).

对新形势下引领当代大学生弘扬社会主义核心价值观的思考

秦皇岛职业技术学院　　郑利群

摘　要：加强当代大学生社会主义核心价值观的培树，比以往任何时候都更为迫切和重要。本文从以课堂教学为主渠道，增强青年学生的道路自信、理论自信和制度自信；以新兴媒体为平台，强化网络育人的时代感和实效性；以弘扬爱国主义为核心的民族精神为着力点，把培育践行社会主义核心价值观作为凝魂聚气、强基固本的基础工程；以师德建设为抓手，教育引导教师守好政治底线、法律底线、道德底线等四方面提出浅见。

关键词：新形势；引领；大学生；弘扬；社会主义核心价值观

作者简介：郑利群（1967—　　），女，汉族，河北山海关人，秦皇岛职业技术学院教授。研究方向：职业教育、大学生思想政治教育。

当今世界是一个思潮迭起、观念纷杂的世界。现实中国，是一个思想解放、价值观念多元的中国，当代大学生承担着实现中华民族伟大复兴的历史重任，他们是思想最敏感、思维最活跃的群体，也是敌对势力与我们争夺的主要对象，正确的思想不去及时有效地占领，错误的思潮就会乘虚而入，给党和人民的事业造成难以挽回的损失。因此，用正确的思想理论和价值观念去武装他们的头脑，加强其社会主义核心价值观的培树，比以往任何时候都更为迫切和重要。

2015年1月19日，中共中央办公厅、国务院办公厅印发《关于进一步加强和改进新形势下高校宣传思想工作的意见》（以下简称《意见》），2月2日，《中国教育报》头版刊载了教育部部长袁贵仁《把握大势着眼大事　努力做好新形势下高校宣传思想工作》一文，着重强调学习贯彻落实好《意见》精神是当前和今后一段时期教育战线的重要任务。高等学校是意识形态的前沿阵地，是学生思想政治教育的一线组织者和实践者。为落实好党中央国务院的指示和各级领导的要求，高等学校的思想政治教育工作者必须勇于担当、大胆实践，在加强青年学生思想政治教育的征程上迈出有力的步伐，留下坚实的脚印，在培育当代大学生社会主义核心价值观上有所作为。

一、以课堂教学为主渠道，增强青年学生的道路自信、理论自信和制度自信

高校思想政治理论课是对青年学生开展关于世界观、人生观、价值观及理想信念教育的主渠道。如何充分利用主渠道，着力提高主渠道的教育质量，通过思想政治理论和实践教学，增强青年学生的道路自信、理论自信和制度自信，是我们必须要研究解决的课题。

（一）突出主渠道作用要特别重视加强思想政治理论课教学体系建设

科学的教学体系建设，对提高教学质量起到长期性、基础性作用。因此，思想政治理论教育要高度重视顶层设计。在用好马克思主义理论研究与建设工程统编重点教材的同时，在思想政治理论课体系建设上还应注重"三个结合"，即马列主义基本原理与党的最新理论成果相结合；十一届三中全会以前我国的实际状况和十一届三中全会以后改革开放所取得

的伟大成就相结合;现实中国的综合国力的快速提升与国际社会的发展现状比较相结合。同时,有针对性地将教材体系转化为教学体系、将知识体系转化为信仰体系、将理论素养转化为行动能力。通过科学的教学体系的设计和安排,既打牢学生的思想理论基础,又能引导他们在理性思考和现实比较中释疑解惑,找到答案,提振信心。

（二）突出主渠道作用要高度重视学生在受教育过程中的主体地位

学生成为课堂的主体,才能实现由被动输入向主动接受的转变,他们才能主动地融入其中。要达到这样的教学效果,一要准确把握学生的思想脉搏。教育者一定要深刻了解当代大学生的所思、所想、所盼、所求、所需。唯有如此,在教学过程中,教育者与学生才能形成思想共振,感情共鸣,才能起到"一石激起千层浪"的教学效果,教育的针对性和有效性才能明显增强。二要以平等的身份实施教育。当代大学生有着很强的自主意识,对高高在上的施教者有着本能的排斥,更讨厌"命令式""填鸭式""你应该怎样""你要如何"的教学模式和手段。鉴于此,教育者必须尽快确立自己既是教育者又是受教育者的观念,就学生关心关注的敏感话题进行平等交流、民主讨论,在交流中摆事实、讲道理,循循善诱,达到以情暖人、以理服人的目的。三要把课堂教学与实践教学相结合。组织学生走出课堂、走出校门、融入社会。通过参观爱国主义教育基地、所在城市重点建设工程项目、科技创新项目、社会主义新农村建设,让学生在耳濡目染中感受祖国改革开放的巨大成就,坚定其走有中国特色社会主义道路的信心和决心。同时广泛开展"魅力家乡""感动身边人""出彩你我"等演讲、绘画、征文主题活动,让大学生在活动中受到感染、深化认识、提升觉悟。

（三）要抓好有利时点,利用立法确定的三个"纪念日"增强学生的爱国情怀

要紧紧抓住9月3日中国人民抗日战争胜利纪念日、12月13日南京大屠杀死难者国家公祭日、9月30日烈士纪念日这些重要时间节点,对学生进行再教育,使他们在牢记历史中警醒、展望未来中明责。

二、以新兴媒体为平台,强化网络育人的时代感和实效性

近十年来,西方敌对势力组织职业写手编撰各种各样的文章和段子,通过外资背景控制的网络平台以及"精心打造"的"人生导师""成功精英""意见领袖"和"网络大V"在中国社会广泛传播消极理论,编造谎言,把世界共性地问题和缺点人为夸大,故意渲染,渐进性的把矛头引向中国政府,看似问题不大,但如果把这些文章集中起来看,就会发现它们日夜侵蚀着中国人民特别是青年一代的民族自尊心、自信心,对青年大学生进行洗脑,目的是让他们误入歧途,看衰中国。这就是以灭偶像、换祖宗、灭自尊、唱衰你、亡其史、污政府为代表形式的"文化冷战"。青年学生身处这样一个思潮多变多元、观念多元、文化交锋日益激烈、斗争越发残酷的新媒体时代,他们中的大多数把微博、微信作为获取资讯的主要途径,朋友圈、好友圈、粉丝团是主要的人际沟通渠道,网络对他们的思想观念、价值取向有着离不开、挥不去的深刻影响,很容易造成他们是非不辨、良莠不分。高校宣传思想工作必须认清新形势,高度重视运用和建设新媒体,务必要让青年大学生认识到"文化冷战"是敌对势力对我们进行文化演变的战略手段,切不可跳陷阱受蒙骗。

（一）高等学校要强化宣传思想工作的阵地意识

把建好校园网络作为抓好学生宣传思想工作的长期的基础性工作,科学利用社会新媒

体和校园网络两个阵地,构建网络育人的信息平台。要尝试创新校园网络互动平台建设,努力打造受学生欢迎的网络社区,方便同学们"晒"自己的主页,享受"围观",接受"吐槽",承受"拍砖",使网络社区真正成为全体同学信息共享、智慧共生、成长共赢的网上精神家园。只有这样才能牢牢掌握意识形态主导权和主动权。

（二）高等学校应弘扬网络文化主旋律

高等学校的各级宣传部门必须努力推陈出新,加强正面教育与引导,采取青年学生喜闻乐见的宣传教育形式,让他们充分认识改革开放以来我国的综合国力大幅提高,但国家的发展建设不可避免地会出现一些问题、不足和缺点,这些问题需要全国人民在中国共产党的领导下,有自信有尊严地解决。同时,高校各级宣传部门要坚持以社会主义核心价值观为引领,弘扬"大爱"品格,传承科学精神,培养人文情怀,用先进文化占领校园网络阵地。

（三）高等学校应建设专兼结合、全员参与的网络育人体系

高校网络思想政治工作的成效大小,取决于校园网络舆论引导和文化传播队伍的战斗力大小。要以宣传思想和学生工作部门为龙头,充分发挥辅导员队伍的作用,积极引导教学名师、优秀教师积极参与网络思想教育,以青年教师、学生党员为骨干,发挥学校全体教职员工的积极性,共同推进网络育人工作。

三、以弘扬爱国主义为核心的民族精神为着力点,把培育践行社会主义核心价值观作为凝魂聚气、强基固本的基础工程来抓

爱国是当代大学生应具备的高尚情愫。强烈的爱国者,必是华夏文化的传承者、现行政策的拥护者、各行各业的建设者和改革开放的推动者。培树青年学生爱国主义精神是强化社会主义核心价值观的内在需要,是思想政治教育的重要课题。

（一）要加强正面教育,提振当代大学生的民族自豪感与民族自信心

调查表明,当代大学生拥有梦想,充满朝气,对未来充满期待和向往。思想更加开放,个性更加鲜明,观察事物更加独立,更具有批判精神,在心理和认知上表现出关心与冷漠并存、认同与质疑同在、进取与困惑相伴、希望与彷徨交错的特征。

强化当代青年学生爱国意识,要落实"四个大讲":一要大讲五千年灿烂的中华文化,厘清以国学为核心的中华文化对世界文化发展进步做出的杰出贡献;二要大讲我国的物质文明和精神文明建设的重大成就对世界文明发展进步所产生的积极影响和发挥的巨大推动作用;三要大讲自古以来我国爱国先贤的光辉事迹对后人的激励作用;四要大讲改革开放以来,我国在政治、经济、文化、军事、外交、社会及生态文明建设上取得的卓越成就。通过"四个大讲",强化青年学生"为祖国骄傲,做国人光荣"的意识。

（二）要培养世界眼光,使青年大学生充分认识"爱国家"是世界发达国家德育的共同特征

纵览发达国家高等学校的德育,有一个共同的特征,那就是竭力主张让学生"爱国家",爱她的制度、爱她的生活方式、爱她的民族文化、爱她的自然风光、爱她的历史传承,千方百计让青年学生认识到,它是世界上最合理、最优越的国家,从而使其对自己的国家产生爱和信任,进而形成强烈的民族意识、国家意识,引导和培育他们的社会责任感和价值观念。对于国外的德育模式,我们必须秉持"扬弃"的态度,但也应借鉴其好的做法和经验。要引导青

年学生放眼全球,用战略思维来理解"爱国家"是世界各国特别是发达国家对其公民的普遍性要求,我们强化爱国主义教育不是个案,是国际社会的通行惯例,从而自觉接受爱国主义教育,主动培养爱国情怀,并以实际行动为国家的富强、文明和民主进步出谋划策,添砖加瓦。

（三）要注意培树和宣传先进典型,充分发挥典型的示范表率作用

高校思想政治教育工作者要在青年学生中培养树立"爱国奉献""克己尚德""勤奋好学"的先进典型事迹,使青年学生学有榜样、赶有目标、做有遵循。

四、注重文化传承,用璀璨的祖国传统文化、品牌校园文化涵养大学生的精神世界

2014年5月4日,习近平总书记在考察北京大学时指出,"中华文明绵延数千年,有其独特的价值体系,中华优秀传统文化已经成为中华民族的基因,植根在中国人内心,潜移默化地影响着中国人的思想方式和行为方式"。自古以来,我国就有对民众进行品德教化的历史传统,通过教化民俗养成、文化塑造、品德再造,将社会主流意识形态传导给民众,达到维护阶级统治和社会安定团结的目的。

诚然,文化是一个民族的血脉,也是一所大学的灵魂。大学文化是一所大学在历史的积淀中形成的精神财富,它潜移默化的熏陶作用,对于做好高校宣传思想工作和意识形态工作具有现实和深远的意义。因此,高等学校的思想政治宣传教育工作应不断开阔视野、创新思路,找准切入点,加强文化品牌建设,不断激发新的活力,引导学生增强对校园文化的自信和自觉,积极促进大学精神文化与社会主义核心价值观教育的融合发展。

五、以师德建设为抓手,教育引导教师守好政治底线、法律底线、道德底线

高等学校是社会思潮形成、集散、传播的主要载体之一,也是意识形态领域论辩、斗争的前沿阵地。高校教师是对社会思潮较为敏感、认识较为深刻、握有话语权的群体。近年来,受复杂环境的影响,少数教师价值取向"错位",政治底线、法律底线、道德底线下滑,严重影响了高校教师的形象,师德建设形势十分严峻。有些高校教师信口抹黑国家,随意夸大时弊,无论真相如何,他们总是站在社会主流价值观的对立面,貌似敢讲、突出个性、实为哗众取宠、丧失政治立场。大学生正处于世界观、人生观、价值观形成的关键时期,确立崇高的、科学的理想信念,对他们的一生走什么路、做什么样的人有着巨大的影响。加之青年学生都是"向日葵族",他们习惯跟着老师走,围着老师转,这就要求高校教师不论是学术造诣还是人格修养都应该是值得学生崇拜的、追捧的、充满正能量的。现实教学活动中,一些高校教师把大学讲台当作情绪宣泄的舞台,把中国当成负面典型的案例库。尽管这种现象属个别或少数,但它的消极负面影响却不可低估。因此,试想如果站在讲台上的是一个理想信念淡泊,心态晦暗、满腹牢骚的老师,不管其学术造诣如何,教出的学生怎么可能是阳光心态? 如果社会上充斥着情绪消极的建设者,这个国家怎么能有美好的未来?

（一）要强化教师的责任意识,增强教书育人的责任感和使命感

通过加强教师的政治理论学习、教育引导他们深入客观地认识中国国情,不断强化其阵地意识和底线意识。引导教师将守好政治底线、法律底线和道德底线,自觉弘扬社会主义核心价值观成为其贯穿于教育教学活动的自觉行动。

（二）要强化高校课堂教学纪律，制定加强高校课堂教学管理办法，健全课堂教学管理体系

决不允许各种攻击诽谤党的领导、抹黑社会主义的言论在大学课堂出现；决不允许各种违反宪法和法律的言论在大学课堂蔓延；决不允许教师在课堂上发牢骚、泄怨气，把各种不良情绪传递给学生。

（三）要引导高校教师认识其职业特殊性

在受各种社会思潮影响的青年学生面前，教师在讲台上不仅是讲授专业知识，也是在传播科学精神；不仅是展示个人的学识和修养，也在言谈中透视着整个社会的善恶美丑；教师在评判着中国当下时弊的同时，也在影响着中国未来的发展；教师的职业从来都是神圣的，教师不仅要对学生的未来负责，更要对祖国的明天负责。

这就要求教师要找准定位，在不断丰富自身学识的同时，高度重视自身的形象建设，以"理想信念坚定、业务素质过硬、道德情操高尚、作风纪律优良"的美好形象来影响带动学生，推动社会主义核心价值观教育不断向纵深发展。

[参考文献]

[1] 袁贵仁.把握大势着眼大事　努力做好新形势下高校宣传思想工作[N]. 中国教育报，2015-02-02.

[2] 张军.深入贯彻落实《意见》精神　创新互联网时代宣传思想工作[N]. 中国教育报，2015-02-04.

[3] 蒋朗朗.发挥课堂教学在大学宣传思想工作中的主渠道作用[N]. 中国教育报，2015-02-04.

风险社会视域下高职院校立德树人的实践与研究

广州番禺职业技术学院　程钰淇

摘　要:风险社会视域下对高职院校立德树人工作提出了更高要求,结合高职高专学生就业实际,绝大多数毕业生直接进入社会就业创业,接受社会和用人单位的检验。本文拟从国家、高校、个体三个方面,论述培育高职高专学生认同德育为先、德性成人的价值导向,规避社会风险,提升技能素质,践行社会主义核心价值观,从真正意义上把握立德树人内核。

关键词:高职院校;立德树人;风险社会

作者简介:程钰淇(1991—　　),女,汉族,江西景德镇人,广州番禺职业技术学院助教,硕士。研究方向:高校教育管理。

党的"十八大"首次把"立德树人"作为教育的根本任务纳入党的教育方针,是对教育的根本性质和根本使命的全面概括。党的十八届三中全会进一步强调,深化教育领域改革必须坚持立德树人为根本,加快现代职业教育体系发展,培育高素质技术技能型人才。

《国务院关于加快发展现代职业教育的决定》指出,高等职业教育规模到 2020 年要形成适应发展需求、产教深度融合、中职高职衔接、职业教育与普通教育相互沟通,体现终身教育理念,具有中国特色、世界水平的现代职业教育体系。同时,中等职业教育在校生达到 2350 万人,专科层次职业教育在校生达到 1480 万人,从业人员继续教育达到 3.5 亿人次。

根据 2015 年麦可思研究院发布的《中国大学生就业报告》(就业蓝皮书)显示,高职高专院校 2014 届毕业生半年后的就业率为 91.5%,2014 届高职高专生毕业半年后从事最多的职业类是"销售",就业比例为 11.0%,其次是"财务、审计、税务、统计"(10.8%)。根据对 2014 届高职高专毕业生的追踪调查,从事"经营管理"职业类的毕业生三年内获得职位晋升的比例为最高(87%),其次"住宿和饮食业""艺术、娱乐和休闲业"就业的毕业生毕业三年内获得职位晋升的比例均为 73%。报告还显示,2014 届高职高专毕业生创业比例为 3.8%,比上届(3.3%)高出 1.5 个百分点,自主创业比例最高的就业经济区域为泛长江三角洲区域经济体和中原区域经济体,均为 4.6%,其中排前两位的行业是零售商业(14.2%)和建筑业(8.2%)。目前大学毕业生创业的主要动因是"理想就是成为创业者""有好的创业项目",其中属于机会型创业而选择创业的毕业生占创业总体的 85%,而且对比 2011 届,高职高专毕业生三年后自主创业比例上升了 2.5 倍。说明有更多的毕业生在毕业三年内选择了自主创业。

面对麦可思的研究报告,这意味着绝大多数毕业生直接进入社会就业创业,接受社会和用人单位的检验,而且从事多为"销售""财务""审计""税务""统计"等具有一定风险的职业,而 90 后毕业生自主创业的动因更主要倾向于机会型创业,高职高专学生自主创业的资金主要依靠父母、亲友投资或借贷和个人积蓄的占 78%,自主盈亏、亲属资助、风险自行承担。以上种种,对于毕业生而言,无形中是对在校期间培养的一技之长、综合素质提出了更高要求。他们的职业道德和人文素养如何,职业技能与职业精神的融合如何,直接关系到年轻人对美好生活的期盼,关系到家庭和社会的和谐稳定,关系到社会对职业教育的评价,关系到职业教育事业的可持续发展,关系到国家的发展和未来。

风险问题在传统学科体系中属于自然科学和经济管理学的重要内容。早在 20 世纪 50 年代和 60 年代,风险问题已经作为一个社会问题引起关注。而风险社会是在 20 世纪 80 年代成为一个时代课题。

德国哲学家贝克 1986 年用德文发表了《风险社会》一书,这本书对风险社会理论进行了系统阐述。贝克深刻地剖析了风险的本质,他认为,"风险"本身而言,可能性范畴而不是事实性的概念,换句话而言是"风险"的产生往往是意识决定存在,而不是存在决定意识。由于风险的增长,风险地位应运而生。风险分配的历史表明,像财富一样,风险是附着在阶级模式上的,只不过是以颠倒的方式:财富在上层聚集,而风险在下层聚集,贫困是等级制的,而化学烟雾是民主的。

随后,1999 年贝克发表了《世界风险社会》,认为风险呈现出全球化态势,不受时间空间、地域人文的限制,"世界风险社会"已经到来。之后陆续发表了《现代性与自我认同》(1991)、《失控的世界》(2000)。后来陆续有许多社会学家、哲学家在后来的研究中不断丰富理论视野,如吉登斯、拉什、道格拉斯、卢曼等。关于"风险社会"的代表性观点主要有:第一种是制度主义,以贝克、吉登斯为代表,认为风险社会的出现是现代性的必然产物,更是"人为制造"的风险的后果。第二种是现实主义,认为风险社会的出现源于现实社会中的客观风险。第三种是文化主义,以道格拉斯为代表,认为现代社会风险本没有量的增多,风险能被认知主要是人们的意识和文化的影响导致的结果。

其实风险社会指的也是高度风险性的社会状态,这是一种社会现实。在这个意义上,风险社会与"消费社会""信息社会""网络社会"等都是同一层次的概念。贝克的论述力透纸背,令人醍醐灌顶:"阶级社会的推动可以用一句话来概括:我饿! 风险社会的集体性格则可以用另一句话来概括:我怕!"作为绝大多数高职高专学生,一毕业直接进入社会就业创业,是否具备应对风险社会的职业技能和道德人文素养,是否能直面崇高、认同道德示范,是否能明大德、守住道德底线。

总而言之,风险社会理论是极其广博精深的理论体系,我们在这里只是撷取风险社会中与当今高职高专生密切相关的理论构建作为根本基点。本文拟从国家、高校、个体三个方面论述培育高职高专学生认同德育为先、德性成人价值导向的路径选择,规避风险,提升技能素质,从而践行社会主义核心价值观,真正意义上把握立德树人的内核。

一、风险社会下高职院校立德树人工作面临的问题

(一)德育教育的可控性减弱,风险源日益增多,副作用影响深远

信息时代技术的发展,极大地丰富了学生的日常学习生活,"互联网+""O2O"改变了传统的生活方式。面对海量的网上信息,网络世界与现实世界、真实世界与虚拟世界的碰撞与冲突,让学生无所适从。面对风险源的日益增多(食品污染,空气污染,文明病,校园毒杀室友,空气污染,艾滋病,等等),很多无法感知的危险对学生而言是极为恐惧的,而风险的副作用有时还表现为大学生对"风险的主动追求"。大学生在特定的年龄阶段具有很强的可塑性,很容易接受新鲜事物,但是又缺乏自控力。网瘾问题在大学生中极为突出,明知道沉溺

网络是有危害的,但不能控制自己,在他们看来,这种风险是"可接受的"。如果不能在德育方面加以正确的引导,大学生很容易走向片面或极端。

(二)德育教育的传统内容受到质疑,缺少风险防范意识

职业院校德育教育的主要任务是培育德才兼备、以德为先,具有高素质的高技能人才。这一目的由两大层面构成,一是德性成人,二是技术成人。传统的德育教育往往只注重培养学生的理想教育、集体主义教育、社会公德教育、个人道德修养、三观教育等等,职业道德教育培养学生诚实守信、遵纪守法、敬业奉献等,在风险社会下,增加风险防范知识的教育,才能保证大学生进入社会后明白社会与本我之间的差距,在"自我"概念的认同下,平稳过渡至社会人的角色,适应他人、职场、社会带来的价值体系的冲突。

(三)德育教育模式较为单一,道德实践消极,风险的"社会放大效应"不利于学生的成长发展

高校作为目前较为单一的德育教育主体,在德育教育过程中,承担着使学生养成良好的道德行为和品性的任务,我国德育教育的根本任务是把促进学生健康成长作为各级各类学校一切工作的出发点和落脚点,把学生培育成德智体美全面发展的社会主义建设者和接班人。然而在实践过程中,立德树人教育普遍存在只"知"不"信"或只"知"不"行"的普遍现象。学生对德育目标也仅仅停留在认知领域,真正内化于行则态度消极,无所作为。这与风险社会的"放大效应"有很大关联,一个现象或者是事件或是符号,经过各级"放大站"(包括大众传媒、社会公众人物、网络大V、微博知名博主、风险管理机构、某某评估专家等)经过各种沟通渠道,可能导致二次扩散,这个影响或许会超过事件最初的影响,引发不相干或关系不大的次生效应。"马加爵事件""药家鑫事件""复旦大学毒杀室友案"等校园恶性事件的发生,除了凸显校园安全问题的严峻问题外,反思我们的现状是必要的,但是由此就否定高等教育成果、抹杀大学生群体素质,这就有失偏颇,而这些社会的声音往往对大学生的自我认知影响甚大。

(四)立德树人缺乏协同化,风险的不确定性增加学生的现实焦虑

立德树人工作是一个系统工程,需要多方面的联动思维。但高职院校在德育教育上还存在诸多问题,第一课堂与第二课堂未能有机结合,第一课堂传授知识和技能的同时,也应与第二课堂的综合素质和能力培养相结合。把思想政治教育工作与立德树人的目标、专业课堂建设、校园文化活动、社会实践项目等相结合,并与发展现代职业教育的"全面育人、科学育人、特色育人"指导思想相统一。

风险社会中人们逐渐认识到从世界本质而言,不确定性比确定性更为基本和普遍。我们生活在一个充满变化的世界,不确定随之衍生的是不可靠性、不稳定性,生计、金融市场、企业用工需求、食品安全、社会不稳定因素等,往往会使大学生对所学知识和教育产生质疑,我们或许对事物的认识不会一概不知,但是也不能完全掌握和了解。大学生出于生理发育期和心理成长期,不确定的未来让他们更加困惑和迷茫,这些对大学生的健康成长成才极富挑战性。

二、风险社会赋予立德树人新的时代内涵

立德树人教育在推进过程中,作为道德主体的教育者,教师自身德性的修养能否受教育

主体认同是关键。然而社会转型时期,冲击了传统的师德伦理,物质社会的引诱,道德沦陷,功利心泛滥,有许多为师者失其道的案例。另一方面,教育者既要处理烦琐的日常事务性工作,还要面对各方面的风险、压力和抱怨,这让教育者的道德选择复杂化,游离于"上帝之城"与"尘世之国"①之中。而学生或许在日常道德认知能够清晰明了,但将学生置放于特定情境中,学生往往对应该采取的行为"不确定"或者"不知道"。风险社会下生存对于大学生而言,既是挑战也是机遇,德育教育遭遇认同危机很大程度上是未结合社会矛盾、复杂的情境去引导、推动,在培养学生形成正确世界观、人生观、价值观,树立社会主义核心价值观的价值导向时,更应从风险社会的视角引导学生具备适者生存的能力,教育者和学校有意识地在第一课堂、第二课堂树立忧患意识、反思意识、责任意识、主体意识、竞争与合作意识,以完成自我与社会、个体与集体、道德与规范、思想与行为的统一。习近平总书记多次强调:"国无德不兴,人无德不立。""道不可坐论,德不能空谈。于实处用力,从知行合一上下功夫,核心价值观才能内化为人们的精神追求,外化为人们的自觉行动。"风险社会需要德行至上、技能扎实、知行合一、学以致用的高素质人才,风险作为可能性范畴,它不仅仅意味着风险和挑战,还蕴含机会与创新,一方面,风险激发人类的潜力,寻求方法;另一方面,也让大学生对创业、就业、个体职业生涯规划等拥有对自己命运的把握,更让个体拥有"文雅的冒险"②的自我证实和表现的勇气和魄力。

三、推进顶层设计,积极应对风险社会

从风险社会视域下着眼,对立德树人工作提出了更高层面的要求,高职院校要结合社会实际,做好整体设计和统筹规划,坚持管理服务育人,构建全方位、立体化的德育体系,切实解决学生"愿意听、听得懂、懂得做、做得到"四个问题,守住德育教育底线,以积极、开放的态度应对风险和挑战,养成终身学习的人生态度,营造人人皆可成才、人人尽展其才的良好环境。

(一)建立责任政府,建立危机应对机制,顶层统筹立德树人工作

立德树人是长期而持续的工作,国家已相继出台法律和法规,从制度上保证立德树人工作的有效开展,对立德树人工作进行了科学设计。建立高效的责任政府③,也有助于充分整合高职院校全部育人群体,发动课堂内外、行政上下、师生之间、学校与家庭的力量,让所有教职员工参与到育人活动中。德育离不开可能面临的危机防范处理,应对机制需要国家、非政府组织、企业、家庭、个人的复合联动,将主体责任进行分配,人人有责,最大程度发挥规避风险的作用,从而营造德育教育良好的社会氛围。

(二)高校完善危机预防体系,加强立德树人工作与其他各部门的协同关系

建立"平安校园"是风险社会的内在诉求。2005年"平安中国"的理念一经问世,就受到

---

① 罗保华:《"认同危机"抑或"实践消极":浅论高校立德树人的现实困境》,载《六盘水师范学院学报》2015年第27期,第4页。

② 程诗敏:《风险社会视域下大学生安全质素提升研究》,首都师范大学思想政治教育系2014年论文。

③ "责任政府"一词根据《布莱克法律辞典》的解释是:"政府必须对其公共政策和国家行为负责。"

了广大群众的欢迎。大学生作为家庭、社会、国家的重点关注群体,近些年各类大学安全事件频发,这客观上使大学生安全问题成为影响甚至制约大学培养人才和科研发展的因素,德育教育要着眼于学生发展的内在需求,从学生出发,以生为本,积极调动各部门力量,努力为学生打造安全、踏实、有归属感的大学校园,从课程、学生活动、宿舍、网络环境,从思政教师、专业教师、行政人员、工勤人员,集体合力营造德育教育的文化氛围,从安全出发,以至德才兼备、崇德修身。

(三)风险社会视域下个体责任的培育

当代大学生都是90后,成长于市场经济发展最快、社会思潮激烈碰撞、多元价值观分化的社会转型期,他们沐浴在经济快速发展的阳光下,也经历着社会转型带来的困惑和阵痛。大学生世界观、人生观、价值观极易受到社会、网络等方面的影响。很多大学生普遍呈现出责任担当不足和人格的缺失,一些大学生虽然有一定的社会责任心和爱国热情,但在现实情境中习惯把个人利益和自我追求放在突出位置;还有一些大学生自我意识非常强烈,但自我责任意识薄弱,对自己的前途不负责任,更有甚者对自己的健康和生命也不负责任。

从法律意义上而言,大学生作为成年人,必须为自己的行为负责,并且能够承担行为所带来的结果。从担当的社会角色而言,他们是学生,有学习专业知识、顺利完成课业的责任;他们是子女,有孝敬父母、赡养老人的责任;他们是公民,有承担公民应尽的责任。这明显与大学生的责任现状存在较大差距,培养大学生个体责任精神显然是这个时代所亟须的。

当然,培育大学生公民责任精神是一个长期的社会工程,它需要社会、学校、家庭、个人组成的多维合力,以德行贯穿于生活之中,回归本质,将道德制度化为规范,以行动促认识,以结果促发展,以责任促德行,从而真正将责任意识的培育落到实处。

[参考文献]

[1] 裴智民.协同视角下高职院校"立德树人"的实践与研究[J].常州大学学报,2015,16(2).

[2] 罗保华."认同危机"抑或"实践消极":浅论高校立德树人的现实困境[J].六盘水师范学院学报,2015,27(4).

[3] 卢丽丽.以责任感培育为抓手,践行教育立德树人根本任务[J].中国教育学刊,2015.

[4] 何佳赢,何慧星,卿涛.新时期学生工作坚持立德树人的思考[J].山东高等教育,2014(8).

[5] 郝咏梅,王桂芝,李纯成.构建有中国特色的大学生创业教育体系[J].科技管理研究,2008(11).

[6] 戚洪娜.立德树人:基于高职院校学生职业素养养成的思考[J].广东技术师范学院学报,2011(5).

[7] 程诗敏.风险社会视域下大学生安全质素提升研究[D].北京:首都师范大学,2014.

"工作室制"人才培养模式下高职大学生思想政治教育的应对与转变

苏州工艺美术职业技术学院 罗玲云

摘 要："工作室制"是高职艺术院校的一种新型、有效的工学结合人才培养模式。在这种人才培养模式下高职大学生思想政治教育如何应对和转型是值得研究的课题。本文结合本校"工作室制"人才培养模式的教育实践,分析该模式下高职大学生思想政治教育面临的机遇和挑战,解决的方法和途径,以及长久机制的构建。

关键词："工作室制";人才培养模式;高职大学生;思想政治教育

作者简介：罗玲云(1974—),女,汉族,辽宁铁岭人,苏州工艺美术职业技术学院副教授。研究方向:大学生思想政治教育研究。

一、"工作室制"人才培养模式的内涵特点

"工作室制"是高等职业教育特别是高职艺术院校(包括高职院校当中设立的艺术类专业)的一种具有创新性,符合时代发展主题的有益于人才培养的工学结合的教学模式。这种人才培养模式最早出现在欧洲,"工作室"(studio)起源于现代设计教育的里程碑——20世纪初在德国魏玛建立的国立包豪斯学院的"作坊"。其"知识与技术并重,理论与实践同步"的教育理念就是要融合工艺技术教育与美术教育,进一步提升工艺技术教育,培养出既具有较高艺术理论修养又掌握有熟练的工艺技能的复合型人才。从分析"工作室制"的内涵来看,其中所谓的"制"往往具有法律、规制的意思,是指应当按照相关规范性文件规定的内容做的意思。可以说,"工作室制"人才培养模式就是现代教育理念指导下的,由"作坊式"基本要素构成的人才培养标准,是"现代学徒制"的经典表现形式。

2001年,在我校召开的第三次教育教学改革会议之上,创造性地提出了将"工作室制"的人才培养模式引入我校人才培养工作中,并将该种人才培养模式确定为我校基本人才培养模式。通过不断的改革、实践以及探索,各专业根据不同性状形成各自不同特色的"工作室制"人才培养模式。在上述各类"工作室"的人才培养模式的构建过程中,总结其核心要素,并构建相关模型,具体如图1所示。

由此可见,"工作室制"人才培养模式,就是基于校企深度合作,遵循高职艺术设计人才培养的规律,把握高端技能型人才规格的需求,以工学结合的工作室为教学平台,引进行业、企业通行的"设计工作室"的运作模式,依据职业岗位能力结构,定制工作室课程模块,建立工作室课程标准,将虚拟项目或实务项目导入并贯通教学全程,组建教学团队实施教学,同时构建集约化、共享型的工作室资源运行管理机制和校企互动的"双回路"质量控制系统,以保障工作室教学的有效实施。

二、"工作室制"人才培养模式下高职大学生思想政治教育的优势

相较于传统的高职大学生思想政治教育,"工作室制"人才培养模式下高职大学生思想

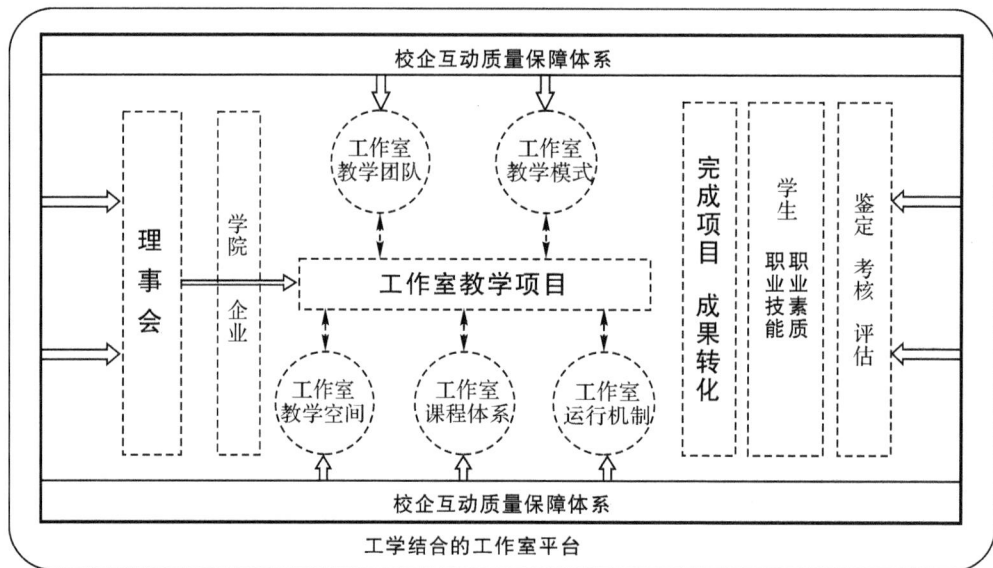

图1　"工作室制"人才培养模式模型

政治教育具有以下几个优势：

（一）有利于培养高职大学生的职业素养

职业素养是21世纪职场生存法则，是提升劳动者核心竞争力的关键。职业素养是劳动者对社会职业了解与适应能力的一种综合体现。一般来说，高职院校学生能否顺利就业并取得比较好的成绩，在很大程度上取决于职业素养，职业素养越高的学生，获得成功的机会就越多。"工作室制"人才培养模式为高职大学生提供了一个准企业的环境。工作室里的教师既是专业教师，又是职业导师，还是老板，将虚拟项目或实际项目导入并贯通教学全程。学生们组成不同形式的团队来完成教学任务。对于学生而言，工作室不仅仅是其学习和提升工艺美术专业技能的教室，而且也是提升其个人素质的一次难得的体验，能够让其尽早体验到社会就业的感受。所有这些都有利于培养高职大学生的职业素养，体现了高职大学生思想政治教育的针对性和实效性。

（二）有利于培养高职大学生就业创业能力

"工作室制"人才培养模式是"准就业"的人才培养形式，其目的是针对当前我国高职艺术设计相关专业学生专业技能与就业需求不符的现象，有针对性地将二者进行衔接，提升高职院校相关专业学生的专业技能及实践能力。"工作室制"通过将美术教学与专业技能的训练相互结合的模式，不仅能够极大的提升学生的职业能力，而且能够帮助学生提早感受到工作的氛围，体验到工作的乐趣，增加工作的阅历，相较于那些没有接受过"工作室制"教学的学生而言，这类学生更易走入社会，符合当代企业发展对于人才的需求。以项目为导向，通过仿真实训、生产性实训和顶岗实习三个阶段实现从职业基本能力培养、职业综合能力培养到创业、创新能力培养这样一个逐级递进的能力培养过程。

（三）有利于利用校企两种文化元素共创良好育人环境

高职院校承担着培养生产一线、服务一线和工作一线的高素质技能型人才的任务，因此必须要紧跟社会发展的步伐，了解企业发展对于人才的需求，做好就业导向工作。而所谓

"零距离接触",其中重要的一项内容就是要实现学生在学校学习到的专业知识能够很快转化为企业的生产力,为企业的经济效益增值提供内在动力,通过这种"对接"方式,实现大学校园文化与企业文化的融合。在"工作室制"模式下,学生能够提早感受到岗位文化与校园文化的不同,逐渐理解企业文化,领会企业的核心价值观,在企业伦理与道德建设的过程中,自觉规范自身行为,感受到企业文化的号召力及凝聚力,利用企业文化来不断丰富和提升自身内涵,为其今后的职业生涯规划提供理论指导,逐渐树立起职业目标,培养自己的职业情感及敬业精神。

三、"工作室制"人才培养模式下高职大学生思想政治教育的难点

"工作室制"人才培养模式给高职大学生思想政治教育带来优势的同时也提出了前所未有的挑战。

(一)班级教育管理难度加大

高职大学生尤其是高职艺术类学生文化基础知识掌握的相对薄弱,追求个性,组织纪律性不强。同时受社会上错误思想和不良行为影响,在管理上本来就有难度。但过去的班级从入校到毕业都没有变化,辅导员、班主任和学生干部共同完成班级管理和日常思想政治教育工作,容易形成教育的合力。"工作室制"模式下采用大专业平台、小专门化方向的选课制使教学班级不固定,每学年班级成员都会变化,改变了传统班级管理模式,使得班级的凝聚性和向心力受到影响,在教育和管理上存在着不可控性,这容易对学生的学习和成长造成不利影响,给学生管理带来更大的困难。也对学校的管理体制和辅导员的工作提出了更高要求。

(二)教学质量参差不齐,难以有效建设形成师资力量强的教师队伍

从实践来看,工作室里的教师主要由以下人员组成,即专业教师、受聘的企业专家或实践指导教师,他们担负着学生思想引导、学业指导、生活指导、心理疏导和职业指导的职责。但是有一些教师责任心不强,工作不到位,甚至还有的教师会把社会和企业里很多负面的东西带给学生,不仅不能起到思想引导的作用,还会适得其反。

(三)学生也存在这适应性问题

高职学生在"工作室制"人才培养模式中扮演双重角色,兼任学生和企业员工,所处环境也不再是局限在校园内单纯的学习环境,这一特殊的双重角色和环境变化容易使他们产生很强烈的不适应感。再加上学生们"三观"还没有完全形成,涉世不深,必然会受到企业和社会等外环境的影响,引发他们思想意识、价值取向、道德观念、生活方式等诸多方面的改变,使得他们以更加现实的思想追求物质利益,崇尚金钱至上,急于求成,显得过于成熟和老到,使得他们思想上、行为举止上表现出一些不良反应,从某种程度而言,增加了大学生思想政治教育的难度。

四、"工作室制"人才培养模式下高职大学生思想政治教育的应对与转型

"工作室制"人才培养模式下高职大学生思想政治教育仍然要坚持立德树人、以生为本的理念,贯穿于教、学、做的整个过程和每一个环节,通过全科育人、全员育人、全程育人来育全面的人。面对"工作室制"人才培养模式给高职大学生思想政治教育带来的新问题,我校努力探索该模式下长效机制的途径和方法,从而推进高职院校大学生思想政治教育工作再

上新的台阶。

（一）打造强有力的思想政治教育工作队伍

要做好大学生思想政治教育工作，建设高素质、高质量和高水平的大学生思想政治教育工作队伍是关键。为应对"工作室制"人才培养模式，我校组建由企业导师、专业教师、思政课教师、专职辅导员等人员组成的思想政治教育工作队伍。院系党政领导重视全员育人的理念，遴选合格的企业人士担任工作室里学生的导师，加强对专业教师的培养，引导他们用正能量教育学生。专业教师与学生联系密切，感情良好，互动也逐渐增多，形成了教学相长的良好局面，师生素质普遍都得到了提升。思政课教师的教学接地气，注重实践教学，避免"高大上"的空空奇谈。专职辅导员加强与各任课教师联系和沟通，及时了解学生思想动态，真正成为学生成长的领路人和知心朋友。总之，要严把政治关、业务关和师德关，努力建设一支具有坚定正确的政治方向，理论功底扎实，善于联系实际，勇于开拓创新的思想政治教育工作队伍。

（二）构建全面育人的"双融合"素质育化课程体系

我校在"工作室制"人才培养模式的改革中，构建"素质育化与专业教学"、"第一课堂与第二课堂"交叉融合的"双融合"课程体系。培养学生的专业技术技能，塑造大学生的专业风格、文化品格、健全人格，全面提高其综合素质，构建和谐健康的艺术人才的育人生态，真正实现"全面育人、育全面人"。

（三）开展富有特色的校园文化活动，注重工作室里的党建团建和社团建设

我校结合学校传统和艺术院校特点，每年定期组织开展校园文化活动和主题教育活动，打造"校园文化艺术节"、"紫藤花开"校友会、"学术活动月"、"毕业设计开放展示周即学生创意作品展示一条街活动"四大品牌项目，深化"异想天开"学生创意活动、"磕磕碰碰"学生论坛，不断提升思政工作的艺术性与吸引力。

此外，高校党、团、社团组织是高校思想政治工作的重要组织，我校通过在工作室里建立团支部、党支部、社团，聘请专业教师中的党员担任支部书记，聘请专业教师担任社团指导教师。学生可以根据自身所学的专业知识，在教师辅助之下，践行理论知识，通过参加各种党团活动、社团活动、就创业活动，不断提升自己的综合素质、实践能力和社会责任感。从而增强学生思想政治教育工作的科学性和实用性。

在"工作室制"人才培养模式下，思政教育的环境和过程、内容和载体都发生了较大的改变，对高职思政教育产生了不可避免的影响，传统的思政教育模式也已经难以适应学生全面发展的需要。为了将思政教育工作的触角深入到学生发展的全过程，要不断探索该模式下的成功经验和做法，努力为国家培养"德艺双馨"的高素质艺术设计人才。

[参考文献]

[1] 孙晓男."工作室制"工学结合人才培养模式研究[J].中国成人教育，2010(6).

[2] 梁康健.校企合作培养模式下大学生思想政治教育新探[J].湖南科技学院学报，2013(5).

[3] 黄琴.把握艺术院校大学生特点做好思想政治教育工作[J].当代教育论坛：教学研究，2010(9).

培养高职建筑类贫困生关键能力研究

——基于团学活动层面

江苏建筑职业技术学院 李 锐

摘 要:关键能力的培养是高校贫困生扶助的根本途径,也是使贫困生脱贫的重要举措。本文对高职建筑类贫困生关键能力的内涵及现状进行分析,并就通过团学活动提高他们关键能力的意义和实践进行论述,并明确今后工作努力的方向。

关键词:关键能力;高职建筑类贫困生;团学活动

作者简介:李锐(1979—),女,汉族,江苏沛县人,江苏建筑职业技术学院建工学院分团委书记,讲师,硕士。研究方向:高职学生思想政治教育及教育管理。

随着高考录取率的逐年提高,高等教育的规模不断扩大,高校中贫困生这一群体的数量也相应地增加,贫困生这一特殊群体的现状及发展已然成为高职院校必然关注的问题,笔者结合多年实际工作经验,对高职院校建筑类贫困生"关键能力"的现状进行分析,重点探讨如何利用学生日常的团学活动加强对贫困生这一特殊群体的关键能力的培养。

一、培养高职建筑类贫困生关键能力的必要性及意义

近年来,职业教育占了高等教育的半壁江山,是高等教育的重要组成部分,高职院校在迎来蓬勃发展的局面时,也同样面临学生群体中的贫困生数量的快速增长。高职学院建筑类相关专业对应的大多是艰苦行业,这要求这类专业的毕业生有较强的吃苦耐劳精神及适应多变环境的能力。选择这些专业的学生也大多来自偏远地区或者农村,据笔者所在的高职院校的实际情况统计,在建筑类各专业的自然班级里贫困生的比例相当高,达到65%。这部分贫困生因为生活贫困,心理上承受着极大的负担,性格会变得更加脆弱、孤僻和敏感。这个日益庞大的特殊群体,无疑会给建筑类高职院校的学生管理和教育培养工作提出更加严峻的挑战。

高职院校为了方便就业,多开设一些偏理工科的专业,本身男生比例就高,建筑类专业更是如此。笔者所在的建筑类高职院校,由于专业限制,男生占到学生总人数的90%以上,因此贫困生的这一群体也绝大多数为男生。在传统的观念中,特别是在一些农村的家庭里,男孩子更是家里的全部希望和顶梁柱,可见每一个贫困生后面都有一个对之抱以殷切希望的家庭,做好这部分群体的教育和帮扶工作,不仅对于他们背后的家庭具有重大的意义,同时可以为社会主义现代化建设培养出一批高素质高技能应用型综合人才。为此,学生工作者要不断关注贫困生这一群体的发展现状,加强对这一群体的教育和帮扶工作,从而为这一群体的高质量就业和较好的后续发展打下基础。

二、高职建筑类学子关键能力的内涵及贫困生关键能力的现状

(一)高职建筑类学子关键能力的内涵

教育家梅腾斯对关键能力的定义:关键能力是那些与一定的专业实际技能不直接相关

的知识、能力和技能,是在各种不同场合和职责情况下做出判断选择的能力,胜任生涯中不可预见的各种变化的能力[1]。虽说关键能力是跨专业的知识技能和能力,但每个行业对人才的突出素质和要求都有其特定的要求,是可以结合专业进行归纳和总结的。高职院校建筑类专业人才培养的对象是面向建筑施工单位一线的技术和管理人员,一般通过三至五年的现场实践锻炼能力突出者可胜任工程项目部技术负责人、项目经理等核心领导岗位。通过近年来对江苏建筑职业技术学院建筑类各专业毕业生工作情况调研及就业岗位需要的能力分析,提炼出建筑类专业学生的关键能力,共三个大类14个小类方面的能力[2],涵盖关键能力中的社会能力、方法能力和个性能力,如表1所示。

表1　高职建筑类学子关键能力的内容

社会能力	方法能力	个性能力
1.良好的职业道德、吃苦耐劳的精神 2.良好的人际交往和沟通能力 3.良好的团队合作精神和服务意识 4.强烈的安全意识和奉献精神	1.解决实际问题能力 2.逻辑思维能力 3.制订工作计划能力 4.技术故障分析和处理能力 5.评估总结工作能力	1.良好身体素质和乐观的心理品质(从事建筑行业特别要具备的) 2.独立学习新知识、新技术的能力 3.终身学习的能力 4.创新精神、创业技能

(二)高职建筑类贫困学子关键能力的现状

贫困生特定的成长环境,特殊的成长经历所带来的巨大心理压力和心理素质的缺陷,给贫困生的健康成长、成才带来负面影响,制约了贫困生个体的全面健康发展。他们关键能力的欠缺主要体现在以下三个方面:

第一,社会能力方面人际交往和沟通能力、团队合作能力欠缺。

由于专业设置和生源来源等客观原因,我院历年来的贫困生都占有相当的比例。工作中发现,很多贫困生性格孤僻,自尊心强,自卑,敏感多疑,自我感觉压力大。由于自卑和缺乏自信心,贫困生在人际交往中往往表现出沉默寡言、孤僻、不合群等心理特点,与同学交流时,害怕别人问及家庭,很少向别人敞开心扉,独来独往,这些限制了贫困生人际交往沟通能力以及团队合作能力的发展。

第二,个性能力方面体现在良好身体素质和乐观心理品质欠缺。

贫困生由于家庭经济条件的限制,在日常的吃穿住行方面都比较节俭。有些贫困生为了节省开支,正常的营养都不能保证,还有些贫困生为了挣生活费做好几份兼职,时间紧工作多,不能保证一日三餐按时吃饭,这些都对贫困生的身体素质产生不利影响。同时贫困生由于家庭经济困难的压力,和以后要养家糊口的家庭重担,让他们比一般学生更内向敏感,悲观消极,亟须培养乐观积极的心理品质。

第三,方法能力方面体现在学习及基本技能层面的欠缺。

学习与基本技能是方法能力素质的核心能力。贫困生由于大多成长于经济水平和教育水平较落后的农村或者偏远地区,他们的计算机水平,英语和数学的基础相对于一般学生还存在一定差距,这也影响了他们进入高校后基本学习方法的掌握和学习环境的适应。另一方面,经济上困难又阻碍了贫困生有更多的金钱和机会去参加各种职业技能的培训,例如建筑类学子大多会考的五大员、造价员、二级建造师等证书,都需要一定费用的报名培训费。

而专业职业技能培训的缺少会制约贫困生后续的职业发展,特别是在贫困生进入建筑实习单位后,这方面的缺少和不足,会给他们的就业和持续发展带来不利的影响。

三、团学活动在贫困学生关键能力培养中的作用及实践

所谓团学活动,是指学院团委指导下的各种各级团学组织,例如学生会和社团,有目的、有计划、有组织开展的各类文体、技能竞赛类活动。丰富多彩的团学活动不仅可以使参与者获得乐趣和归属感,在活动中还可以增强参与者的合作意识,提高其自信心,对其健康心理的塑造具有积极作用。在培养高素质技能型建筑专业人才的过程中,学生工作者要切实发挥团学活动在培养高职建筑类贫困学子关键能力中的作用。

（一）团学活动在贫困学生关键能力培养中的作用

由于高职教育人才培养特殊要求和工学交替的培养特色,使高职院校的团学活动相对于本科院校具有以下三个特色:首先,高职院校的团学活动具有较强的灵活性,可以结合校园内外的不同环境、高职学生的教学进度、不同专业的专业兴趣等,采取多种形式开展。其次,高职院校中的团学活动具有明显的实践性,强调参与者的实践动手能力,要求参与者全程参加整个团学活动的各个环节,这对参与者的组织协调能力、语言与文字表达能力、创新思维与能力等的提高有很大帮助。再次,团学活动为学生的第二课堂,不同于第一课堂的专业课学习,团学活动贯穿于高职学生大学三年的学习生活过程,这必将有利于学生关键能力培养的连续性和全程化。

（二）团学活动在贫困学生关键能力培养工作中的实践和作用

实践证明,丰富多彩、功能多样的团学活动在培养高职建筑类贫困学子的关键能力工作中发挥着积极全面的作用,包括社会对高职建筑类学子能力素质要求的内容均会在学生参与团学活动中体现,例如较强的身体和心理素质、良好的人际沟通和适应能力以及应对突发事件的应变能力和心理素质。具体表现如下:

1.关键能力培养在学生参与社团活动中的体现

表2 关键能力培养在学生参与社团活动中的体现

团学活动环节	具体工作内容	培养的关键能力
团学组织新成员的聘任、组织对成员的日常管理、培训、考核等工作	1.大量的宣传与自我展示工作,以吸纳新的社员 2.面对团学组织招新,需要分析、筛选与决断加入哪一个部门 3.团学组织对成员的考核及理论和业务培训	自我推销能力 判断和决策能力 组织、管理、协调、交际能力
团学活动组织及开展环节	活动前期制定活动计划、筹备活动经费、开展活动宣传及时间管理 活动中人员的分工与协作、矛盾冲突的化解及沟通、问题的应对及解决	制订工作计划能力 解决实际问题能力 团队合作能力 统筹协调能力

2. 高职贫困生关键能力培养在不同类型团学活动中的体现

表3 高职贫困生关键能力培养在不同类型团学活动中的体现

团学活动性质及类别	团学活动内容	相关关键能力
专业技能竞赛类活动	建筑识图与CAD绘图大赛 建筑力学知识竞赛 建筑模型制作大赛 建筑测量技能大赛 钢筋加工 钢筋算量 建筑安全挂图制作大赛 建筑安全知识竞赛	良好的职业道德 团队合作与应变能力 组织与协调能力 技术故障分析和处理能力 安全意识 建筑节能减排意识
实践类活动	各种校园及社会岗位的兼职活动、各种创新创业大赛、社会实践活动等	创新能力、创业技能、竞争意识、市场意识
文体类活动	团队辩论赛、各种球类比赛、跆拳道、舞蹈、旅游、动漫、魔术、马拉松、轮滑、朗诵等文体、曲艺、才艺的比赛	强健身体素质 健全人格发展 乐观的心理品质 人际交往技能

四、做好团学活动在高职贫困生关键能力培养工作中的保障措施

（一）保证贫困生对团学活动的参与度及范围

团学活动没有贫困学子的参与，也无法实现它的效果。而贫困生性格多内向，不愿意主动参与团学活动。这就需要学院出台相关措施促使贫困生参与各种团学活动。以笔者所在学院为例，学院为每个建档的贫困学生建立"爱心一卡通"，此卡把对贫困生的资助与他的日常表现挂钩，通过加减分制度，记录贫困生各方面表现。除了成绩优秀加分外，担任学生干部，加入团学组织，参加各种团学活动均为加分项，而爱心卡得手高的学生可以直接获得下一年的资助资格。这极大提高了贫困生参与团学组织、参加团学活动的积极性，并从中受益。

（二）更有目的有原则地开展团学活动

要遵循以下三个方面的原则：第一，团学活动要体现层次性，从低年级到高年级，面向学生设计的团学活动，要做到针对不同发展阶段发展需求的学生开展不同的活动。第二，活动要体现大众性，开展尽可能面向全体学生感兴趣、愿参加的活动，以吸引更多的人参与。第三，活动要更突出与教学活动的同步性，二者都是落脚于培养学生的职业关键能力，应是统一的、协调的。这两条线应以此为目标而融合为一条线。

综上所述，培养高职建筑类贫困生的关键能力，是他们全面发展及高质量就业的根本要求，也是促进高等职业教育健康稳定发展的保障。学生的第二课堂、校内外的各种活动对高职建筑类贫困生关键能力培养起到不可忽视的作用，我们要充分利用团学活动，在贫困生人际交往能力培养、方法能力的完善、乐观心理品质的塑造等方面显示出更多成效，为贫困生这一群体的关键能力培养及全面发展贡献我们的力量。

[参考文献]

[1] 徐朔.“关键能力”培养理念在德国的起源和发展[J].外国教育研究,2006(6).

[2] 李锐.浅析高职院校建筑工程技术专业学生关键能力的构成[J].成才杂志,2013(12).

[3] 李锐.高职建筑类学生关键能力培养研究——基于社团活动层面[J].科教文汇,2014(4).

"三维互动"模式对大学生核心价值观教育的研究与实践

——以广州铁路职业技术学院为例

广州铁路职业技术学院 李 宇 李 帅

摘 要:高校既是大学生学习生活的主要场所,也是大学生社会化的重要场所。它不仅给大学生传授文化知识、职业技能和专业知识,更为大学生提供社会行为规范和价值标准,对大学生价值观的影响是全面的、系统的和深刻的。本文通过当前大学生价值观特点、现状分析,以广州铁路职业技术学院为例,对采用"理论教育、实践引导、网络传播""三维互动"模式,从机制体制、政策措施、推进成效等角度对大学生社会主义核心价值观教育的研究与实践成效进行了分析和总结。

关键词:大学生;核心价值观;研究与实践

作者简介:李宇(1979—),男,汉族,湖南衡阳人,广州铁路职业技术学院讲师,硕士。研究方向:思想政治教育。李帅(1977—),女,汉族,湖南祁阳人,广州铁路职业技术学院讲师,学士。研究方向:思想政治教育。

青年大学生是备受社会瞩目的青年群体,是国家建设、社会发展的生力军和重要的后备力量,他们的价值取向不仅是个人问题,更关系到整个中华民族的前途与命运。正确引导青年大学生树立社会主义核心价值观是关乎中国特色社会主义事业兴衰成败和中华民族伟大复兴的大事。大学教育作为学校教育的"收官"阶段,也是大学生价值观形成的关键阶段,其重要地位是不言而喻的。大学生人生价值观的形成和发展需要在一个充满知识理性和价值理性的环境中进行,高校就提供了这种场所。学校的文化氛围熏陶着大学生的意志、情感、思想和价值体系,始终影响着当代大学生的社会感知、社会实践、角色定位和社会创造的全过程,也是影响大学生价值观念和行为方式的最强有力的因素,积极探索和实践,创新教育方式方法,对大学生社会主义核心价值观的融入教育具有非常现实的意义。

一、当代大学生价值观的特点

(一)多元化

当前,所有制形式、社会利益主体、社会组织形式以及人们就业方式、生活方式日益多元化,大学生的思想行为、价值观念也呈现出复杂性和多元性的特点。既有以集体主义为原则、无私奉献的价值观,也有致力于个人奋斗、重享乐求实惠的极端利己主义价值观,还有游离于大公无私和自私自利之间、持合理利己主义的中庸之道者,可以说是纷繁复杂、多元并存。

(二)矛盾性

市场经济中社会群体利益分配的差异性以及群体价值观念的多元性,使大学生价值观上的迷茫、困惑、矛盾和冲突明显增加。比如,他们既倾向于锐意进取,又常常为惰性、甚至是任性所吸引,中庸无能;既赞同开拓创新,又时而抱有侥幸心理;在观念上认同集体主义原则,在行动上却主张个人利益的价值取向;一方面憎恨别人的贪婪与不道德,另一方面却宽容自己的放纵;处于一种"希望与困惑并存,进取与彷徨相伴,成功与失败同在,认同与失落交错"的心态之中。

（三）不稳定性

由于青年学生具有求新、求异的特点和不断探索、孜孜以求的精神,加上其正处在生长期,思想意识和心理尚未稳固,情绪易于起伏,这使得他们对人生价值的评价和选择,比较容易受到外界环境的影响,处于不稳定的状态,具有较大的随意性和可变性。对于同样一件事物,他们今天的认识和昨天的认识可能会有很大的差别;对此种价值观的态度刚刚明晰,却又转入对另一种价值观的追寻;内心的冲突和不稳定性容易使大学生在价值评价及选择上产生迷惘与困顿,在思维方式和行为方式上出现偏颇。

二、当前高校对大学生核心价值观教育中主要存在的问题

近年来,我国高校在对大学生核心价值观引领教育中取得了不少成绩,积累了很多经验,但是不可否认,社会普遍存在对当代大学生价值观教育的担忧情绪。正确认识存在的问题,改进对策和方法,才能保证高校教育对大学生正确价值观的引导。当前存在的问题主要表现在:

（一）校内教育管理部门各自为政,缺乏统一规划和协调,教育成效不明显

目前,在高校的校内管理体制中,与大学生价值观教育相关的部门有思政教学部、党办、学生处、团委等多个部门,各个部门均负有相应的职责,也都围绕价值观教育做了大量工作,但由于缺少顶层设计,各部门沟通不畅,难以针对大学生价值观教育中出现的新问题,有的放矢地开展工作,及时协调教育教学及管理方式,以致出现事倍功半的效果。

（二）理论教学途径比较单一,教育内容比较空泛

目前,高校对大学生价值观的理论教育主要是通过思政课程和其他零散的课程来进行的,缺乏应有的价值教育目标,在内容上比较空泛,偏重于理论传授,比较形式化,侧重于理论的系统性和全面性,却忽略了大学生实际的道德困惑和价值取向的迷茫,缺乏对现实问题的指导,很难让学生充分了解掌握其内容。教学途径的单一性使得大学生很难掌握基本价值观知识,形成正确的价值观,同时,由于在整个教育过程中重智轻德;存在突出的政治价值主导地位、忽视德行修养的倾向,以致当代大学生生活教育、精神教育、环境与健康教育、审美教育等匮乏。

（三）教育方法缺少灵活性,缺少理论与实践的相融合

我国高等教育对大学生的价值观教育主要偏向于理论教育,忽视实践教育对大学生价值观教育所发挥的重要作用。在实践教育工作中基本上处于放任学生自由发展的状况,缺少统一的规划安排及正确的引导,在当前的社会大环境下,极容易让大学生受到社会上不良风气的侵袭,对大学生的价值观念产生不良影响。

三、新形势下大学生社会主义核心价值观教育的原则

在当前形势下对大学生进行核心价值观教育,确立正确的价值取向,应当遵循以下几条原则:

（一）内容必须坚持社会主义核心价值观

党的报告中提出："社会主义核心价值体系就是社会主义意识形态的本质体现……切实把社会主义核心价值体系融入国民教育和精神文明建设全过程,转化为人民的自觉追求。积极探索用社会主义核心价值体系引领社会思潮的有效途径。"对大学生价值观教育说到底是要帮助大学生树立正确的价值观,坚持社会主义核心价值观教育是根本和保证。

（二）教育对象要以生为本

教育者要树立"以人为本"的教育理念。充分认识到大学生在德育中的主体地位,讲究尊重和平等的原则,切实关注大学生的内在需要和实际需求,充分发挥大学生自我教育、自我管理的作用,真正以学生为本,为学生发展着想,有效促进他们实现社会主义核心价值观的内化。

（三）教育的实施者要提高素养

邓小平同志曾经指出："一个学校能不能为社会主义建设培养合格的人才,培养德智体全面发展、有社会主义觉悟的有文化的劳动者,关键在教师。"因此,可以说做好社会主义核心价值观教育工作的基础就是教师的率先垂范,发挥真理的力量及自身人格的魅力,依照社会主义核心价值体系的要求来实践自己的道德标准和价值观念。同时,教育者不仅要具备扎实的理论功底,还要具备较强的学习能力,在教育过程中,深刻认识核心价值观的文化内涵,根据实际需求,拓宽和深化自身的理论知识,不断提高教学质量与水平、科研意识与能力、政治思想素质和社会实践能力,从而更好地发挥科学、有效引导的作用。

（四）教育方式要突出实践环节,提升情感体验

当前的核心价值观教育不仅要加强理论教育和研究,还要格外注重实践环节,坚持理论与实践相结合的原则。通过制度建设,规范学生行为,引导大学生养成良好的文明行为。通过有组织、有目的地开展丰富多彩的实践活动,如读书交流、勤工助学、志愿服务、三下乡、社会调研等,使他们走向社会,亲自体验改革开放和社会主义现代化建设的伟大成就,激发爱国热情,在更多更大的自由空间里历练自己的价值观。在面临多元选择的时候,要特别突出社会主义核心价值观的地位,让他们清楚地认识到当自己遇到一些社会问题时,应该做出什么样的价值评价以及应该做出什么样的价值选择,在实践中体验、认同、接受社会主义核心价值观教育的深刻内涵、意义作用等,有效内化为大学生自身的自觉行动。

（五）教育的范围要覆盖学生认知、判断、行为全过程

要培养他们的价值判断能力和价值评估能力,落实到校内外的各种活动和学生的行为选择上。结合以下几种模式进行教育:第一,情境教育模式。典范的激励中,在感同身受中接受教育主体对价值观的传播。第二,案例教育模式。利用能够体现一定价值冲突的案例组织课堂教学,通过大学生的自我甄别,从而使社会主义核心价值观有效内化。第三,双向互动教育模式。在教学过程中,教师针对具体问题,通过和学生的对话、交流、研讨,达到教学相长,实现教育目标。第四,比较教育模式。在教学过程中,教师针对具体价值观教育问题,进行横向与纵向的比较,使学生在比较中认同。

四、构建"理论教育，实践引导、网络传播"的社会主义核心价值观融入教育模式的实践

根据大学生价值取向的特点和当前大学生价值观教育的现状，广州铁路职业技术学院从实际出发，通过专题调研、机制体制创新、条块分工、点面结合等方式，统筹党办、思政部、学生处、团委、后勤保卫及各院系，加强对大学生思想政治、价值引领的统一规划和部署，扎实有序地推进大学生社会主义核心价值观教育工作，以"理论教育、实践引导、网络传播"的三维互动模式、形成"理论与实践结合、虚拟与现实结合、教化与渗透结合"的立体交互机制，增强大学生价值引领教育的吸引力和感染力，促进大学生价值引领"认知—认同—内化"的演进。通过近几年的教育实践表现出来的，特别是从毕业生跟踪调查数据中得出：企业认为学生不但业务素质高，而且思想政治素质过硬，对企业的忠诚度高、价值观和职业道德素养等表现均较好，深受企业好评。在大学生的价值观教育工作中，我院主要做法有：

（一）改进思政课程教育教学方式，充分发挥思政理论课程在核心价值观教育中的基础作用

小组合作学习：理论教学新模式。我院思政课从 2007 年开始在二年级的"毛泽东思想和中国特色社会主义理论体系概论"课教学中创设了"精彩十分钟"的课内实践教学方式。经过两年的探索和实践，进一步推广运用到"思想道德修养和法律基础"和"形势与政策"课程当中，逐步形成了寓实践环节于课堂的"小组合作学习"教学模式。其特色具体表现为：

育人目标科学。强调理论学习"少而精，精而管用"原则，注重将马克思主义基本理论与社会现实紧密结合。教师利用任务驱动法，根据课程内容设计若干合作学习的选题，采用"新闻播报"（或称"时事开讲"）、"感悟生活""专题讨论""主题演讲"和"社会调查"等方式，提升学生参与学习的主体地位，培养其观察社会、分析和解决问题的基本能力，培养正确的价值观、人生观，为学生未来的职业发展打下应有的思想基础。

教学形式生动。坚持"教师为主导、学生为主体"的教学理念，尝试将每班分成 4—6 人组成若干学习小组，实行组长负责制，组员之间分工协作，并在教师的指导下完成学习任务。如在"新闻播报"的实践环节，要求学习小组以最近发生的国内外重大新闻事件为选材范围，提炼 1—2 个新闻主题，收集整合资料，制作 PPT 课件，由学生主讲，在课堂上进行 5 分钟的陈述，由教师和其他学习小组进行 5 分钟点评和打分。

教学效果明显。这种"入脑入心"的教学模式，让学生体验到了合作学习的快乐，拉近了教师和学生的距离，有效提升了思政课的教学魅力，提高了思政课的"到课率"和"听课率"，较好地解决了原先学生参与度不够、学习兴趣不浓的难题。学生在合作学习中产生的优秀作品如《我的中国心》《悲情四川》《祝福母亲》《偶像的变迁》等被推荐成为学院团课的必用教材。

（二）打造春运实践的大平台，发挥实践育人在价值观教育中的引导作用

春运社会实践是我院利用铁路行业背景和专业优势，与广州铁路集团公司及其下属多家单位共同构建的校企合作实践平台。春运实践育人模式坚持工学结合与就业导向，寓思想教育于社会实践活动，努力促进学生职业技能、职业素养、价值观念的同步提升。

立足思想引领，树立育人目标。学院从 2007 年开始探索将社会主义核心价值体系融入

大学生春运社会实践中,根据不同年级的课程育人目标,分层次、有针对性地将思想政治教育和职业素质教育贯穿春运社会实践的全过程。在一年级的"基础"课,侧重将职业道德教育融入春运实践中。将开设"春运职业道德——服务的魅力"系列专题讲座作为重要内容纳入岗前培训,以铁路人特有的"铺路石"品格和"火车头"精神为引领,提升学生"守纪、吃苦、协作、诚信、微笑、耐心、灵活、坚持、自信、自重、细心、感恩"的道德品质与职业修养。在二年级的"概论"课中,侧重提升学生对中国特色社会主义理论的基本原理和方法的理解和运用,尤其是对国情、社情、民情的认识。通过开展课题调查和走访实践单位、旅客的方式,引导学生科学地观察和分析中国的春运现象,体味改革开放的成果;正确认识社会中存在的不和谐现象,指导学生进一步思考人生和规划未来的职业发展目标。

坚持知行合一,育人成效突出。春运实践使学生在真实的工作岗位中,接触社会、感悟人生,实现了学生的理想信念、职业素养从"理论认识"经由"实践体验"到"内化践行"的飞跃。近年来,我院33%以上的毕业生在广州地铁及广州铁路集团公司等实践单位实现零培训上岗就业,其中广州地铁将近20%的员工毕业于我院,还有不少在春运中参与组织管理工作的学生已经成为相关岗位的技术、管理骨干。我院"春运社会实践育人成果"获全国优质教育成果一等奖,连续被评为"广州地区春运工作先进单位"。

(三)构建新媒体教育网络,发挥网络教育在价值引领教育中的渗透融合作用

网络环境是当前大学生核心价值观培育面临的重要机遇和考验。以互联网、手机为代表的新兴媒体在大学生群体中迅速普及,网上交往和游戏娱乐活动丰富了他们的生活,开阔了他们的视野,满足了他们强烈的探索欲望和好奇心。因此在进行大学生核心价值观教育时,也必须适当地运用这一平台,以实现大学生核心价值观教育手段的现代化,加强渗透融合。我院的主要做法有:着力打造三个平台,构建新媒体教育网络,发挥网络教育在价值引领教育中的渗透融合作用。

一是网络信息公开平台:重点加强网站建设,在我院网站载入与学生日常学习生活有关的门户网站、信息网站、新闻网站、电子期刊、网络电视台、视频网站、社区网站、交互式网站、就业指导网站、心理咨询网站、勤工助学网站等,同时开设了院长信箱、处长信箱等为学生解决实际问题的网络交流平台,同时及时进行回复和解决,极大地提高了学生对我院网站的浏览量。

二是网络教学资源平台:将"毛泽东思想和中国特色社会主义理论体系概论""思想道德修养和法律基础"和"形势与政策"等课程纳入精品课和网络课程建设范畴,加强了课程内涵建设和改进授课方式,使教学富有激情、讲课具有吸引力和感染力。同时,还发动学生参与教学过程,加强师生交流互动,培养创新意识和实践能力,提高学生研究能力和综合素质,使思想政治理论精品课程成为理念新颖、生动鲜活、独特先进的课程,将思政课教学资源网站打造成为一个汇聚相关教学资源、展示教学成果的重要平台。

三是网络互动平台:抢占微博、微信等新兴交流媒体,要求学生处长、团委书记、辅导员、各团学组织、各支部开通微博、微信平台,抢占新媒体领域;开展社会主义核心价值教育进网络,"图说我们的价值观"公益宣传等系列活动,实现在传统沟通平台之外打造出一个全新交流平台,与学生建立了良好的互动关系,学生可以就关心的学习、生活和工作等问题及时通过这些新兴交流媒体与校方直接交流,得到自己想要的信息;同时,我们也可以及时了解学

生中的新动向、新问题,对于网络上的一些有害的、虚假的、错误的、反动的信息,可以及时进行正面的舆论宣传与导向,弘扬主旋律,弘扬科学的积极向上的人生观,通过有效的技术手段来防止那些低级庸俗的东西在大学生群体中传播,从而使大学生树立科学的价值观。

通过采用"三维互动"模式实现对大学生社会主义核心价值观融入教育的实践,广大师生对社会主义核心价值观内涵的认识更加深刻、理解更加科学,价值判断力和道德责任感不断提升,社会主义核心价值观真正实现了入脑入心,成效显著。学风、教风和校风积极向上,广大学生也能自觉弘扬社会正能量,践行社会主义核心价值观,做良好道德风尚的建设者和社会文明进步的推动者。

[参考文献]

[1] 中共中央办公厅.中共中央办公厅印发《关于培育和践行社会主义核心价值观的意见》[J].党建,2014(1).
[2] 王学俭,李东坡.社会主义核心价值观研究述要[J].思想政治教育研究,2013(4).
[3] 高校思想政治教育中一元与多元辩证关系研究[J].思想教育研究,2012(12).
[4] 邱国勇.社会主义核心价值观教育研究[D].武汉:武汉大学,2013.
[5] 刘建亚.当今大学生思想行为特点及其成才教育拓展研究[D].长沙:中南大学,2013.

网络视域下高职院校学生党建工作现代化研究

——以福建省某高职院校学生党建队伍为例

福建卫生职业技术学院 吴涵梅 叶 海

摘 要：高职院校学生党建工作是高校思想政治教育的重要内容，是高职院校思想政治教育工作实现可持续发展的重要保证，网络信息的迅速发展使得网络信息技术在高职院校学生党建工作中越来越显示其独特的重要性，高职院校作为培养人才的基地，将高职院校学生党建工作置于网络环境下研究，成为做好新形势下学生党建工作的迫切要求。

关键词：高职院校；网络环境；学生党建；现状；对策

作者简介：吴涵梅（1985— ），女，福建莆田人，福建卫生职业技术学院讲师，硕士。研究方向：高校思政管理。叶海（1977— ），男，福建政和人，福建卫生职业技术学院学生工作处处长，副教授，硕士。研究方向：高职教育与管理。

党的"十八大"报告指出"立德树人是教育的根本任务"，教育事业要把社会主义核心价值体系融入国民教育体系之中，引导学生树立正确的世界观、人生观、价值观。高校学生党建工作是高校思想政治教育的重要内容，新媒介环境下如何推进高职院校学生党建工作的现代化也是高职院校立德树人的重要工作之一。将高职院校学生党建工作置于网络环境下研究，既是适应新时期形势发展的需要，也是促进大学生自身成长的必然需求，更是彰显党建现代化的重要标志[1]。党的"十七大"报告中强调："建设和谐文化，培育文明风尚。加强网络文化建设和管理，营造良好网络环境。"网络信息技术的发展使高职院校学生党建工作面临着各种挑战及机遇，面临的教育对象和教育形势也更加复杂。网络环境的引入为高职院校的学生党建工作提供了许多便利的渠道，也取得了一定的成效，但由于高职院校学生党建本身受到周期短、流动性大，高职学生思想观念不到位，积极性不高，党建制度建设滞后问题，高职院校党建工作的现代化还有待提高和完善。当前，大学生把互联网作为获取信息和交流的主要渠道，网络对大学生思想观念和行为方式的影响越来越强烈、越来越广泛[2]。充分应用网络资源发挥学生党员先进模范作用，已然成为高校思想政治教育的一个崭新课题。本文以福建省某高职院校学生党建队伍网络媒介使用情况为例，探析当前高职院校学生党建工作存在的问题，并进一步提出推进高职院校学生党建工作现代化的对策。

一、福建省某高职院校学生党建队伍网络应用情况调查

对福建省某高校 2011 年以来的学生党员队伍以及入党积极分子进行网络使用情况及网络党建互动情况调研，采用网络发放问卷和访谈相结合的调查方式，发放问卷 760 份，回收 760 份，有效问卷 760 份，回收率 100%，有效率 100%。

（一）学生党员队伍网络党建互动情况

学生党员队伍常用的网络通信形式有 QQ、E-mail、飞信、微信、博客等网络渠道，其中 QQ、E-mail、飞信、微信是大家最常用到的，博客用的人数较少。在访谈中发现用于党建工

作的通信方式多是 QQ、E-mail、飞信和微信,而博客则鲜为少用。详见表1。

表1 学生党建队伍进行网络党建互动的次数百分比

	QQ	E-mail	飞信	微信	博客	其他
经常使用(每周 7 次以上)	98%	80%	83%	68%	30%	30%
偶尔使用(每周 6 次以下)	2%	20%	10%	20%	52%	50%
从不使用	0%	0%	7%	12%	18%	20%

(二)学生党员队伍对校内网各类网页浏览情况

对现有学生党员队伍进行校内网页浏览情况调查发现,对学校主页的了解达到100%。对于经常要接触使用的主要网页的浏览量也比较多,比如:校园主页、党委工作办主页、学生工作处主页、就业网站等,认真浏览人数为61.11%,对师生互动内容较多的校园 BBS 的认真浏览人数最高达93.89%,校园 BBS 是学生群体最为关注的网页,对于其他网页的关注主要是工作和学习的需要。具体见表2。

表2 校内网各类网页主要浏览人数百分比

网站名	了解人数	百分比(%)	经常使用并认真浏览人数	百分比(%)
学校主页	760	100	464	61.11
党办主页	355	46.67	188	24.72
学工处主页	540	71.11	253	33.33
就业网	739	97.22	676	88.89
软件下载中心	591	77.78	486	63.89
教务处主页	760	100	676	88.89
校园 BBS	728	95.83	714	93.89

(三)学生党员队伍日常使用网络时间统计情况

对学生党员队伍平均上网时间进行问卷调查发现,每天上网时间达10小时以上者有93人,平均上网达5—10小时的有181人,平均上网3—5小时的有106人,每天上网3小时以下的有380人。访谈中发现学生上网多半是学业和休闲娱乐,专门用于学习党建相关知识的都是在学校党支部通知要求下进行的。具体见表3。

表3 学生党员队伍上网时间统计情况

	上网时间统计			
	每天上网时间			
	3 小时以下	3—5 小时	5—10 小时	10 小时以上
	均值	均值	均值	均值
统计人数	380	106	181	93

(四)学生党建队伍浏览网页内容情况

根据问卷统计发现学生党建队伍成员浏览网页内容主要为浏览新闻、搜索引擎、收发邮件、论坛/BBS/讨论组、即时通信、获取信息、在线影视收看与下载、在线音乐收听及下载、文件下载及上传、网上游戏以及网上购物等,其中浏览新闻、搜索引擎的人数最多,网上游戏主要是学生党建队伍中少数男生。具体见表4。

表4　学生党建队伍浏览网页内容情况

频　率	浏览内容	人　数
项　目	浏览新闻	680
	搜索引擎	675
	收发邮件	254
	论坛/BBS/讨论组	274
	即时通信	468
	获取信息	424
	在线影视收看与下载	407
	在线音乐收听及下载	336
	文件下载及上传	482
	网上游戏	115
	网上购物	530

二、网络环境下高职院校学生党建工作的现状分析

正确认识和分析高职院校学生的思想状况,根据在校高职学生心理变化的客观规律,选择相应的教育方法和教育内容,努力做好新时期高职院校学生党员的管理工作,发挥学生党员的引领作用具有重要的现实长远意义。近几年许多高职院校的学生党建工作都在现代化的进程上迈出了重要的一步,也积累了许多的成效和经验,但同时也还有很多方面有待完善。例如结合对福建省某高职院校学生党建实际工作的调查研究,针对存在的问题进行分析,发现当前主要的问题集中在以下几个方面:

(一)对学生党建工作在网络环境下面临的挑战认识不够

网络技术的发展给学生党建工作带来便利的同时也提出了挑战。调查中发现许多学生都认为网络技术的应用为开展党建工作提供了许多的便利,但同时存在偏信网络文化等问题。高职院校学生普遍存在着对网络环境认识不全的问题,各类错综复杂的文化在网络的传播下无限量地传播到世界各地,其中不免关于对社会主义、共产主义的否定,这些都对党的理论建设和党员素质提出了较高的要求。其次,对高职院校学生党建工作主体的素质受到挑战的认识不全面。网络是高科技的产物,只有在理论和实践两个方面掌握它的人才能真正运用它,高职院校学生党建工作主体在这两个方面的素质都有待提升,比如思想政治教育理论功底比较扎实,却由于不懂电脑技术而不能很好地利用网络技术;有些虽懂得一定的

网络操作技术,但因为缺少党的建设相关理论知识,就更谈不上具有政治敏锐性和鉴别力了[3]。

(二)网络环境下高校学生党建工作重点不鲜明

以福建省某高职院校学生党建工作为例,在调查中发现高职院校在党建网站的建立方面存在喧宾夺主的现象,党建网站重点不鲜明,没有着重突出高校党建育人的中心任务,关于党建的网络讨论环境呈现浮躁趋势。访谈中发现在各种网络渠道上以讨论为主题的板块,时事讨论的氛围浮躁,对社会忧患意识极为有限,即使有时事话题,更多的是关于负面消息的转载和讽刺[4]。党建网络的建立不同于其他商业网络和普通综合性网络,必须旗帜鲜明地宣传党的理论路线方针政策,高举马列主义、毛泽东思想、邓小平理论、"三个代表"重要思想和科学发展观的伟大旗帜。

(三)相关制度的建设滞后

随着网络在高校党建工作中的运用,高校党建的建设工作在长期的发展过程中积累并形成了一系列规章制度,但随着时代的不断发展及变化,网络技术的日益深入,网络环境下的高校党建工作也需要与时俱进。以福建省某高职院校网站现状来看,高校学生党建工作相关制度相对滞后,与当代大学生已经发展了的思想文化需求有一定的差距。网络信息技术发展日新月异,多种网络社区平台的迅速崛起,更是对滞后的规章制度造成了巨大的冲击[5]。

(四)网络环境下高职院校学生党建工作的经验不足

网络环境下的高校党建工作无论是在党建模式、党建载体还是党建方法上,都是一个相对全新的领域,高校学生党建工作的整体发展还处于起步阶段,网络技术开发及运用没有完全进入现代化,现代化的信息技术对高校党建工作的网络应用技术提出了新的要求。高职院校学生党建网站在维护上普遍缺乏长效的运行和开发,没有专门人员对存在的问题进行系统的分析、研究和对党建理论的摸索创新。很多学校的党建仍沿用比较传统的方式,靠固定的场所和成堆的文件会议来获取党建知识。

(五)大学生主动运用网络参与党建的积极性不高

大学生作为高职院校学生党建工作的重要对象,如何把他们吸引到党组织的周围,提高广大青年用网络参与党建的积极性是学生党建工作的重中之重。青年大学生的思想倾向具有可塑性、易变性、创新性的特点,对新鲜新奇的事物具有很强的浓厚兴趣,他们喜欢网络,也非常乐意参与网络环境下的互动[6]。但目前的党建网站只是站在说教功能为主,很难吸引青年大学生的注意,大学生主动运用网络参与党建工作的积极性不高也直接影响了目前网络环境下高校党建工作成效。

三、网络环境下高职院校学生党建工作现代化的对策研究

网络信息技术在高校学生党建工作中发挥着越来越重要的作用,成为新时期高校学生党建工作手段的有益补充。高职院校的学生党建工作更应该依托网络信息的技术优势,加强网络环境下学生党建的多方面建设,创新网络时代高职院校党建工作。以福建省某高校学生党建队伍为例,基于对现状问题的分析,结合高职院校学生特点,通过以下几个途径建立良好的网络环境,推进学生党建工作现代化。

（一）把握前提，正确认识网络环境下学生党建工作的重要性

2014年10月，中共中央办公厅印发《关于坚持和完善普通高等学校党委领导下的校长负责制的实施意见》，指出党委领导下的校长负责制是中国共产党对国家举办的普通高等学校领导的根本制度，是高等学校坚持社会主义办学方向的重要保证。网络党建是在传统党建基础上的拓展和延伸，高职院校要充分认识网络党建工作的重要性，树立创新意识，把现代化的信息技术引入党建工作，创新党务工作方式方法，开辟党建工作的新领域，提高党建工作水平[7]。首先，在思想上要充分重视，将学生网络党建工作作为一项重要内容纳入党建工作及学校校园网建设的整体规划之中，高职院校党委及各级党组织要加强对学生网络党建工作的领导，成立相关的组织机构负责学生网络党建工作的领导、建设、管理等工作，抓紧制定学校学生网络党建工作的发展规划和对策，对学生网络党建进行科学规划，整合学校网络、信息和人才等资源。高职院校各有关部门和党总支部应该按照学校的整体规划，认真做好部门和党总支部的学生网络党建工作，学院和有关职能部门可以利用"易班"等网络技术对学生党建网站进行监察，以实现学生网络党建工作科学化、系统化。

（二）做好保障，完善高职院校学生党建网络系统

党建网站、网页是否为学生党员和入党积极分子喜闻乐见是网络党建生命力之所在，从福建省某高职院校的调查访谈中发现高职院校普遍存在党员发展周期短，学生在校期间的学习有限等问题，高职院校学生党建工作应该充分利用网络的便利性创新党员发展模式。高职院校必须结合时代特点、网络特点、学生的需求，学生党建网络的内容必须紧扣学生思想脉搏，通过图文并茂、声像兼美的形式以及网络互动功能，把学生党建网络建成学生党员和入党积极分子学习党的知识的重要平台和交流思想的精神家园，使学生党建网络成为提高党务工作效率和管理水平的重要途径。当前许多高职院校的党建网站内容比较枯燥，可以通过建立党建博客提升同学们的积极性和参与度。访谈中发现许多实习生党员反映每次党支部活动或是发展党员，他们都要脱岗回校，甚至有些外地的要提前回来，从心理上有一定的压力，因此在实际党建工作中可以利用网络资源，比如通过建立网上党校以专题教育等形式宣传党和国家的方针和政策，普及党的理论知识，有计划、适时地发布学习内容，传达党组织的党建活动信息，使入党积极分子和学生党员都能在"网上党校"学习，也可以针对在外顶岗实习的学生党员召开党员互动视频会议，创新对学生党员进行教育和考察方式。无规矩不成方圆，高职院校还应尽快制定学生网络党建工作的管理制度，比如网络信息安全制度、网络工作队伍管理与培训制度等，让学生党建工作有章可循，保证学生网络党建工作的规范化。充分认识高职院校学生，将积极的、主流的价值引导和党的最新理论传递给学生党员，才能使党的思想政治教育工作始终处于舆论阵地的最高点[8]。

（三）抓好关键，提升高职院校学生网络党建工作者的综合素质

党建工作者在高校党建网络化的过程中起着至关重要的作用，建设一支既有党建工作经验和党建理论素养又懂现代信息网络技术的新型党建工作队伍，是建设高职院校党建网络阵地的关键。高职院校党组织应针对新形势下党建工作的需要，建设一支思想政治素质高、业务素质过硬且具备较高网络信息应用能力的学生网络党建工作队伍。学生网络党建工作队伍应该从两方面培养，专职党务工作者和学生党员骨干，专职党务工作者从教职员工中遴选培养，充分发挥学生党员骨干的才智，他们思想活跃、工作热情高、了解学生所思所

想,让他们广泛参与学生网络党建的建设、管理工作,一方面解决专职党务工作人员不足的问题,让学生党员在实践中提高,同时还可以达到学生党员自我教育、自我管理、自我服务的目的[9]。网络环境下高校党建工作者还应该学会运用网络技术能力,比如常用网络通信渠道传递信息的功能、交流信息的功能、鉴别信息的功能。

（四）促进可持续发展,加强网络环境下高校校园文化建设

教育的最终目的是实现学生的自我教育,党员培养的最终目的也是将积极上进的思想理念转化为学生的价值观,只有在高职院校内营造一种良好的网络文化氛围,才能实现高职院校学生网络党建的可持续发展。高职院校校园文化是高职院校社会主义精神文明建设的重要内容,也是网络环境下学生党建工作的有机载体。教育部、共青团中央针对加强高等学校校园网络建设的工作提出,要主动占领网络新阵地,牢牢把握网络思想政治教育主动权,综合运用技术、行政和法律手段,切实加强领导,建立健全高校校园网络管理长效工作机制,积极组织实施绿色校园网络计划,努力把高校校园网络建设成为系统安全、制度完备、管理规范、内容丰富、信息健康的绿色网络[10]。大学生思想活跃,喜欢标新立异,自主意识较强。高校学生党建工作要适应大学生的思想特点,满足青年学生成长成才的需要,通过开设网上心理咨询室,对学生存在的各种心理困惑在网上进行答疑,消除学生的焦虑,发挥网上思想政治教育的功效。创新是一个民族进步的灵魂,是一个国家兴旺发达的不竭动力,高职院校学生党建工作也应该根据这些变化及时改变工作方法和工作内容,积极探索适应时代变化的网络载体创新,以适应高校党建工作发展的不断需要。

网络环境下的高职院校学生党建工作是一个长期的过程,需要高职院校领导的重视、财力物力的保障,需要高职院校党建工作者综合素质的提高,需要高职院校党建管理体制的更新,需要校园文化的建设以及网络载体的创新,我们不能孤立地把它理解为网络环境下高校党建工作就是哪个部门的职责,它是一个上下联动、全员参与、任重而道远的工程。

[参考文献]

[1] 张丹.网络环境下高校党建工作研究[D].重庆:西南大学,2010:1.
[2] 李海军.新时期高校党建工作面临的挑战与对策研究[J].经济研究导刊,2011(16):185—187.
[3] 陈学璞.大学生网络文化与高校网络党建[J].广西民族师范学院学报,2014(6):112—115.
[4] 张见超.互联网环境下的高校学生党建:机遇与挑战[J].重庆科技学院学报:社会科学版,2012(16):35—38.
[5] 蒙红光.新时期高校研究生党建工作网络化探析[J].继续教育研究,2011(4):86—89.
[7] 孙晓倩.高校党建工作的网络信息化发展初探[J].广西教育,2014(31):120—122.
[8] 李黎黎.对新时期大学生党建工作重心前移的探索[J].中国校外教育,2008(8).
[9] 刘琳.网络时代背景下大学生党建工作的实践与探索[J].云南社会主义学院学报,2014(2):114—115.
[10] 卢英敏.高校党建工作网络化、信息化建设研究[J].经济视角:上旬刊,2014(10):74—77.

南京地区高职院校就业压力源调查及分析

南京交通职业技术学院 张丽君

摘 要：在自主择业和高校扩招的影响下，毕业生面临着较大的就业压力，高职学生由于学历偏低、非名校出身等原因面临就业时压力会高于其他大学生。文章通过编制就业压力调查问卷对南京几所高职院校进行调查研究，希望能发现困扰高职学生在面临就业时所遇到的主要压力来源，并分析相关变量的差异，为高职院校的就业心理辅导提供参考。

关键词：高职院校；就业压力源；调查；分析

作者简介：张丽君（1979— ），女，汉族，江苏南通人，南京交通职业技术学院心理健康教育中心主任，思政讲师，硕士。研究方向：学生心理健康教育研究。

一、引言

就业压力是我国"自主择业"就业体制的产物，20世纪大学毕业生均是包分配，不用担心找不到工作；而如今，毕业生们不得不通过市场自己解决就业，再加上近几年高校的扩招使得当今的大学毕业生面临着巨大的就业压力。高职学生即大专生面临的压力理应更大，但教育部曾透露目前的大专生就业率高于本科生，也有研究说这并不是真实情况，那么高职学生面临就业时在哪些方面会遇到巨大压力呢？文章通过调查希望了解南京地区高职院校学生在面临就业时会遇到的压力因素并分析其在相关变量上的差异，为南京地区高职院校的就业心理辅导提供依据。

二、调查与分析

（一）调查对象

文章从南京的6所公办院校各抽取被试200人，共1200人进行了问卷调查。回收问卷1114份，有效率92.8%，被试情况见表1。

表1 就业压力源被试情况（N=1114）

		人数	百分数（%）
学院	学院1	172	15.4
	学院2	173	15.5
	学院3	243	21.8
	学院4	198	17.8
	学院5	138	12.4
	学院6	190	17.1

		人数	百分数(%)
性别	男	595	53.4
	女	519	46.6
专业	文科	540	48.5
	理科	574	51.5
年级	大一	524	47.0
	大二	325	29.2
	大三	265	23.8

（二）调查方法

主要采用开放问答及问卷调查法。在开放问答的基础上自编高职院校学生就业压力源调查表。首先,在高职院校学生中进行开放式调查和访谈,记录高职学生的主要就业压力源,在文献资料的基础上,整理开放式访谈的结果,同时结合其他研究者的研究成果,综合识别出5种主要的就业压力源:专业问题、学校因素、家庭因素、个人能力、就业指导生涯规划指导,初步确定5个理论维度,由此编制出就业压力源的测量题目,问卷采用6点积分法,即"没有就业压力"记0分,"就业压力很大"记5分,中间根据被试的主观感受给分。然后,选取高职院校学生100人进行初测,删除掉贡献率较低的题目,最终形成了就业压力源问卷。

（三）调查结果

1.结果显示

南京地区高职院校学生的就业压力偏高。对压力源调查数据采用SPSS11.5进行统计,计算学生总压力均值,并以压力值中数(2.5)为参考进行单样本t检验。结果见表2。

表2 南京地区高职学生总体就业压力

	M	SD	t	Sig.
就业压力调查结果	2.6067	0.79891	4.447	.000
压力中数	2.5			

由表2可知,南京地区高职院校学生的就业压力水平显著偏高。

2.南京地区高职院校学生就业压力源可进行因子分析

对就业压力源进行数据统计,结果显示KMO检验值为0.967,Bartlett球形验值为20023.38,显著水平为.000,极其显著,表明总体的相关矩阵间存在共同因素,数据适合进行因素分析,经过反复尝试,最终依然决定抽取5个公共因素,累积方差解释率为45.439%。各因子的因素命名及负荷见表3。

表3　就业压力源问卷因素命名及负荷表

因素	项目数	因素负荷范围	变异解释率(%)
职业素质的自我评价	14	0.583—0.351	11.447
缺乏求职帮助	10	0.608—0.358	9.511
个人能力欠缺	11	0.582—0.408	9.419
严峻的就业形势	6	0.607—0.477	8.562
较高的就业心理预期	5	0.619—0.362	6.501
合　计	46		45.439

进一步分析发现,学生就业压力源按程度大小排位依次是较高的就业心理预期、严峻的就业形势、缺乏求职帮助、个人能力欠缺、职业素质的自我评价。

3.南京高职院校学生就业压力源群体差异分析

(1)有调查显示:女生的就业压力源与男生有差异。本研究的调查结果显示男、女生的就业压力源不存在差异。在对男女生的压力源进行独立样本t检验,结果见表4。

表4　南京地区高职院校学生就业压力源性别差异比较

性别		总就业压力	职业素质的自我评价	缺乏求职帮助	个人能力欠缺	严峻的就业形势	较高的心理预期
男	M	2.6080	2.5065	2.7010	2.5138	2.7641	2.7798
	SD	.78525	.88512	.90617	.87247	.93565	.98330
女	M	2.6051	2.4725	2.6952	2.5026	2.7954	2.7988
	SD	.81497	.86364	.93806	.91476	1.00603	1.03099
	T值	0.06	0.647	0.105	0.209	−0.536	−0.315
	Sig.	0.952	0.518	0.916	0.835	0.592	0.753

由表4可知,总体就业压力以及各压力源不存在性别差异。

(2)由于就业的宽度与广度的不同,文、理科专业学生的就业压力源也会存在差异。因此进行文、理科独立样本t检验,结果见表5。

表5　南京地区高职院校学生就业压力源文理科差异比较

专业类别		总就业压力	职业素质的自我评价	缺乏求职帮助	个人能力欠缺	严峻的就业形势	较高的心理预期
文科	M	2.6457	2.5444	2.7259	2.5369	2.8006	2.8222
	SD	.77132	.84256	.88899	.84963	.93140	.98671

续　表

专业 类别		总就业 压力	职业素质的 自我评价	缺乏求职 帮助	个人能力 欠缺	严峻的 就业形势	较高的 心理预期
理科	M	2.5696	2.4398	2.6723	2.4820	2.7580	2.7571
	SD	.82321	.90222	.94972	.93015	1.00300	1.02256
	T值	1.585	1.996	0.972	1.026	0.733	1.081
	Sig.	0.113	0.046	0.331	0.305	0.463	0.280

由表5可知,理科学生在职业素质的自我评价方面的压力显著低于文科学生。其他压力源对于文理科学生并没有显著差异。

(3)对大一、大二、大三学生就业压力源进行方差分析,结果见表6。

表6　南京地区高职院校学生就业压力源年级差异比较

年级		总就业 压力	职业素质的 自我评价	缺乏求职 帮助	个人能力 欠缺	严峻的 就业形势	较高的 心理预期
大一	M	2.5949	2.4012	2.7195	2.4761	2.8648	2.8860
	SD	.88037	.94786	1.03177	.98617	1.05747	1.05308
大二	M	2.6148	2.5418	2.6658	2.5497	2.7210	2.7335
	SD	.63637	.70965	.72212	.73196	.85614	.87334
大三	M	2.6199	2.6040	2.6962	2.5227	2.6787	2.6642
	SD	.81243	.89355	.90712	.87516	.90121	1.04445
	F值	0.110	5.553	0.341	0.726	4.077	5.010
	Sig.	0.896	0.004	0.711	0.484	0.017	0.007

由表6可知,在总的就业压力及缺乏求职帮助、个人能力欠缺两个压力源上,不同年级的学生没有显著差异;而在职业素质的自我评价、严峻的就业形势、较高的心理预期三个压力源上存在显著差异,进行多重比较分析后,发现在职业素质的自我评价压力方面,二、三年级的学生压力显著高于一年级的学生;在严峻的就业形势和较高的心理预期压力方面,一年级的学生显著高于二、三年级的学生。

三、讨论

(一)南京地区高职院校学生就业压力的基本状况

调查表明,南京地区高职院校学生的就业压力值处于较高水平(M等于2.6067,显著高于理论中数2.5),这说明南京地区高职院校学生的就业压力处于一个较高状态。

(二)南京地区高职院校学生就业压力的来源

经过对调查问卷的统计分析,发现南京地区高职院校学生在面临就业时遇到的压力主要来源于五个方面:较高的心理预期、个人能力欠缺、职业素质的自我评价、缺乏求职帮助、严峻的就业形势。经过对这五个因素进一步分析,发现五个因素影响最大的是较高的心理预期,其次分别是严峻的就业形势、缺乏求职帮助、个人能力欠缺和职业素质的自我评价过低。

(三)南京地区高职院校学生就业压力、压力源的群体差异分析

1.男、女生差异

调查结果显示,南京地区高职院校男、女生的就业压力无显著的差异。这说明目前在高职院校中,男、女生的就业形势及就业压力是类似的,女生并没有因为性别在就业时受到太多的歧视。调查中有女生说:在一些技术岗位上,很多单位倾向招收女生,第一是因为女生心细手巧,第二是因为原先有太多男生了,所以要招收女生调节单位的男女比率。因此很多女生对于就业持积极态度。

2.文、理科差异

调查结果显示,在高职院校,文科学生因为所学的专业技术性不及理科学生,因此在职业素质的自我评价方面的压力显著高于理科学生。理科尤其是工科所学的专业技术性强,用人单位的招聘信息也有很强的针对性,理科学生在就业时选取对口专业的几率相对较高,他们拥有一技之长,这是他们的优势,目前就业形势也显示出理工科毕业生保持着良好的就业形势,高职层次中,诸如计算机、土建、自动化、航海、建筑、机械、汽车等专业的就业形势良好,这些岗位需求量大的专业基本都是理工科专业。所以说,一个专业的市场需求、技术性和针对性越强,毕业生的就业率则越高,就业压力也就相对较小。文科学生的专业过于大众化,例如文秘、法律、管理类等,技术性不强,专业供大于求,于是他们对专业的就业方向很难确定,尽管招聘信息大量出现,但是适合他们的岗位却相对较少,有些适合的岗位却在学历上设置门槛,使他们望尘莫及,这样无形中就造成了他们就业压力的增大。

3.大一、大二、大三各年级的差异

调查结果显示,一年级的学生在职业素质的自我评价方面压力显著低于二、三年级的学生,而在严峻的就业形势和较高的心理预期压力方面则显著高于二、三年级的学生。分析其原因,我们发现很多大一学生由于刚进入大学,对于职业素质的自我评价体系尚未完全建立,因此在这方面压力偏小;同时因为他们对自己所学的专业不了解,在理想层面对自己所学的专业容易产生较高的就业心理预期,这可能是导致其就业压力增大的主要原因之一;同时,在新媒体时代,各种媒体对高校毕业生就业严峻形势的报道会使对自己就业方向一无所知的大一学生产生较大的心理压力。大三学生已处于直面就业压力时期,因此主要压力还是来源于对职业素质的自我评价层面。

从调查的结果而言,高职院校就业辅导部门将就业压力辅导主要放在大三学生身上是不全面的,在做好大三学生就业辅导的同时也要适时对大一、大二的学生开展相关教育,例如将来的就业方向、就业的主要岗位、就业单位的性质等,使学生对此能提前有所了解,从而做好相应的心理准备。

四、结论

第一,南京地区高职院校学生的就业压力偏高。

第二,南京地区高职院校学生在面临就业时的压力主要源于五个方面:较高的心理预期、个人能力欠缺、职业素质的自我评价、缺乏求职帮助、严峻的就业形势。

第三,南京地区高职院校男、女生的就业压力没有显著差异。

第四,南京高职院校文科学生职业素质的自我评价显著低于理科学生。因此在这一因素上的压力显著高于理科学生,但总体看,文、理科大学生的就业压力并没有显著差异。

第五,不同年级的学生在总就业压力上不存在显著差异,但是一年级的学生在职业素质的自我评价方面压力显著低于二、三年级的学生,而在严峻的就业形势和较高的心理预期压力方面则显著高于二、三年级的学生。

第六,提醒就业心理辅导工作不仅要面向毕业班学生,同时也要对低年级学生在就业方向、就业形势方面开展辅导工作。

[参考文献]

[1] 魏婉怡.就业压力对低年级大学生成就动机的影响及其应对[D].重庆:西南大学,2009.

[2] 车文博,张林,黄冬梅,等.大学生心理压力感基本特点的调查研究[J].应用心理学,2003,9(3).

[3] 雷兰成.大学毕业生就业压力、应对方式与人格的关系研究[D].成都:四川师范大学,2011.

[4] 李明,杨欢,彭小波,等.大学毕业生就业行为与心态调研分析[J].江西农业大学学报:社会科学版,2004,3(2).

[5] 舒晓丽,汤福球.大学生就业压力源与焦虑的机理研究[J].湖南理工学院学报:自然科学版,2008(1).

为青春引航，为实现中国梦增添青春正能量

——培育和践行社会主义核心价值观

烟台职业学院　张　俊

摘　要：大学生是未来社会建设的中坚力量。大学生的价值取向决定了未来整个社会的价值取向。为了帮助大学生扣好人生的"第一粒扣子"，教育学生树立青春梦想，从现在做起、从自己做起，使社会主义核心价值观成为自己的基本遵循，并身体力行大力将其推广到全社会去。

关键词：中国梦；社会主义核心价值观；立德树人

作者简介：张俊（1980—　），男，汉族，山东烟台人，烟台职业学院讲师，硕士。研究方向：大学生思想政治教育。

社会主义核心价值观是指在国家层面上倡导"富强、民主、文明、和谐"，在社会层面上倡导"自由、平等、公正、法治"，在公民层面上倡导"爱国、敬业、诚信、友善"，这是核心价值体系融入国民教育和精神文明建设的科学论断。

一、培育和践行社会主义核心价值观对大学生的重要意义

当代大学生价值观建构培育是社会主义核心价值观融入国民教育全过程的重要组成部分，也是大学生思想政治教育研究的新领域、新课题。

（一）培育大学生核心价值观是社会主义核心价值体系的总体要求

马克思主义指导思想是社会主义核心价值体系的灵魂。中国特色社会主义共同理想是社会主义核心价值体系的主题。以爱国主义为核心的民族精神和以改革创新为核心的时代精神是社会主义核心价值体系的精髓。社会主义荣辱观是社会主义核心价值体系的基础。大学生核心价值观的凝练，必须以此为根本要求。

（二）大学生社会主义核心价值观的培育是党的教育方针的重要体现

党的"十八大"报告明确提出："把立德树人作为教育的根本任务，培养德智体美全面发展的社会主义建设者和接班人。"这是党立足最广大人民的根本利益、推动教育事业在新的历史起点上科学发展的本质要求。全面培养个人素质，诚实守信，养成勇于探索的创新精神，努力促进大学生德智体美全面发展，成为社会主义合格建设者和可靠接班人。

（三）大学生社会主义核心价值观的培育符合当代大学生的特点

当代大学生处在大变革、大发展、大调整的社会转型期，成长环境对他们影响很大，加之自身生理、心理阶段及群体特点，对个人会产生很大影响，反映在行为处世方式、与人交往、网络行为等多方面，呈现出自我意识强、集体意识弱，抗挫折能力弱、心理问题多、权利意识强、行为拟成人化、独立意识强、独立能力弱等特点。以这些特点为基础，核心价值观既要引导学生养成正确的行为规范，又要引导学生发扬目前的优势，引领社会群体进步。

（四）大学生社会主义核心价值观的培育与高等教育的职能和目标具有高度吻合性

高等教育历经发展，形成了四项职能，即培养人才、科学研究、服务社会、文化传承与创新。高等教育要坚持以育人为本，将学生的全面发展作为一切工作的出发点和落脚点，从而培养德智体美全面发展的人。对大学生社会主义核心价值观进行凝练，必须立足高等教育的职能与目标，确保人才培养的质量与水平。

二、我院培育和践行社会主义核心价值观的情况综述

（一）加强制度建设，形成长效机制

按照省委高校工委、省教育厅《关于在全省大中小学培育和践行社会主义核心价值观的若干意见》要求，结合我院实际，2014年上半年学院制定并下发了《关于在全院培育和践行社会主义核心价值观的实施意见》，作为我院开展社会主义核心价值观活动的指导性和纲领性文件。

（二）弘扬中国优秀传统文化，加强社会主义核心价值观的宣传教育

为了进一步弘扬中国优秀传统文化，学生处（团委）制作了中国传统文化《弟子规》文化长廊。同时，邀请山东省政协常委、文史委副主任，山东中华文化促进会副主席孙炬先生做了题为"明事理，勤学文——新版《弟子规》解读"的讲座。通过宣传、专家解读经典，加强了我院青年学生的家国情怀教育、社会关爱教育人格修养教育和感恩教育，发挥优秀传统文化怡情养志、涵养文明的重要作用，在校园里凝聚健康向上、崇德向善的精神力量。

在社会主义核心价值观宣传方面，学生处（团委）积极筹备，认真筛选，推出了"社会主义核心价值观"专题文化长廊。整个专题文化长廊以社会主义核心价值观为主线，通过大量的图片、实例、事迹等内容充分展现了我院在社会主义核心价值观践行方面的丰硕成果。

（三）开展学生喜闻乐见的活动，在活动中潜移默化地引领学生践行社会主义核心价值观

根据《"弘扬中国传统文化，践行社会主义核心价值观"主题教育实践活动方案》的要求，在全院学生中开展社会主义核心价值观教育，将主题教育实践活动分为理性认知、感性认同和实践养成三个阶段。通过"大学·人生"新生主题教育活动、寻找身边社会主义核心价值观"最美代言人"活动、"书香校园"系列活动、弘扬红色文化追梦报告会、"三爱三节"主题教育活动和"与我同行——青年志愿者服务活动"等活动，使社会主义核心价值观融入学生学习生活和精神世界。

（四）继续实施"学生成长领航工程""6S管理""企业文化进校园""深化中国梦主题教育活动"等品牌活动

1.坚持立德树人，深入推进学生成长"领航工程"

开展了以"三爱三节"（即爱学习、爱劳动、爱祖国，节粮、节水、节电）为主要内容的"中国梦"主题教育活动，将大学生的成才梦融入中国梦的伟大实践之中；推进文化育人工作：制作主题文化长廊，开展社会主义核心价值观宣传教育；推进实践育人工作：健全系级学生社团联合会，进一步推进学生社团工作；组织开展"实践助力成才梦"大学生暑期社会实践活动；

开展"感恩母校·追梦远航"毕业生主题教育活动和"大学·人生"新生入学主题教育活动；开展青年志愿者(义工)服务活动和学生社团活动，开展送技术服务、文化服务进社区活动。

2. 深化 6S 管理，巩固"文明公寓楼"创建成果

开展"文明公寓楼"创建活动，进一步巩固和提升近年来实施 6S 管理和"文明公寓楼"创建的成果，在 2014 级新生中科学、有序地推进 6S 管理，严格按照"文明公寓楼"创建标准加强学生公寓文明建设。

3. 实施"素质导师计划"

聘请专家将优秀的企业文化引入到校园，营造"准职场"环境，为学生提供一个良好的锻炼平台，为其顺利就业搭建舞台。

4. 开展"盛世中国·追梦青春"主题教育活动

利用新媒体网聚青年，共谈"中国梦"。组织开展了"我的中国梦"短信征集活动、DV 作品大赛、励志博客设计大赛等；创新活动形式吸引青年，共筑"中国梦"。组织开展了"我的中国梦"主题演讲、校园励志歌曲演唱、励志主题辩论赛、校园主持人大赛等；发挥榜样影响青年，共圆"中国梦"。开展了第二届"十大校园之星"评选活动。邀请原《烟台日报》副总编辑、89 岁高龄的军旅作家孙佑杰先生举办了"弘扬红色文化追梦报告会"。报告会上，孙老讲述他一生不断追逐自己的"当模范""当记者""当作家"梦想的人生历程，鼓励青年学生励志成才，努力实现个人梦、中国梦。

三、培育和践行社会主义核心价值观过程中存在的问题

一是价值取向多元化，对一些明显不同甚至相互对立的价值观念持兼收并蓄的态度。应该说，价值取向的多元化具有一定的积极意义，但也容易造成积极与消极、正确与错误的价值观交织并存的局面，使正确的价值导向受到淡化、曲解甚至冲击。在一些大学生眼里，似乎一切存在都是合理的。比如，"及时行乐""金钱至上""个人主义"等，都被他们看成个人可以自由选择与追求的价值取向，别人无权干涉。二是价值目标选择重个人理想轻社会理想，更多地关注自己的发展和现实的利益，对他人、集体和社会漠不关心。有的大学生不仅缺乏对社会的责任感，甚至对父母、对自己也不负责任。三是价值评判标准存在偏差。一些学生错误地把经济收入多寡、职权大小、社会地位高低作为衡量人生价值大小的标准，有些学生对自己和他人的评价持双重标准，只求权利，不尽义务，对社会要求高，对自己要求低。

四、大学生社会主义核心价值观培育和践行的主要载体和途径

大学生社会主义核心价值观的培育应贯穿于学院建设发展全过程，贯穿于学生培养全过程，落实到办学理念、培养计划、课程设置、文化建设和教学科研管理服务等各项工作中。

(一)制度建设是大学生社会主义核心价值观培育的重要保障

充分发挥法律法规和制度的规范、引导、保障、促进作用，形成有利于培育和践行社会主义核心价值观的制度环境，将社会主义核心价值观要求细化为教师准则、学生守则、学生综合素质测评办法、评优奖惩制度等具体规定。强化规章制度的执行力度，严肃纪律，奖罚分明，在日常管理服务中彰显社会主流价值，通过宣传表彰校园先进典型、批评处理负面现象，使正确行为得到鼓励、错误行为得到摒弃，用法律法规的权威来增强师生培育和践行社会主

义核心价值观的自觉性和主动性。

（二）课堂教学是大学生社会主义核心价值观培育的主渠道

1.加强和改进德育课程建设

深入开展课程调研，把握不同年级、专业学生的思想和行为特点，找准德育课核心价值观教育的切入点，选择相应的教育内容、方法、评价。完善思想政治、道德法律、就业创业、心理健康、生涯规划五位一体的大德育课程体系，开发网络课程，为社会主义核心价值观课程教育提供立体支撑。立足社会现实，吸纳人类文明最新成果，探索把地方资源转化为课程资源，把学校传统优势特色转化为校本课程资源。丰富社会主义核心价值观教育内容，开发《社会主义核心价值观读本》《中华文化经典读行》《胶东红色文化》《岗位职业素质》系列校本教材，促进社会主义核心价值观入教材。

2.积极融入各门课程教育教学

开设好"大学生心理健康教育"必修课，不断丰富心理健康教学内容，改进教学方法，通过案例教学、体验活动、行为训练等形式，进一步提高课堂教学效果，提升教学质量。加大开放式实践教学力度，编写实践教学大纲，推进信息化课堂教学设计与改革，创新现场教学、情景模拟、角色扮演、参与体验、头脑风暴等实践教学，做到思悟结合、觉行一体。注重挖掘各门课程的文化内涵，把社会主义核心价值观教育融入学生学习的各个环节，人文社会科学课程教学中增加社会主义核心价值观教育内容，自然科学课程教学要注重专业知识与社会主义核心价值观的结合，切合加强公民意识、文化素养培养和传统美德教育。教务处要加强对各专业课的课程设计和教学指导，使学生在学习知识过程中，自觉接受社会主义核心价值观的教育。

（三）主题教育是大学生社会主义核心价值观培育的重要形式

强化主题教育充分发挥其在校园文化中的熏陶作用。要坚持以社会主义核心价值观为引领，建设体现社会主义特点、时代特征和学院特色的校园文化。培育优良的校风、教风和学风，形成学院独特的价值观念和精神气质，将"博学、强能、修身、立业"的校训融入教育教学活动、融入学生学习生活。充分利用院报、校园网、宣传栏、黑板报等，加大社会主义核心价值观宣传报道力度，深入开展爱学习、爱劳动、爱祖国"三爱"教育活动，不断深化"中国梦"主题教育。巩固壮大主流思想舆论，充分利用新生开学、学生毕业等重要环节，开展"追梦烟职"新生入学教育和"感恩母校·追梦远航"毕业生主题教育活动。充分利用"五四""七一""十一"等重要节日，举办庄严庄重、内涵丰富的庆祝和纪念活动，深入开展爱国主义和优秀传统文化教育。

（四）日常文化活动是大学生社会主义核心价值观培育的主要载体

日常文化活动融入大力开展积极向上、丰富多彩的校园文化活动，吸引学生广泛参与，增强社会主义核心价值观教育的吸引力和影响力。积极搭建平台，通过文化长廊、公寓文化、教室文化、网络文化等载体传播优秀校园文化，开展"文明公寓楼"创建和"优秀黑板报"评比活动。引进优秀企业文化，打造富有职业教育特色的校园文化。

（五）社会实践基地是大学生社会主义核心价值观培育的重要延伸

创建社会基地，充分发挥社会实践的育人作用。广泛开展道德实践活动，积极组织道德论坛、道德讲堂、道德修身等活动，深入开展"大学生文明修身工程"和节水、节电、节粮"三节"教育实践活动,积极传颂"新女性文明三字经",引导学生加强社会公德、职业道德、家庭美德和个人品德修养,加强礼节礼仪教育,形成修身律己、彬彬有礼、崇德向善、礼让宽容的道德风尚。深化学雷锋实践活动,以"学习雷锋月"活动为抓手,推动学雷锋活动常态化。完善大学生志愿服务制度,加强青年志愿者协会和慈善义工管理中心建设,鼓励和支持大学生参加志愿服务西部计划、爱心公益活动和志愿服务活动。充分利用海阳地雷战纪念馆、杨子荣纪念馆、英灵山和西炮台革命烈士陵园、烟台山、张裕酒文化博物馆等爱国主义教育基地,升华对社会主义核心价值观的体验感受和认知理解。加强校外实践活动基地建设,在已有的烟台开发区鼎峰生态科技园、南山公园、西解村、莱山区"校地共建"项目等基地基础上,进一步开发社会资源,建立更多的大学生社会实践基地。

（六）网络新媒体是大学生社会主义核心价值观培育的新手段

发挥新媒体作用适应互联网快速发展形势,善于运用网络传播规律,把社会主义核心价值观体现到网络宣传、网络文化、网络服务中,用正面声音和先进文化占领网络阵地。加强校园网络管理,坚决抵制各类不良信息,积极开展网上正面宣传和评论引导。要加强网页建设,及时筛选更新信息,通过积极健康的网络文化活动,唱响网上主旋律。各部门、各单位要开展师生网络素养教育,推动文明上网、文明用网,规范网上信息传播秩序,营造清朗的网络空间。

[参考文献]

[1] 周晓东,马玲.法治背景下高校思想政治教育体制的完善[J].黑龙江高教研究,2013,31(6).

[2] 谢志薇.政策环境对大学生思想政治教育的影响及对策研究[D].武汉:湖北大学,2012.

[3] 吴琼.思想政治教育法治化研究[D].武汉:武汉科技大学,2011.

浅析高职院校教育工作者修身立德

武汉铁路职业技术学院　陈洁茹

摘　要:文章着眼于高职院校教育工作者使命责任,重点从"什么是德""为什么立德""怎样立德"三个方面分别诠释德的深刻内涵要求,阐述高职院校教育工作者修身立德的必要性和紧迫性,探讨了高职院校教育工作者修身立德的对策和途径。

关键词:高职院校;教育工作者;立德

作者简介:陈洁茹(1989—),女,汉族,河南信阳人,武汉铁路职业技术学院运输管理学院 2014 级辅导员,硕士。研究方向:马克思主义中国化理论及思想政治教育。

"国无德不兴,人无德不立"。道德是民族精神的内核,是国家"软实力"的灵魂,之于个人、之于集体、之于社会、之于政党,都具有基础性的意义。习总书记在会见第四届全国道德模范时强调:"道德的力量是无穷的,道德模范是社会道德建设的重要旗帜"。对于高职院校教育工作者,面对的是一群正处于思想发育期、灵魂培塑期、价值观形成期的年轻学生,如何加强自身道德修养,如何增强思想引领作用,对于学生成长成才意义重大。作为一名高职院校教育工作者,我感到要深刻认识"领头雁""浇花者"的特殊地位,要充分认清加强道德修养的必要性和紧迫性,要身先垂范、以身作则,树立起高职院校教育工作者的榜样力量,更好地彰显道德的力量,进而为培育高素质技术技能型人才铸牢坚强的思想根基。我以为必须重点把握三个方面的问题。

一、什么是德?

关于德,最早出现于先秦思想家老子所著《道德经》,由《道篇》和《德篇》组成,"道"是指自然运行的真理,即规律;"德"是"道"的外象表现,即准则,两者相辅相成、密不可分。我们现在常说的"道德"《现代汉语词典》解释,是人们共同生活及其行为的准则和规范,是通过人们的自律或一定的舆论对社会生活起的约束作用。简单来说,道德就是用来调整人与人之间、人与社会之间相互关系的行为规范。党的十八大以来,习总书记多次强调道德建设,提出了很多新观点新论断新要求。首先,培育社会主义核心价值观是核心要义。习总书记在北大师生座谈会上指出:"核心价值观,其实就是一种德,既是个人的德,也是一种大德,就是国家的德、社会的德。"社会主义核心价值观反映了全国各族人民价值认同的最大公约数,回答了我们要建设什么样的国家、建设什么样的社会、培育什么样的公民的重大问题。其次,发挥道德模范示范带动作用是有力抓手。习总书记指出:"道德模范是引领社会道德建设的导向力量。"先进模范身上不仅凝聚着普遍意义上的优秀道德品质,也体现着时代内涵和中国特色,是真善美正能量的集中代表。第三,形成全民共建的良好环境是根本要求。习总书记强调:"必须加强全社会的思想道德建设,激发人们形成善良的道德意愿、道德情感,培育正确的道德判断和道德责任,形成向上的力量、向善的力量。"阐明道德建设必须紧紧依靠人民,提出推动全社会道德建设的目标和道德实践大众化的要求。最后,依法治国和以德治国相结合是必要保证。习总书记在中央政治局第四次集体学习时强调:"要坚持依法治国和以德治国相结合,把法治建设和道德建设紧密结合起来,把他律和自律紧密结合起来,做到法治和德治相辅相成、相互促进。"道德是最高的法律,法律是最低的道德。习总书记的论述揭示了道德与法纪的关系,指明了两者的整体性和相互间的协调性特点,要求充分发挥德治与法治的互补互促功能。

二、为什么要立德?

《世说新语》有言:"小胜靠智,大胜靠德"。道德,作为一种社会现象,属于上层建筑中意识形态范畴,反映的是人们对人与人关系最基本的认知。回眸华夏五千年文明史,都能感受到道德的滋养、道德的力量。

(一)德是中华文明之根

中华民族的传统文化博大精深,源远流长。概而言之,其精髓即为"道德"二字。德是奠定中华文明底蕴的基石,如果把中华文明比作一条长河,那么"德"就是它的源头。老子讲,"万物莫不尊道而贵德",其中"道"是指自然运行与人世共通的真理;"德"是指人世的德性、品行。德是贯穿中华文明发展的灵魂,中华文化可谓博大精深、林林总总、浩如烟海,但仔细品味,无论是儒家还是法家,无论是佛教还是道教,无论老庄经典还是孔孟学说,贯穿其中的道德标准一脉相承。德是指引中华文明前行的坐标,道德作为一种社会引导,它不仅告诉我们"从哪里来",要求我们"该怎么做",而且还指引我们"往哪里去"。

(二)德是立身做人之本

"美德懿行乃安身立命之本",无论世事如何变迁,老老实实做人、踏踏实实做事,从来都是立身处世法则。有德才能行于世,崇尚道德模范体现出整个社会都对道德的敬仰期盼,特别是最美丽乡村教师、最美丽乡村医生、最美丽司机、最美丽救人老师等已家喻户晓,更是社会公德的一种威名。一个人能不能称其为人,首先看他讲不讲道德;一个人是不是好人,关键看他有没有道德。现实社会中,人人都懂得"择其善者而从之,其不善者而避之",一个人品质好了,人们都会向他靠近,否则就会远远地避开他,甚至难以立足。有德才能信于人,人无诚信不立,家无诚信不和,业无诚信不兴,国无诚信不稳,世无诚信不宁。一个人有道德,才能赢得他人的信任、尊重、帮助和支持,也才能在社会上拥有地位、体现价值。有德才能经于难,道德好比"精神盔甲",是自律之法,更是自控自励之法。一个有良好道德修养的人,不仅能很好地把握自己的言行,同时也会拥有一种与艰苦磨难顽强抗争的力量。事实证明,道德可以让人意志顽强,克难攻坚,百折不回。有德才能功于业,常言道:把人做好,才能把事做好,好的人品与智能有效组合,才能创造出非凡的成绩。反之,人品不佳,品德低劣,即使才高八斗也难于成事。

(三)德是为官从政之要

党的"十八大"报告专门把纯洁性列入党建的主线内容,可见"德"义重大。有德才能秉公用权,对从政者而言,德是权的灵魂、权是德的体现,以德行权民之大幸,无德弄权人民遭殃。为官从政,不仅需要用"硬"制度约束官行,更需要用"软"文化束修官德。为此,才能真正以平和之心待"名",以淡泊之心待"位",以知足之心待"利",以敬畏之心待"权"。有德才能立威立信,对为官从政者而言,没有威信难以率众,而威信最终要靠德而立。"不患位之不尊,而患德之不崇",品德高尚,在群众中就有威信有威望,群众就会尊重你信任你;反之,就没有形象没有声望,群众就会鄙视你唾弃你。有德才能领才润才,司马光在《资治通鉴》中指出:"才者,德之资也;德者,才之帅也。"阐明的就是,德是才的方向和灵魂,是才发展的内部动力,同时还根据德才情况将人分为四类:德才兼备是圣人,德胜过才是君子,德才全无是愚人,有才无德是小人。

三、怎样立德?

高职院校教育工作者是高职院校大学生管理工作、教学工作和思想政治教育的引领者,是培养高素质技术技能型人才的主力军,是大学生健康成长成才的重要保证,必须看到肩负助力年轻学生长知识、会处事、立目标、懂事理、明是非、强毅力的育人之责,必须牢固树立主体责任意识,必须加强自身思想道德修养,言行一致、表里如一,严于律己、作风正派,不失言、不失行,用自身人格魅力获得学生的绝对信任、绝对信服。

(一)纯洁思想以"明"德

思想永远是行动的先导,什么样的思想之花,结什么样的行为之果。要在守护信仰中坚定方向,道德如屋,信仰如柱,柱子立不起来,房屋就无法构建,就成了似有实无的海市蜃楼。坚定信仰才能守住修身做人的正确方向,而信念缺失、信仰动摇,就有可能走上歪路甚至绝路。要在授业解惑中强基固本,爱国敬业、立场坚定是对高职院校教育工作者的政治要求,也是道德建设的核心和根本,当前意识形态领域斗争异常严峻复杂,面对网络热点、媒体聚焦点,要清醒头脑,勇于拨开雾霾,强化对党和国家的理性认同、情感认同和实践认同,确保任何时候任何情况下都坚决与党同心同德、同向同行。要在感悟传统中提升境界,党的"十八大"以来,习总书记提出"三严三实"要求,把立身做人、为官做事、修身养性这些传统美德,与我们的时代精神和核心价值相融合,体现了传统与时代、传承与发展的高度统一,为我们加强道德建设昭示了方向、树立了标尺。作为高职院校教育工作者,应当自觉修大爱、立大德,做优良传统的传承者、道德高地的坚守者。

(二)要强化践行以"育"德

"道不可坐论,德不可空谈。"道德认识、道德情感只有转化为道德行为,形成道德习惯,才能成为道德修养的一个完整过程。要聚焦主课主业,高职院校教育工作者之德在于把学生的利益举过头顶,因而立足岗位、言传身教最能体现教育工作者的道德情怀,要坚持把教书育人作为最基本的职业道德追求,带头研究教学方式、创新教学方法,努力提升高素质技术技能型人才培育的贡献率。要严格一言一行,加强道德修养,必须从做好小事、管好小节开始,"见善则迁、有过则改",绝不能认为小事无损大碍、小节无关紧要,最终如"温水煮青蛙"无法自拔。要谨记"不以善小而不为,不以恶小而为之",时时反躬自省、处处谨言慎行,在防微小之恶、做有为之事中练就金刚不坏之身。要力求善作善成,毛泽东曾说:"一个人做点好事并不难,难的是一辈子做好事,不做坏事。"修身立德一时一事易,一生一世难;有人监督易,无人监督难。加强道德修养要有恒心、有毅力,始终一以贯之,要特别注意把住第一次,第一次把住了就是关口,把不住就是缺口。

(三)要严格约束以"律"德

"有德者必先畏法,违法者必先无德",加强道德修养必须德法并举。要增强法纪观念,习总书记要求党员干部要带头尊法学法守法用法,这既是社会发展和高职院校发展的要求,也是道德建设的时代标准。要严肃组织生活,党员必修党德,要通过不断加强党性锻炼,真正做到党的原则第一、党的事业第一、人民利益第一,过好组织生活是锤炼坚强党性的"熔炉",要抓住"三严三实"专题教育契机,持续强化党员意识和组织观念,自觉接受思想改造,除去思想杂质,进一步坚强党性、升华灵魂、净化道德。要加强执纪问责,对于每名教育工作者,要主动适应风清气正新常态,更加敬畏组织、敬畏纪律,更加珍惜名节、珍惜岗位,更加严格地遵章守纪、自觉批驳和远离各种不良现象。

（四）要树好形象以"立"德

作为高职院校教育工作者,仅仅做到自己修德养德是远远不够的,要始终强化责任意识、使命意识,当好带头人、领路人。只有每名教育工作者都发挥好表率作用,高职院校道德建设水平才能整体提升,人才培育效果才能愈加明显。习总书记对全体党员干部提出树立"对党忠诚、个人干净、敢于担当"良好形象的期望和要求,对于我们高职院校教育工作者更具有特殊的意义。对党忠诚是政治品格,个人干净是做人底线,敢于担当是职责要求,这三个方面充分体现了政治品质与道德品行、党性官德与个人私德、明德修身与道德实践的高度统一。做到对党忠诚,就是对共产主义理想虔诚而执着,对党的理论真学真懂真信真用,对党中央习总书记真诚信赖、真心拥戴。做到个人干净,就是牢记规章制度,始终心存敬畏、手握戒尺、行不逾矩;就是守得住清贫、稳得住心神、经得住诱惑,慎独慎初慎微,自重自省自励;就是简单健康生活,自觉净化三圈,用一身正气彰显教师本色,用两袖清风书写阳光人生。做到敢于担当,就是干工作紧前从严求实合力,夙兴夜寐,勤以兴业;就是积极开拓进取,敢于攻坚克难,干成一流工作,创出一流业绩。要把重德养德守德融入加强党性修养的全过程,贯穿于工作的各方面,切实内化于心、外化于行。作为高职院校教育工作者,还要善于抢占舆论引导的制高点,及时加强对热点问题的引导,真正成为优秀传统文化和职业教育理念的传承者、主旋律正能量好声音的传播者、良好社会风尚的引领者,进而带动广大学生不断提高思想道德水平,为学生成长成才奠定坚实基础。

[参考文献]

[1] 毕红梅.当代西方思潮与思想教育[M].武汉:华中师范大学出版社,2010.
[2] 左鹏.意识形态领域挑战社会主义核心价值体系的几种主要社会思潮[J].思想理论教育导刊,2014(4):60—65.
[3] 刘书林.引领社会思潮是维护社会安定局面的重要战线[J].青海社会科学,2011,8(S2):34—35.
[4] 李肖丽.当代社会思潮对当代大学生的影响及对策研究[J].泰安教育学院学报岱宗学刊报,2011.04(1):121—122.
[5] 邓小平文选:第3卷[M].北京:人民出版社,1993.
[6] 马克思恩格斯全集:第2卷[M].北京:人民出版社,1965.

高职院校女生家庭美德教育对策研究①

——基于秦皇岛职业技术学院大一女生问卷调查

秦皇岛职业技术学院　王柳丁

摘　要： 家庭美德是社会道德体系的基础层次。党的十八大报告明确提出对公民开展家庭美德教育是社会主义道德建设的基本任务。近年来，我院女生入学比例逐年增加，她们既是现实家庭生活中的女儿，又是未来家庭生活中的妻子、母亲。本报告以我院 2015 级女生对家庭美德和传统文化认知调查分析结果为依据，对我院女生家庭美德现状及反映出的主要问题和解决对策进行了分析与探讨。

关键词： 高职女生；家庭美德；对策研究

作者简介： 王柳丁（1969—　　），女，河北秦皇岛人，秦皇岛职业技术学院副教授，硕士。研究方向：音乐教育、职业教育等。

一、研究背景

党的"十八大"报告明确提出：对公民开展家庭美德教育是社会主义道德建设的基本任务。目前我院女生入学比例呈现走高趋势，她们既是现实家庭生活中的女儿，又是未来家庭生活中的妻子、母亲。"目前女大学生家庭美德教育被弱化。社会转型所造成的学校功能、家庭结构的变化以及承载着厚重道德资源的优秀传统文化传承的断裂，是家庭美德教育弱化的原因。"[1]因此，加强高职女生家庭美德教育，将中华优秀传统文化浸润于学生日常学习、生活之中，发挥经典的教化能量，引领高职女生家庭伦理价值取向，发挥女性在弘扬家庭美德方面的独特作用具有非常重要的意义。

二、调查研究设计

（一）问卷设计及发放

本次问卷是在秦皇岛职业技术学院 2015 级新生思想状况调查的基础上设计的。调查对象是 2015 级大一女生，被试女生以系为单位涵盖学院 37 个专业。问卷发放以纸质形式填答，结果录入统计软件 SPSS 并进行数据处理。

（二）调查样本

共发放问卷样本 550 份，收回问卷 550 份，作废问卷 31 份，有效问卷 519 份，有效率为 94.4%。其中生源地为乡村的 387 人，占 74.6%；来自县城的 73 人，占 14.1%；来自城市的 59 人，占 11.4%。（见表 1）

①　[项目基金]河北省教育厅传统文化学会 2015 年度课题"传统文化在女大学生家庭美德教育中的价值与应用研究—以秦皇岛职业技术学院为例"（0020150024）

于光君。《传统文化与女大学生家庭美德教育》，《中华女子学院学报》2014 年第 5 期，第 23 页。

表1　女生的基本信息

项目	小计	比例
1.来自于乡村	387	74.6％
2.来自于县城	73	14.1％
3.来自于城市	59	11.4％
本题有效填写人次	519	

三、学生传统文化认知及家庭美德现状分析

(一)总体情况

从整体上看,我院大一女生大部分来自乡村,有着相对淳朴的遗风民情和家庭、长幼及邻里关系的行为准则。调查显示,受访者家庭美德水准相对高于对传统文化的认知程度。有效的519份问卷中对儒家传统经典《四书》仅有片段阅读经历占61％,没有人完整阅读过该系列;而对于《女论语》《女孝经》《女范捷录》等相关女德类经典著作知之甚少,仅占受访女生的3％。不过,有47.9％的女生对传统文化经典特别是女教经典有强烈的求知渴望,表示能够积极参加学校组织的传统文化学习。

(二)具体情况

大多数女生认为自己的家庭是和谐的,少有矛盾冲突。其中,"非常和谐"所占比例为53.5％,"一般和谐,偶尔有矛盾冲突"所占比例为39.5％,"不和谐"所占比例为2％。

1.家庭美德

调查表明,有259人占49％认为家庭和谐的最重要因素是平等尊重;79.5％的女生在自己花钱时能够想到父母的辛苦,并且能够节省开销;46％表示对父母的教诲能够认真听取,并根据父母的意见有效修正自己的行为;不过仍有48.5％的女生表示在与父母发生争执时,如果自己没错,不会主动向父母道歉;这一数据表明多数女生与父母相处争理多于讲情。

2.传统文化认知

调查显示,有61.8％的女生认为对传统文化只是一般了解,21％的女生对传统文化概念模糊;在您完整读过哪一部传统经典的回答中只有45人占8.6％的女生表示读过《论语》;提及《女论语》《女孝经》《女范捷录》等女德教育经典知之者更是寥寥无几,仅占3％。

3.传统文化传播

在对传统文化传播渠道的调查中,有50.4％女生表示是从课外书上接受的仁义忠孝等传统美德教育;分析其原因有72.4％的女生认为目前大学生传统文化意识淡薄的主要原因是没有完善的教育体制;有84.83％的同学认为仁义礼信等优秀中华传统道德文化在当今社会中仍占重要地位,并保留其巨大的影响力,同时有49.71％的同学表示如果学校组织传统文化学习,会选择积极参加,45.28％的女生持观望态度。(见表2)

表 2　女生对学习传统文化的渴求度（如果学校组织传统文化学习,您会选择?）

选项	小计	比例	
A.积极参加	258		49.71%
B.没兴趣	26		5.00%
C.看情况再说	235		45.28%
本题有效填写人次	519		

4.世界观方面

在就女性审美观调查中,有 78.4% 的女生认为窈窕淑女的标准是端庄,只有 1.3% 的女生认为是性感;在对"女德"这一概念的调查中有 82.8% 的女生表示"女德"是儒家思想的一部分,同时有 8.2% 的女生认为是封建糟粕。

5.人生观方面

大部分女生拥有正确的人生观,只有 8.2% 的学生对婚前性行为持无所谓的观点,有 43.7% 的女生认为不可以,要等到正式结婚;就目前社会闪婚闪离现象有 48.7% 女生不赞成,表示要慎重看待婚姻大事;在对女大学生夜不归寝的现象调查中有 89.9% 的女生表示不会这样做;就现代女性堕胎现象的看法有 83.8% 表示对女性身体损害很大,不会做。

6.价值观方面

有 54.3% 的女生表示,自己的家庭消费观是量入而出,适度消费;28.7% 的女生表示自己家庭的消费观是勤俭持家,节约消费;对于服装挑选有 62.8% 的女生认为自己会选择大方得体的服装。

四、学生对传统文化需求分析

综合学生给出的如何提升我院女生传统文化认知及家庭美德教育的意见和建议,总体有如下几点:(1)85.7% 的女生认为原生家庭教育在自己品质修养形成中占有重要地位,同时也表达自身渴望得到传统文化滋养的愿望;(2)91.52% 的女生希望学院能够通过网络平台、讲座、论坛、校广播站及丰富多彩的学生活动中提升自己的家庭美德修养;(3)67.29% 的女生希望通过课堂选修课的方式让更多的学生走进传统文化,从而培养学生学会认知、学会做事、学会共同生活、学会生存。(见表 3)

表 3　女生对学习形式的诉求(您希望学校用何种开展家庭美德及传统文化教育?[多选题])

选项	小计	比例	
A.课堂选修课	349		67.29%
B.专题讲座	395		75.9%
C.网络平台	475		91.52%
D.文化活动	440		84.8%
E.其他	61		11.62%
本题有效填写人次	519		

五、调查反映出的主要问题及解决对策

（一）课堂主渠道作用重点推进问题。尽管目前学院基础部已经开设传统文化相关选修课程，但就"女德"专题经典解读尚未形成专题系列

解决对策：在学院尚未开设女德教育选修课之前，首先以学生处学生"端本正源"育人项目为载体，举办题为"主敬存诚，践行经典"传统文化研习班。同时，充分发挥大学生网络自修优势，在蓝墨云班课程中分别开设《弟子规》《孝经》《女论语》等相关课程，结合学院翻转课堂教育教学模式，师生共同探讨、分享并结合自身学习实际借助经典的教化力量，使自身在经典中得到滋养，同时形成相应的系列传统经典课程标准。

（二）讲座用语与时俱进问题

传统文化及家庭美德教育有其特有的语境，如果单纯迎合学生喜好，过分利用网络语言、流行语言讲授，可能会失去传统经典语句本身的教化能量。如果禁锢于经典本身的特有语境，则学生有可能听不懂知识内容，这就需要教师加强经典研习，深刻领悟知识内容，做到理论上的融会贯通，语言上的通俗易懂，案例上的形象直观，内容上的深入浅出

解决对策：加强教师自身文化修养，充分运用学院多媒体资源，学习国内知名学者讲座的风格和语言特点。

（三）家庭美德教育内容与时俱进

不容否认包括《女四书》在内关于女德的纲常礼教尚存有重男轻女、男尊女卑的观点，如果锢守经典内容的传授，无疑已经不再适应于当今社会的发展要求了，因此，我们在弘扬传统文化的同时必须与时俱进，将传统经典思想与我们的校训、学风紧密结合起来，把握好扬弃。

解决对策：加强教师时事政治理论学习，将家庭美德教育融入新时代的道德要素，并与学生"三自"教育有效结合，着力培养学生的"自我教育、自我管理和自我发展能力"。

（四）传统文化主题活动少

有 84.8% 的女生希望通过丰富多彩的传统文化品牌活动来亲近传统文化。这既与高职学生知识结构、学习特点有关系，也与学院传统文化传播方式有关系。

解决途径：组织丰富多彩的传统文化品牌活动，使学生在活动中得到锻炼及提升，结合实践教学理念，使学生在活动中得到潜移默化的教育，增长学生传统文化知识认知和提升家庭美德素质。

六、问卷调查的总结

从调查结果来看，我院大一女生原生家庭多处于乡村，普遍具有民风淳朴诚实善良的优秀品质；就传统文化认知水平不容乐观，就女德方面的认知让人尤为堪忧。为此，我们将以学院后骨干院校建设期学生管理、学风建设为契机，建立优秀传统文化传承机制，弘扬社会主义核心价值观，加强对高职女生家庭美德教育，使之懂得伦常之道，素位而行，在学习、生活中做好自己所应该做的事情，行好自己所应该行的路，充分发挥女生在弘扬家庭美德中的独特作用。

[参考文献]

［1］于光君.传统文化与女大学生家庭美德教育［J］.中华女子学院学报,2014(5).

［2］习近平总书记系列重要讲话读本［R］.中共中央宣传部,2014.

［3］邱级胜.大学生家庭美德的实践与养成［J］.安顺学院学报,2011(12).

［4］张丽平,徐年春."思政"课家庭美德教育方法探讨与思考［J］.教改探讨,2014(7).

［5］黄可心,王圣祯.大学生家庭美德教育的现状与对策研究［J］.时代教育,2013(21).

［6］叶友华.女大学生婚恋观调查研究［J］.中华女子学院学报,2010(10).

新形势下"烛光领航"导师制对高职院校学生教育工作模式改革的启示

武汉船舶职业技术学院 焦文渊

摘 要:"烛光领航"导师制是在新形势下,针对高校教育出现的各种问题而采取的一种新的导师指导计划,它着重强调的是导师即领航师对学生的个别辅导,也强调师生之间的交流与互动。烛光领航导师制高职院校有着重要的启示和借鉴意义。

关键词:烛光领航导师制;高职院校;学生教育工作

作者简介:焦文渊(1982—),女,汉族,山西长治人,武汉船舶职业技术学院副教授,学士。研究方向:高职教育教学法。

"烛光领航"导师制起源于 14 世纪英国的牛津大学,其后美国的高校也引入了导师制。导师制是指高等学校实行的"烛光领航"导师制、一种由专业教师针对学生的学习、生活等各方面进行指导的教育模式。20 世纪 80 年代,武汉大学率先在全国施行导师制,其后全国高校出现多种形式的导师制模式,如优秀学生导师制、学业导师制、班级导师制等。笔者于 2014 年 4 月参加湖北省政工干部培训班时,有幸学习了武汉大学生命科学学院"烛光领航"新型导师制模式。"烛光领航"导师制是在新形势下,针对高校教育出现的各种问题而采取的一种新的导师指导计划,对学生专业学习、思想成长、道德行为、就业择业等方面进行全方位的引导和指导。它着重强调的是导师即领航师对学生的个别辅导,也强调师生之间的交流与互动。本学期,我校开始实施《关于专兼职辅导员、兼职班主任工作任务及工作量计算办法》,该办法实施之后,学生的班级日常管理工作主要由辅导员和兼职辅导员担任。新形势下,将"烛光领航"导师制作为我校学生教育工作的有效补充,对我校的教育模式改革与创新具有一定的启示和借鉴意义,它对提高人才培养质量,增进办学水平,形成良好学风、教风都有着积极的意义。

一、"烛光领航"导师制的内涵

"烛光领航"导师制对领航导师队伍的遴选有着严格的标准,一般由年龄在 60 岁以下、具备高尚的品德修养、较强的专业素质、渊博深厚的学识、严谨的教学态度、热心学生工作、对学生的教育管理和指导具有较高的热情和责任心的专业教师担任。自新生入校报到开始直至毕业离校,领航导师对学生进行全程领航引导,领航导师的引导范围主要围绕学生的专业和学业等问题进行,根据学生在不同学业阶段的特点以及针对学生的实际情况,为学生提供帮助和指导。包括进行专业认知教育、制订阶段学习计划、制订个人成长方案、开展学业帮扶、进行职业生涯规划等方面,同时也对学生形成正确人生观、价值观、职业道德、职业品质等方面进行积极引导。"烛光领航"导师制充分体现了因材施教的教育原则,有助于人才的培养,实现了人力资源的合理优化配置。

"烛光领航"导师制的有效实施需要规范的管理作保障,需要制定相应的规章制度以及考核激励制度。首先要确保高频的师生交流。领航导师每月至少要与学生进行两次面对面交流,了解学生在学业以及个人成长方面的状况,并填写谈话记载单,以便及时发现学生遇到的相关困惑和问题,对于发现的问题领航导师应协助引导学生及时解决。在考核激励方面,可以在每学期末对领航师工作进行考核,并对考核合格的到时给予一定的课时工作量补贴,考核为优秀者,还给予适当奖励,并作为职称晋级晋升加分的依据之一。

二、"烛光领航"导师制对高职院校教育模式改革的启示和借鉴

（一）高职院校人才培养过程中存在的困惑与问题

近年来,源于生源质量以及生源结构等因素,高职学生在学习中大多状态不佳,基础差,底子薄,学习兴趣低,上课出勤率低,对教师的依赖性强,缺乏独立思考和学习的能力等,这些问题不得不引起我们的深思,如何有效地对学生进行思想政治的教育,严肃学习态度,端正学风,引导学生成人成才,这也是高职院校急需解决的问题。

其次,在信息化社会的今天,各种信息泛滥、各种价值观甚嚣尘上,受此影响,现代大学生更自我、更具个性,也更易迷茫和无所适从。因此,对高职院校的教学和管理也形成了挑战。

而"烛光领航"计划却为此提供了新的思路和方法,我们有必要进行研究和学习借鉴。

（二）"烛光领航"新型导师制对高职院校的启示和借鉴

首先,高职院校要在明确人才培养目标的基础上,进一步转变教育教学管理理念。与以往不同,当前高职院校的生源结构趋于多元化,包括普通高考生、技能高考生、中职单招生、普高单招生、3+2中高职衔接生、3+2专本连读生以及现代学徒等多种生源。无论何种生源的高职学生,都有进步与发展的权利,然而不同生源学生特点、在学业完成过程中的表现和需求也是不同的,这就需要我们注重教育的针对性,因材施教,充分尊重每个学生的特性,有针对性地进行教育和引导,实施扬长教育,让每个学生充分发挥自己的特长、充分成长。在高职院校教育中,我们传统思维里,在学生的教育当中已经习惯使用的"管"与"压"的旧有管理理念和模式已逐渐不能适应新的形势需求,我们的教育与管理工作需要更加细致深入。我们有必要改变以往在学生教育管理工作中的那种以管制、压制个性,强调服从为主的管理理念。应该以人为本,任何规章制度的出台与制定,都应把学生放在首位,强调服务理念、增强服务意识,以学生的要求为出发点。

其次,借鉴"烛光领航"导师制,实行学生教育工作者责任制和专业教师负责的导师制相结合的"双核"管理体制。由专兼职辅导员为主构成的学生工作管理队伍在一定程度上能有效管理班级,及时处理学生在学习、生活中出现的问题,但不能多对学生的专业学习以及人生方向进行有效的引导、辅导。这个时期的大学生急需人生的导师,带领他们走出人生的迷茫期和误区。并且,大学时期也是大学生们学习各种知识技能的黄金时间,它将为大学生们今后的职业发展奠定基础。所以,此阶段的大学生也期望得到专业教师在学业上、人生方向上等的细致指导与指引。综上所述,有必要在学生管理工作队伍责任制的基础上挑选出高素质的,思想道德水平高、责任感强,愿意指导学生的专业教师来充当导师,从而更好地实现人才培养目标,为社会培养出更多思想品德过硬、专业基础扎实,同时又具备较强的职业道德的高端技术技能型专门人才。

再次,高职院校在教育工作中实施导师制时,要注意结合高职高专的特色以及人才培养

目标的展开。高职院校的人才培养目标是培养高端技术技能型专门人才而不是学术型人才，因此在选择导师时要注重导师的教学实践能力以及专业实践技能。导师要以市场需求为导向，根据企业和市场对实践能力的要求，从而调整对学生的引导方向，更好地提升学生解决实际问题的能力以及专业实践技能。

三、结语

"烛光领航"导师制的实施精细化管理，应制定规范的工作流程和制度，从而确保导师的工作起到应有的作用而不是流于形式。此外，导师的遴选也应该制定相应的选拔标准和程序，要选拔思想道德水平高、专业能力扎实、责任感强的专业教师担任，并且要明确导师和需其指导的学生之间的对应关系，要以规章制度明确导师和学生各自的责任和义务。且确保指导效果，每位导师指导的学生人数不能太多。对导师的工作和付出要有充分的认可和激励，学院应制定相关的奖励措施，以鼓励教师的积极性并起到积极的导向作用。

[参考文献]

[1] 刘凡丰.独具特色的牛津大学本科教学管理制度[J].宁波大学学报:教育科学版,2002(6):62—63.

[2] 钟泓.对高职高专院校实施导师制的探索[J].教育与职业,2005(30):7—8.

[3] 郝娟,芦峰.高职院校实行新生导师制的实证研究[J].职业技术教育,2011(26):78—81.

浅探高职院校学生职业能力的提升路径

——以南京交通职业技术学院为例

南京交通职业技术学院 吴蓉蓉

摘　要：目前，随着高职教育的飞速发展，高职院校学生数量、规模急剧增加。"就业"是民生之本，关于高职院校学生的就业现状以及就业时所面临的问题被广泛关注。经济社会的发展对高职人才培养提出了新要求。当今高职教育的人才培养应当以社会需求为目标，以技术应用能力培养和提高为主线，职业能力水平是高职院校学生就业竞争的核心，职业能力的市场竞争力是高职院校人才培养的标杆。因此，高职院校应该积极采取措施，全面提升学生的职业能力。本文从工作实际出发，提出从加强求职心理调适、就业指导服务和推进学生提前进入行业和岗位，加强实验、实践训练等策略来提升高职学生职业能力的思路策略。

关键词：高职院校学生；职业能力；提升路径

作者简介：吴蓉蓉（1981—　　），女，汉族，江苏滨海人，南京交通职业技术学院思政讲师，硕士。研究方向：学生思想政治教育。

我国的高职教育经历了由小到大、由弱变强的转变，为社会发展培养了大批人才。截至2015年，我国已有高职院校1564所，在校生超过1400余万，占全国高校总数的近3/4，高职教育在数量上已经超过了高等教育的"半壁江山"，成为高等教育极其重要的组成部分。"就业"是学生、学校和社会都关注的热点话题。随着高科技的不断发展和现代企业制度的建立，在"以学历求生存"向"以能力求生存"的转变过程中，企业越来越需要高素质、实践应用能力强的技术应用型人才，这为高职院校学生职业能力的培养指明了方向，提出了新要求。

一、高职院校毕业生就业过程中常见问题分析

（一）未认清当前的就业形势，求职心理方面存在欠缺

很大一部分学生对职业的期望值偏高，出现"挑肥拣瘦"的现象。许多学生对就业经济待遇、就业区域和办公环境等仍抱着过高的期许。一些学生抱着工资收入不高的工作不干、非发达城市的工作不去的态度，有的同学则对办公环境等因素再三挑剔。例如，2013届毕业生王同学，于2014年在某器械公司从事销售工作，受到领导赏识，很快被提拔为主管，月薪3500—4000元。但其看到很多同学去上海发展，工资待遇更高，便辞掉了原来的工作。至上海辗转，最终工资待遇并没有如愿。想再回原公司，却错失良机。这在一定程度上说明了很多学生未能清楚正确地认识自身优势和当前的就业形势，盲目跟风、急功近利的心理使毕业生总是挣扎在痛苦和矛盾的选择之中，不知如何是好。

同时，还有部分学生因在求职心理方面存在缺陷，最终使自己错失了很多工作机会。例如，2014届会计专业的小徐，成绩优秀，有会计证，但是一提到求职面试，她就紧张，甚至在面试现场说不出话来，这样的心理素质，让她吃了很多闭门羹。

（二）综合素质欠缺，缺乏核心竞争力

根据最新的数据分析，企业、事业、公司等单位在招聘毕业生的过程中，用人单位十分看重的，主要包括毕业生的道德修养、团队合作精神、敬业态度、责任意识、人际交往能力和承受能力，而这些正是大学毕业生极其缺乏的核心竞争力。

就目前现状而言，高职毕业生综合素质不高。毕业生在走出象牙塔、踏上就业工作岗位时，由于年轻气盛，缺乏社会经验，在实际应用能力方面也有所欠缺。例如，2013届某专业的张同学与人沟通能力很差，工作时与客户同事经常有矛盾，最后感觉在工作岗位上被孤立，不得已跳槽了。大学生普遍存在重知识轻素质的现象，这正是导致大学生综合素质不高、自身素质畸形发展、达不到社会发展要求、就业达不到理想效果的重要原因。

经常有用人单位反映，虽然每年可供选择的毕业生很多，但经过层层筛选，真正能达到录用标准的学生很少。勉强录用的最后也很难胜任实际岗位需要。究其原因，主要是学生综合素质不高，总有短腿，不能满足工作的需求。

（三）专业知识技能不强，实践能力较差

随着教育水平的提高，专业技能与专业知识的重要性渐渐体现出来，扎实的专业技能，良好的职业素养越来越成为决定性的因素。比尔·盖茨也不是靠其他什么能力而成为世界首富的，他靠的是他对计算机这行专业知识的充分掌握并且学以致用，才成为微软公司的总裁。

一个人如果没有专业知识作基础，那么他即使拥有再好的人际关系，也很难在这个社会上站住脚。对于高职生来说专业技能非常重要，但是一部分学生却严重匮乏。例如，2014届毕业的朱同学到实习岗位上后，经过实际操作发现自己对专业知识的认知仍然停留在书本上，许多操作没有头绪，原本以为很熟练的步骤仍需要去请教别人，最后经过一段时间的恶补，才跟上大家的节奏。这就说明高职生应该着重加强的方面，不仅仅扩展自己的专业知识储备，更要提升专业技能和实践能力，才能为自己博得一个美好的前景。

二、提升高职院校学生职业能力的重要性和必要性

职业能力的含义是指人们从事某种职业的多种能力的综合，它的内容包括基本职业能力和综合职业能力两方面。基本职业能力是指现代职业人所必须具备的基本素质和从业能力，内容包括专业能力、方法能力和社会能力。专业能力是指一个人的基本生存能力，方法能力是指人的基本发展能力，而社会能力则是指人所必须具备的行为能力。高职院校的培养目标应是使学生获得本职业领域的职业能力，在掌握相应理论知识的基础上，重点掌握从事本专业具体工作的基本操作技能和专业能力，把学生培养成经济建设中必需的高级应用型人才，从而适应本行业、本地区发展的需求。加强高职院校学生职业能力的培养有利于帮助学生树立正确的职业观，科学安排时间，增强学习效率。

麦可思数据显示：往届大学生毕业时就已经成功就业的比例远远低于毕业半年后的就业率。专家分析毕业生毕业半年后就业率提高主要有两个原因：一是毕业生遭遇求职挫折后会降低之前偏高的就业期待。二是毕业生在毕业后有时间弥补自己职业能力上的不足。职业能力的市场定位是高职院校人才培养的核心和着力点，提升高职生的职业能力水平是刻不容缓的事情。

三、提升高职学生职业能力的策略

(一)加强求职心理调适

随着高职学生数量的急剧增加,大学生的就业压力增大,就业形势十分严峻,甚至一部分学生出现了一定的就业心理问题。如何对高职学生进行有效的就业心理调适和培训,使其保持良好的就业心态,对高职学生乃至整个社会来说,都具有十分重要的意义。同时通过一系列的调试和培训,减轻成员在求职过程中的心理障碍,使每个成员在培训过程中求职择业的心理状态和求职技能都得到显著的进步,以便更好地适应社会的需求,为今后求职就业打下良好的基础。例如,笔者以运输管理学院143034班为训练团队做了大学生求职择业心理调适与培训。项目初始,对27名同学进行了心理测试,发现同学们求职心理上存在一定缺陷:大部分同学不能认清当前的就业形势,自我认知不足。对求职存在急功近利、怯弱、虚幻型期盼等心理,我院以团体心理辅导的形式,聘请省人才专家、优秀校友、企业专家结合我院就业专职人员的经验,对学生进行个性化分析和SWOT分析,与优秀校友交流、模拟面试等方式,使学生在活动中进行自我探索和提高,大大提升了学生职业心理素质,从而提升了学生的职业能力。

(二)加强就业指导和就业服务,提高学生核心竞争力

就业指导应充分挖掘潜力,切实提高学生就业核心竞争力。核心竞争力是指企业或个人相较于竞争对手而言所具备的竞争优势与核心能力差异。换句话说,核心竞争力实际上是指隐含知识和技能的集合体。

高职院校就业指导的主要任务在于培养学生的职业兴趣,进行个性化职业生涯教育,帮助学生量体裁衣地寻找到适合自身发展需求的职业,实现学生个体价值的最大化。高职院校加强就业指导工作的一个重要内容就是开设系统的职业生涯和就业指导相关课程,不仅仅局限于狭义上的知识传授,而更应将视野拓展得更宽,注重学科的职业培训。比如,我院建立了一支以学生工作人员为主体的就业指导队伍,以学生工作办公室为就业指导的常设办公机构,关工委、HRD咨询服务工作室为依托机构,实行"一对一、面对面"的就业服务,学生的就业指导工作从大一进校后就开始实施,在做好普及指导工作的同时,更提供个性化的服务和指导,着重学生的职业素质的培养和就业心理咨询。我们还通过QQ、微信、微博等网络平台,积极主动地为我院毕业生开展就业服务,在大量的毕业生接待服务中,有效地解决了毕业生就业中的难题,推动了毕业生就业率和就业质量的提升。

(三)让学生提前进入行业,加强学生实践实训教育

在实训设施方面,我院创办了智能储配综合实训室、城市轨道交通综合实训室等实训室用来满足教学要求和企业员工岗位培训需求。教师与企业共同开发教学案例,使学生掌握具体实际操作技能,得到全面的锻炼,从而能够胜任各个岗位,为学生今后的就业奠定基础。同时,学校还注重校企合作,使同学们有机会去企业里工作。按照校内外相结合、产学研多功能相结合的原则,重点规划建设实验室、实训基地。建立校外实训基地,同企业和厂家签约,进行深度校企合作,互利、互惠、谋求共赢。高职院校要把教学活动与生产实践及社会服务紧密结合起来,把高职职业道德培养与高职教育能力培养结合起来,培养学生专业技能和实践能力。我院积极开展就业市场需求调研,形成需求状况调查报告;并积极转变观念,瞄

准就业市场,进行正确的专业定位,努力培养适应市场需求的毕业生。同时,加强校企深度合作,顺丰速递有限公司、苏果超市有限公司、德邦物流有限公司、康众汽车零件贸易有限公司等企业人力资源部相关人员被聘为我院兼职教师,参与课程的设置、改革,以及就业指导课的实践教学,巩固了学生基础。

　　学生职业能力的提升是高职院校的"产品",是高职院校的生命线,高职院校只有及时发现学生求知能力的不足,通过加强学生的求职心理调适、加强就业指导和就业服务、组织学生提前进入行业,加强学生实践实训教育等方式,才能提升学生的求职核心竞争力,才能找到提升学生职业能力的有效途径,顺利完成从学校向工作单位的转换。

[参考文献]

[1] 杨虹,肖贻杰.高职学生就业能力构成与提升探究[J].中国电力教育,2010(9).
[2] 陈深汉.论高职院校学生职业能力的培养与提升[J].南宁职业技术学院学报,2012(6).

新媒体时代高职道德教育

浙江金融职业学院　　王子慷

摘　要：进入 21 世纪以来，随着新媒体技术的发展，传播技术的提高，信息量加大，平等、自由、开放这些特点使得社会组织和个人都有机会获取信息和表达自我。这种传播方式也影响到在读的高职学生，由于高职学生自身易于接受新事物，成为使用新媒体工具的领军人物。新媒体的普及，一方面可以开阔他们的视野，另一方面也给学生的人生观、价值观带来影响。在新媒体时代如何利用新媒体工具正确进行道德教育，是高职道德教育的主要任务。

关键词：新媒体；高职学生；人生观

作者简介：王子慷（1985—　　），女，汉族，河北唐山人，浙江金融职业学院金融系辅导员、讲师，硕士。研究方向：高校思想政治教育。

新媒体是和传统媒体相对而言的，指的是以网络为平台的传播媒介，包括电脑、手机等新式工具，其特点是传播速度快、互动性强、信息量大。

一、高职学生与新媒体

目前，随着社会的进步和人们生活水平的提高，新媒体工具已经成为家庭生活中必不可少的部分。而目前的高职学生，基本上在初中就拥有自己的手机，进入大学后都配备了笔记本电脑。这几年，随着智能手机的出现，高职学生又成为智能手机的拥趸。

新媒体工具在高职学生中的主要作用是学习、娱乐和交流。随着淘宝网的盛行，购物也成为学生使用新媒体的目的之一。

对于高职学生而言，使用新媒体无论是学习还是生活都具有正面和负面作用。在学习上，新媒体可以迅速查阅资料，接受新的知识；但却不利于记忆力的提高，还容易分散注意力。新媒体的出现，改变了传统的去伪存真、探求本质和储备知识这样的求学方式，很多需要花较长时间进行探讨的问题，在新媒体上点击搜索就解决了，严重妨碍了学生的记忆能力、注意力和探索能力。

在交际方面，新媒体的出现可以让学生利用 QQ、微博、微信和天涯海角的人交流。相比于传统的书信交流，新媒体交流方便快捷，不受时间和空间的影响。这样既可以释压，又能快速找到问题的解决方式，但这样的交流也有负面作用，一些学生习惯于用文字和符号进行思想交流，忽视了口语交际，久而久之，就变成在网上活跃、在生活中冷漠的现象，有的人甚至和父母在一起都无话可说，这样也影响了学生的实际交际能力。

在利用新媒体进行娱乐方面，有些学生由于思想不成熟，缺乏自制能力，常常陷入娱乐中不能自拔，有的通宵打游戏，不仅影响学习更影响身体健康，还有一部分女生热衷于网上购物，成为所谓"剁手型"购物狂，一天不上淘宝看看就觉得不踏实，买上一堆不必要的物品，浪费父母的血汗钱。这种现象其实就是严重的"网络依赖症"，或者叫"手机依赖症"，是一种心理疾患。

二、新媒体对高职学生道德教育的影响

（一）新媒体对高职学生道德教育的负面影响

新媒体的流行，给高职学生的思想带来一定的影响：这主要是新媒体具有虚拟的特点，缺乏监督，一些学生自律不足就会迷失自我；另一个特点就是新媒体的传播具有互动性，学生在接受信息的同时还可以进行互动，发表自己的看法。

一些学生明知道在网络上传播不良信息是违法的，像黄色网站，但很多学生还是偷偷收看黄色网站提供的视频。在对一些事件发表自己的看法时，很多人采用虚拟的身份来讨论，发表一些不当言论，有的还进行人身攻击，这些不文明的现象只有在新媒体上才会出现。

在学习方面，有些人利用网络的方便快捷，进行学术造假，抄袭别人的论文，为了经济利益充当黑客。这些都是新媒体的负面作用，要摒弃这类现象就要在道德方面加强教育，培养学生的"慎独"精神。

（二）新媒体给高职道德教育带来的机遇

新媒体尽管有不利于学生成长的一面，但是，它的正面作用也是传统道德教育难于企及的。

传统的道德教育都是依赖教科书进行学习和探讨道德方面的问题，有时候教材跟不上形势发展，但新媒体却由于它特有的信息量大又具有时效性的特点，在道德教育方面不断提供新鲜而又丰富的教材资源，利用这些具有时效性的资源进行教学，可以使学生将道德教育和现实生活联系在一起，避免了传统教育中的教学内容和生活脱节的现象。

传统的道德教育都是教师作为主导，向学生进行灌输的方式，而新媒体具有互动的功能，在教学中学生可以随时发表自己的看法，增加了学习的主动性，这样可以提高学生的学习效率。

三、新媒体时代高职道德教育新方式

在新媒体时代，高职道德教育也要与时俱进，利用新媒体的优势进行道德教育，要从以下几个方面抓起。

（一）提高教师的新媒体使用水平

在新媒体时代，出现了一种特殊现象，对新媒体技术的掌握是年老的不如年轻的。从社会整体来看，对网络技术的掌握四十五岁以上的年龄层普遍不及四十五岁以下的，越年轻对网络技术掌握得越熟练。

针对这种现象，高职院校的思想政治教师在掌握自己的专业水平之外，应该要努力学习对新媒体的使用技术。在高职院校中，年龄大的道德方面的教师无论是修养还是学识都要高于年轻人，但由于这些教师工作负担和家庭负担都比较重，对于新媒体技术的掌握不如年轻人，因此要加强这部分人的新媒体技术学习，方便他们应用新媒体工具和学生进行互动交流。

（二）改变教学方式

传统的道德教育就是在思想政治教育中对学生进行人生观、价值观的培养，教学方式是教师在讲台上讲，学生在讲台下听。这样的教学是单向式交流，学生无法将自己的想法反馈

给教师。利用新媒体教学可以改变传统的教学方式,利用网络平台进行互动式教学。这种互动可以利用在 QQ 上建群的方式,就生活中的某些问题进行讨论;也可以通过建立论坛的方式,让学生用跟帖发表自己的看法,而教师可以充当群主或楼主的角色对学生进行正确引导。

利用新媒体进行道德教育,对于教材也要进行相应的改革。目前网络上对于一些国际时事和生活中出现的问题,都可以作为道德教育的内容进行探讨。像我国的钓鱼岛问题、南海问题可以作为爱国主义的教育内容;生活中出现的公交车上不让座遭到老年人暴打,一些在生活中遇到挫折就采取在车上放火、开车撞人的事件也可以作为道德教育的素材让学生进行讨论。

利用新媒体的即发事件作为教学内容,不仅能学到很多生活常识,还可以预防生活中出现的一些诈骗等问题。要将现实事件作为教学内容,就需要教师具有高尚的人格和修养,能随时给学生正确疏导。

(三)开展校园文化,改善学生的"手机依赖症"

新媒体在道德教育中有积极的作用,也有消极的作用。因此在道德教育中应该扬长避短,在利用的同时,也要对新媒体的副作用给予纠正。

学生使用新媒体存在的副作用主要是过度沉湎于网络,影响了正常的人际交往。这一方面是手机电脑普及的结果,另一方面,学生精神生活贫乏也容易造成对手机等新媒体工具的过度依赖。因此加强校园文化建设,开展丰富多彩的精神文化生活是抑制"手机依赖症"的良方。让学生参加体育、读书等活动,使他们远离网络游戏、购物,不仅对思想教育有益,也能锻炼他们的身体。

(四)开展读书活动,学习传统的个人修养方法

利用新媒体进行道德教育只是道德教育的一个方面,不能有了新媒体就彻底抛弃传统的方式。道德教育还是要通过读书来进行潜移默化的教育。

我国传统的儒家思想教育中,就有很多关于个人修养和与人相处的方式,像"慎独"就是要求人们无论在什么环境下都要有自律精神,这对于我国高职学生具有重要意义,因为面对网络,如果不自律就很容易犯错。

在与人相处方面,儒家思想中的"己所不欲,勿施于人""反躬求己"都是教育如何换位思考,以达到"和谐"这一目标。因此,在道德教育中将这些传统文化让学生学习,可以增加他们的个人修养。

[参考文献]

[1] 段志英.新媒体环境下大学生思想政治教育拓展研究[J].长春理工大学学报:社会科学版,2012(3).

[2] 张菁燕.新媒体环境下高校思想政治教育实效性的调查研究[J].教育理论与实践,2011(33).

[3] 郑元景.新媒体环境下高校思想政治教育实效性探析[J].思想理论教育导刊,2011(11).

坚持立德树人　全面提高高职院校育人质量

——以陕西铁路工程职业技术学院为例

陕西铁路工程职业技术学院　李　博　李昌锋

摘　要：教育以培养真正的人，培养全面、完整的人为己任，学校的根本任务是育人。本文通过完善制度、完善育人模式、不断拓展德育新途径及对当前德育工作新形势和挑战等方面分析，不断更新教育观念，坚持立德树人，探索培育铁路建设优秀人才新途径。

关键词：立德树人；德技双修；铁路人才

作者简介：李博（1981—　），男，汉族，陕西渭南人，陕西铁路工程职业技术学院党委组织部组织员、助教，硕士。研究方向：思想政治教育；李昌锋（1978—　），男，汉族，陕西岐山人，陕西铁路工程职业技术学院学工部副部长、学生处副处长，副教授，硕士。研究方向：思想政治教育。

党的十八大报告明确指出："把立德树人作为教育的根本任务，培养德智体美全面发展的社会主义建设者和接班人"。这从全局和战略高度回答"培养什么人、怎样培养人的问题"，为进一步做好新形势下的德育工作指明了正确方向和提出了更高要求。长期以来，陕西铁路工程职业技术学院紧紧围绕"立德树人"这一主题，深入贯彻十八届三中、四中、五中全会及习近平总书记系列讲话精神，通过加强学生的德育培养、行为规范和技能锤炼，将培育和践行社会主义核心价值观融入学院育人的全过程，铸就了学生敢于吃苦、勇于拼搏、乐于奉献的精神品质。

一、高校德育工作创新的策略分析

（一）加强制度建设，构建长效机制

坚持育人为本、德育为先的育人观，不断完善符合以铁路工程为主工科高职学生特点的育人理念，坚持以教师为主导、以学生为主体，改革人才培养模式，构建与工科类高职院校相适应的创新人才培养体系，把促进学生成长成才作为学院一切工作的出发点和落脚点，不断更新教育观念，加强学院有关德育制度建设。我院紧跟铁路建设的步伐，教育教学质量和学院的办学规模也在不断地壮大，为了适应我院快速发展的需求，近几年，我院新定和修订了77个规章制度，使学院在各项建设过程中有章可依、有据可循。特别是2012年学院党委出台了《关于加强和推进大学文化建设的实施办法》（以下简称《实施办法》），对校园文化建设的指导思想、基本原则和任务做了说明，对扎实推进大学文化建设和建立、完善大学文化建设保障机制、加强大学生思想道德培养做了详细部署。同时，学院及时发布了《"十三五"校园文化建设规划》（以下简称《建设规划》）。在具体的校园文化德育建设中以《实施办法》为指南，以《建设规划》为目标，努力做好学生德育培养工作。

（二）组建德育工作队伍，加强战斗堡垒作用

对于高职院校学生的思想道德教育，除了要有完善的道德教育制度作为保障之外，还要

有坚实的制度执行队伍和道德教育工作的德育队伍。对思想道德教育队伍而言,要时刻铭记党的德育工作任务,严格执行相关的道德教育制度,纠正校园中的歪风邪气,树立良好的高校教师形象,及时开展一些道德知识宣传讲座,结合自己的道德素养知识和自己独特的视角,让学生拥有更深层次的道德思考,奠定自己坚实的思想道德基础。目前,我院组建了以思政部、学管教师为骨干的思想政治教育队伍,根据学院特点和办学理念,编写思政教辅读本,定期开展科研、座谈,为品德教育提供思想保障。

（三）加强特色文化建设,营造育人氛围

对于校园的文化建设和校园环境的净化,要从学院活动和机构以及学生自身的道德思想教育工作等几个方面来进行。一是突出职业教育特点,推进"工业文明进校园,产业文化进专业、企业文化进课堂",在人才培养过程中,有针对性地开展铁军精神培育,让学生尽早认同铁路企业文化,认知铁路建设的艰辛和荣耀。二是促进铁军精神教育"三融入"。首先融入人才培养方案,明确铁军精神教育的目标和要求,单独计算学分;其次融入德育工作计划,将其作为德育工作一项重点内容加以实施;再次融入思政课教学,专题讲述著名的政治家、军事家、企业家的成才故事和优秀校友的先进事迹,以此激励引导学生,使铁军精神深入人心。三是加强特色文化建设,突出职业教育特点,推进"工业文明进校园,产业文化进专业、企业文化进课堂",建设窦铁成事迹馆、铁路发展史馆及特色文化长廊等,营造了良好的育人氛围。四是发挥典范引领作用。优秀学生就要发挥带领引导作用,用自己的思想、行为影响和带动其他同学,发挥榜样引领作用;通过自身素质及行为表现,真正成为同学们的榜样表率。近年来,我院通过打造立德铸魂、优良学风、人文素质等八大工程,全面提高学生的综合素质。每年坚持在学生中评选甘于奉献、乐于助人、孝老敬亲等"五类十佳"青春榜样,积极发挥身边榜样的典范引领作用;大力开展学习青藏铁路精神、"窦铁成精神进校园"等系列活动;定期邀请企业英模、优秀校友来院做专题报告;定期举行"三人行"人文讲堂,以及开展党建工作进公寓、进社区等活动,培育和践行社会主义核心价值观。

二、完善教学模式,注重细节育人

（一）日常教学注重细节育人

教者,传授知识也;育者,培养思想品德也。教育的根本目的就是育人,教育以培养真正的人,培养全面、完整的人为己任。对于学校而言,教学都是中心工作,但它不是目的而是手段,学校的根本任务是育人。具体落实在教师职业行为上就是通过教师的劳动培养人、塑造人、改造人,促进人的全面发展。我院为适应铁路用人单位的需求,坚持半军事化管理,实现德育工作的精细化。半军事化管理已成为我院校园文化建设的一个品牌。一是教师教风严。通过"建设一支高水平的双师素质队伍,打造一个校企文化融合的平台,营造一种铁路文化氛围"等措施,将"严肃、严谨、严要求"的教风融入教育教学中。二是管理制度严。坚持半军事化管理,打造制度保障平台。由于铁路工程强调"质量、工期和安全",铁路运输强调"安全,正点和守纪",铁路部门一直实行半军事化管理,形成了优良的"铁军精神"。为了适应用人单位的需求,我院将铁军精神渗透在管理中、融进办学的理念里、落实在师生的行动上。按照部队的要求和军人的标准,制定《一日生活制度》《内务卫生制度》及《学生值勤制度》等,对宿舍内务、作息纪律、仪容仪表、课堂要求、集体活动等做了具体规定,使得每周一升国旗、每天出早操、离校必须请假等成为对学生最基本的要求。三是监督检查严。在管理过程中,实行"院领导每周巡视、学生处定期巡查、系部日常检查、学生自查"相结合的"四级巡视制";坚持"三查一点名",形成了全方位立体式的监督检查机制。四是量化考核严。我院对学生处和系部的学生管理工作、系部对辅导员班主任的工作实绩、辅导员班主任对学生的综合素质和素质拓展学分都实行目标责任,量化考核。每月一小结,学期一评议,每年一评定。确保管理制度、监督考核落到实处。

（二）实践教学注重德技双修

根据高职院校特点及培养目标,在专业实践中注重德技双修,以德为先,以技立业,将社会主义核心价值观教育与职业素养要求相贯通,与职业道德、职业操守相融合,实现职业道德和专业技能培养的立体推进。一是练就"能吃苦、能战斗、能奉献"的铁军精神。通过系统认知教育、半军事化管理,学生肯甘于吃苦;通过先进典型引领、制度规约保障,学生能勇于吃苦;通过学生参与社团活动、实践活动,学生会乐于吃苦。二是练就过硬技能。学院实行双证书制度,把测量、识图、计算机应用、试验检测、力学检算作为学生的五大基本能力。校内强化专题实训,以测量实训为例,学生每天早出晚归,携带仪器和干粮,徒步五公里到测绘实训基地进行测量实训;校外狠抓顶岗实习,三年级学生分布在全国各地的施工现场。三是练就"四得"品质。大力开展学习青藏铁路精神、巴山精神、铁成精神等系列活动;定期邀请企业劳模、优秀校友来院做专题报告;大力宣传优秀校友在施工一线不畏艰险、吃苦奉献的精神品质,使学生们在春风化雨、润物无声中培育了自己"苦得、累得、饿得、受得"等"四得"的良好精神品质,形成了"勤学、勤练、勤思考"的学风。学生因"下得去、用得上、干得好"而备受企业欢迎。全方位锻造培养,造就了学生"艰苦不怕吃苦;缺水不缺精神;风沙大,责任更大;气温高,追求更高"的可贵精神。在艰苦条件下,他们坚守在岗,出色完成任务,用实际行动践行了"吃苦奉献、拼搏争先"的陕铁院精神!

三、多措并举,拓展德育新途径

现代大学生有着高度活跃的思维条件,对于新鲜事物有着较高的热情,并具备良好的接受和运用能力。因此,针对高职学生的道德教育应该坚持与时俱进,以创新为驱动力,凝聚先进理念,根据客观形势的变化要求,在培养的方法、途径和载体方面不断进行丰富、完善和创新,以提高"立德树人"的针对性和实效性。一是进公寓,思想教育不放松。坚守公寓思想育人的重要阵地,通过常态化方法积极开展公寓思想教育工作。充分利用每栋楼下的宣传栏发布最新通知。充分发挥楼管会的文化宣传作用,如消防安全知识、卫生知识、公寓管理知识、公寓文化活动、节约用水、用电等。开展好公寓文化建设活动,围绕校园生活的"五个一"展开,即读一本好书、做一个好的手工作品、写一手好字、绘一幅好画、拍一张好照片。每学年开展文明宿舍、新生优秀宿舍等评比活动。在学生党员中间开展"亮身份、讲奉献""我是党员,向我看齐""党员宿舍做表率"等活动,通过这些活动,树立公寓学习生活的先进个人和典型宿舍,通过榜样力量引导学生。二是进社团,承载德育新使命。将学生社团作为思想政治教育的重要载体,努力把社团建设成思想交流、技能培养、校园文化以及党团组织建设的平台。目前,我院活跃着路魂文学社、测量协会、军乐团、书画协会、采访通讯社等40多个学生社团,广泛开展科技、艺术、体育、文化、社会调查等训练和演出活动,一方面为学生素质提升搭建了广阔的平台,另一方面也有意识地打造一些"精品社团",提高这些社团活动的档次水平,并发挥示范辐射作用,不仅使同学们在观赏中得到高雅的艺术熏陶,同时也用革命历史歌曲和优秀的民族传统歌曲感染、教育学生,使学生的思想素质得到有效提升。现共有近10个社团被评为省级优秀社团。三是进课堂,三进教育下真功。根据学生的特点和办学理念,编写了高职生思政教辅读本,并开展编写基于行动导向的《思想道德修养与法律基础》教师指导用书。同时,改变传统灌输式的思政课教学模式,根据教学内容灵活采用专题研讨、案例分析、任务驱动、项目教学、情景模拟、头脑风暴等多种教学形式,以此来提高学生的学习兴趣和学习效果。四是进工地,施工一线党旗红。结合学生中党员和党员积极分子较多的特点,创新工作思路,在学生顶岗实习施工一线成立了临时党支部,学生党员们在工地"争当优秀共产党员"、实行"党员安全岗""党员先锋岗""一名党员一面旗",在工地广阔的舞台上比学赶超,充分发挥党支部的战斗堡垒作用。五是出校门,志愿服务蔚然成风。利用寒暑假和节假日,我院各系经常组织安排学生党员和入党积极分子到渭南市临渭区爱心敬老院、临渭区特殊教育学校等社区基层献爱心、送服务,并深入火车站、市内主要干道、周边施工企业现场进行植树、清扫卫生等义务劳动,通过这些志愿服务引导学生在做好事、献爱心的过程中陶冶情操、提升境界。近年来,我院学生综合素养得到显著提升,毕业生深受铁路企业青睐,就业率连年保持在96%以上。毕业生中90%以上在各大工程局和铁路局工作,因"下得去、用得上、留得住、干得好",迅速成长为铁路企业的技术骨干和管理中坚。

今年5月,2015年陕西高校大学毕业生建功立业先进事迹报告活动开幕式上,省委高教工委书记李仲为向我院优秀毕业生唐昭平颁发建功立业先进事迹报告团荣誉证书。我院学子用自己扎实的技能和实干的业绩实现了自身价值,为学院赢得了荣誉,有力彰显了德育建设的成效。同时,我院大力推进校园文化建设,形成特色鲜明的校园文化氛围,校园文化建设成果连续六年荣获陕西省一等奖、全国三等奖一次、全国优秀奖两次。

四、"立德树人"工作面临的新形势和挑战

党的"十八大"报告,强调了教育在国家战略中优先发展的地位,明确指出"教育是民族振兴和社会进步的基石",把教育放在改善民生和加强社会建设之首,提出要"努力办好人民满意的教育",提出了切实"推动高等教育内涵式发展"。《国家中长期教育改革和发展规划纲要》中也强调指出要培养学生的社会责任感,培养德智体美全面发展的社会主义建设者和接班人。因此,为贯彻党和国家的教育方针,我们要以全局性的眼光审视人才培养方式,培养学生具备较高的政治思想素质和健康的心理素质。也就是说,创新人才的培养,应该是以培养具有高度社会责任感的现代公民所必需的基本素质为前提。如果把品德、知识、能力、素质作为衡量人才的标准,品德则是人才标准的统帅。美国教育家德怀特·艾伦曾指出:"如果我们使学生变得聪明而未使他们具备道德性的话,那么我们就在为社会制造危害。"大学教育在知识之外,更应重视德性。用中国传统的说法来说,就是既要"道问学",更要"尊德性"。其次,高等教育大众化及经济增长方式的转变,对我们的育人工作提出了更高的要求。众所周知,我国从1999年大学扩招开始,到2014年教育公报发布了高等教育毛入学率达到了37.5%。随着我国高等教育已经进入大众化和普及化阶段,教育的先导性、全局性作用在高等教育上表现得更为突出。近年来,国家一直把转变经济增长方式作为经济发展的主

线,而转变经济增长方式的核心在于人力资本,关键在教育,这对高等职业教育的发展既提出了新的挑战,又提供了发展的历史契机。因此,应敏锐把握好国家以经济增长方式的转变路径,找准国家的发展脉搏,调整人才培养策略,全面做好育人工作,为国家的发展提供扎实的人才保障。高等教育大众化、普及化以及经济增长方式的转变,都反映出提高教育质量已经成为高等教育面临的主要任务,而提高高等职业教育质量重点是要提高人才培养质量,其核心在于提高育人质量。这就要求我们进一步深化高等职业教育改革,把立德树人作为根本任务,全面提高学校育人质量。

综上所述,实现"立德树人"根本任务的有效机制是一个内容丰富、层次分明的具有内在逻辑的有机系统。其中,完善制度是"立德树人"的基础保障,目标导向是"立德树人"的基本定位,主体能动性是"立德树人"的中心环节,创新工作方式方法是"立德树人"的必要条件,我们只有将各个部分进行紧密的结合,开拓进取,不断创新,积极构建并完善"多维一体"的机制体系,才能为"立德树人"根本任务的实现提供强有力的机制支持和可行性保障,从而促进高职学生形成积极健康的道德品质和完善的道德人格,进而为全面建成小康社会和实现"中国梦"贡献自己的力量。

[参考文献]

[1] 付云燕.全面建成小康社会进程中高校德育工作研究[J].鸡西大学学报,2013(11):140—141.

[2] 赵世浩.大学文化建设语境下高校德育工作创新研究[J].中国农业教育,2014(2):123—124.

[3] 教育部关于全面深化课程改革 落实立德树人的根本任务的意见[Z].教育部 2014 年 4 号文件.

后　记

2015 年 11 月 7 日,由中国职业技术教育学会德育工作委员会主办、浙江金融职业学院承办的首届全国高职院校立德树人交流研讨会在杭州召开。来自全国各地的近百所高职院校 100 余名代表参会。会上,教育部职业教育与成人教育司巡视员、中国职业技术教育学会常务副会长王继平做主旨报告,中国职业技术教育学会德育工作委员会主任龙杰到会讲话,9 所高职院校的学工部长围绕"立德树人"主题做会议交流。

结合首届全国高职院校立德树人交流研讨会会议精神,为进一步推进高职院校立德树人工作,高职德育研究中心于 2015 年 11 月在全国高职院校中开展了"立德树人,培育高质素技术技能型人才"主题论文征集活动。活动得到了全国各地高职院校的积极响应。

为巩固活动成果,扩大活动的影响面,更进一步推动全国各地高职院校的交流,经组织专家评审,高职德育研究中心在本次征集的文章中精心挑选了 34 篇论文,连同首届全国高职院校立德树人交流研讨会上领导、专家的讲话稿、主旨报告及 9 所高职院校的学工部长"立德树人"主题交流发言稿结集汇编出版。

由于人力、物力以及时间的限制,编者在汇编过程中只是对部分文章的个别文字和参考文献进行了修改查核,论文的学术责任由作者本人承担。其中,领导、专家的讲话和主旨报告根据录音整理,未经本人审核,不当或不妥之处请领导、专家及论文作者理解见谅。

感谢中国职业技术教育学会德育工作委员会领导对本文集出版的大力支持,感谢浙江工商大学出版社刘韵老师为出版此书所做出的辛勤付出。

由于时间仓促,疏漏错误之处在所难免,诚挚希望得到同行、专家和读者的批评指正。

本书编写组
2016 年 5 月